笑いと癒しの神学

長谷川正昭［著］

YOBEL,Inc.

本書を謹んで故菅原久平兄の霊前に捧げる。

天地と我はともに並び存在し、万物と我は一つである。万物は一つであるがゆえに、もはや言葉で語ることは出来ない。しかし、私はすでに、万物は一つであると言ってあるのだから、言葉なしですますことがどうしてできようか。

荘子

仏道を習うと言うは自己を習うなり。自己を習うと言うは自己を忘るるなり。自己を忘るると言うは万法に証しせらるるなり。万法に証しせらるると言うは自己の心身、および他己の心身をして脱落せしむるなり。自己を運びて万法を修習するを迷いとす。万法すすみて自己を修習するは悟りなり。

道元

南無地獄大菩薩

白隠

父は悪人にも善人にも太陽を昇らせ、正しい人にも正しくない人にも雨を降らせてくださる。

マタイ福音書

風は思いのままに吹く。あなたはその音を聞いても、それがどこから来て、どこへ行くかを知らない。霊から生まれた者も皆そのとおりである。

ヨハネ福音書

天は神の栄光を語り、大空はみ手の業を告げる。日は日に言葉を語り継ぎ、夜は夜に知識を伝える。言葉でもなく、話でもなく、その声も聞こえないが、その響きは地を覆い、その言葉は世界の果てに及ぶ。

旧約詩編

到り得帰り来って別事なし盧山は煙雨浙江は潮

蘇東坡

はじめに

「笑い」は言うまでもなく、人間の喜怒哀楽の感情や情緒にかかわるものである。どういう状況で笑いが起こり、どうしたら笑いを日常生活のなかに生かしていくことができるか、というのは大事な問題であるはずだが、まともに考えたり、分析したりすることはとてもむずかしい。誰も笑いをまともに考察の対象にしようなどと思わない。なによりも笑いは考察するものではなく、ただ笑えばそれで終わりであって、わざわざ考える必要のないものである。

そう言い切ってしまうと実も蓋もない話になるが、わずかに心理学や哲学の課題としていままでも考えられてこなかったわけではない。ところがその課題は、よく解かれた験しがないのである。ベルクソン（Henri-Louis Bergson, 1859~1941）の『笑い』が有名である。だが、天才的な分析の妙が発揮されているとはいうものの、これによって笑いの全貌が明らかになったとはとても言えないであろう。それくらい笑いについての探求は、複雑で、困難である。

ベルクソンの著作が一九〇〇年、それから五年後にフロイトの『機知』という著作が生まれた。こちらも笑いの探求として知られている。

つまり、時代の変わり目、一九世紀から二〇世紀の過渡期に、笑いについての大きな考察が立て続けに現われたわけである。これは偶然ではなく、時代の転換期、社会が大きくパラダイムシフトを果たす時期に着目されるテーマなのではないかと指摘する識者もいる。

しかしながら、本書は「笑い」の研究書ではない。笑いについての定義は十人十色であり、これが笑いの探求の決定版であるなどということはとてもできない。

では、何か。心理学や哲学が扱ってきた「笑い」という、困難ではあるが、楽しいテーマを、神学的に考えてみようという大それた（?）試みである。情緒としての笑いを神学のテーマにしようというわけである。「笑い」が考察の対象になりにくいところにもってきて、神学として考えるなどということは誰にもよくなしえない難事である。そもそも神学というものが我が国にはなじみがない。山本七平がかつて喝破したように、「日本には美学はあっても神学はない」のである。八百万の神々がいて、言霊のさきわう国である日本の中で、一神教が生み出した神学という営みがはたして可能か。可能であるとしてもなにか意味ある貢献をなしうるのか。

もちろん、心理学や哲学は普遍性をもった学問であり、神学はキリスト教信仰に固有の学問であるから、宗教的文化的背景の違いがある。キリスト教支配の行き届いた中世においては、神学は「諸学の女王」と謳われた。近代の科学合理主義が栄えるようになると、神学の地位はおとしめられ、一般的な学のかたわらで、自分にふさわしい場所を確保するだけのものになってしまった。これは、キリスト教国での話である。

だが、ここではキリスト教神学というものを、広い意味で、宗教学的にとらえ、多神教的風土の日本のなかで神学的に考えることの必要もあることを強調しておきたい。もっとはっきり言えば、「笑い」を武器に日本的風土に風穴を開ける突破口になれば、という願いである。

そして、このような課題に立ち向かう現代的な意義が充分にあると思われる。それは現代がとてつもない転換期であり、新しい意識をもってしなければ到底生き残れないサヴァイバルの時代であるという認識を、誰もが無意識のうちに共有している。

ここで「新しい意識」という言葉が出てきた。何年も前から「新しい意識」の必要が叫ばれ、多くの先駆的な試みがなされてきた。「またか」という思いを抱く読者もなかにはおられるはずである。

テイヤール・ド・シャルダンというカトリック神父がいた。かれは神父であると同時に古生物学者としても有名であった。『現象としての人間』という著作が成功して、一時もてはやされたが、オメガ・ポイントという、人類がやがて到達するであろう終末点があるとの結論が、きわめてカルト的であるとして、今ではあまり顧みられなくなった。

その序文のなかに次のような指摘がなされている。物理学者は上から世界を眺めるように探求を進めてきたが、彼らの意識が世界から影響を受けているのか、それともかえって世界に影響を与えているのかという問題には気づきもしなかった。いまや彼らは客観的な観察にも最初の選ばれた仮説とか、探求の過程で展開された思想とかが浸み込んでいるのを理解するようになった。分析の極にいたりついた彼らは到達した組織が現に取り組んでいる物質の本体なのか、それとも彼ら自身の思考の反映なのかがよくわからずにいる。

これは現代物理学、とくに量子力学における観測問題というのを想起させる。一九五〇年代にすでにこのような問題を把握していたシャルダン神父の先見の明には脱帽せざるを得ない。観測問題というのはこういうことである。林檎が落ちるのを観測して重力の存在を発見したニュートン力学は単純にモノを観察して成り立っていたが、今や観測する主体と観察される対象との関係があってはじめて物理学という学問が成立するようになっている。たとえば光の偏光状態というのがある。観測装置がそれを捉えたから偏光状態というのが存在するのであって、装置を傾けたならそれなりの値が測定されるし、測定しなければ決まった方向の偏光状態というのが始めから存在するわけではない。

このことをわかりやすく説明する譬えとして、ある作家の小説に面白い場面が出て来る。主人公が骨壺のなかに干菓子を入れておいて、友達が来たら骨壺を開けてそれをポリポリ食べるシーンである。友達はびっくりして、こいつなんで骨喰ってんだと思う。そこで主人公は量子力学の話をする。「蓋がしてあって、だれも観測していない状態だったら、この壺のなかのものは干菓子だかお骨だかわからないじゃないか。見てはじめてお菓子だとわかるんだ」(『宇宙の向こう側——量子、五次元、ワープト・スロート』横山順一、竹内薫　青土社　２００８)

他愛ない笑い話のようだが、ちょっとした不気味な怖さも含んでいる。不気味さと滑稽さが表裏のものであることがこういうところにもあらわれるのである。現代物理学の観測問題というのを端的に示した例である。

人間関係においても、人は家族のなかにあっては父親であり、夫であるが、会社に出れば責任ある役員であり、部下にとっては上司、また商売仇にとっては手ごわい交渉相手、学校時代の同級生にとっては気心の知れた旧友である。このような役割はそれぞれの場面と状況によって変わる得るが、それは矛盾を抱えた存在ということではなく、客観的な人格などはないということを示しているに過ぎない。

こういう問題は、哲学においては間主観性《かんしゅかんせい》（Intersubjektivität フッサール フッサールの用語で、相互主観性あるいは共同主観性ともいわれる。）という言葉で表現されている。ニュートンの時代は客観的な世界を扱っていたが、現代物理学が立っているのはこのような場所である。つまり、わかりやすく言ってしまえば、現代物理学は哲学的思考にかぎりなく接近しているという言い方が出来るであろう。半世紀前にすでにこのような問題を見抜いていたシャルダン神父の炯眼《けいがん》は驚くべきものである。

量子力学は将来、神学校の必須科目になると予測されているくらいだから、これからの神学の行く末を左右する重要なテーマであると思われる。

もう一つ、「新しい意識」を考えるきっかけは、地球大の危機、環境破壊、経済の崩壊、核戦争の恐怖、テロ事件の頻発、自然災害など一連の世界苦とでも言うべき、我々の生きる仕組みが、どこか狂いはじめていることによる。

危機や恐怖を煽るのは、安っぽい偽預言者のやり方であり、また煽情的なジャーナリズムの常套的な手段である。しかし、一方では危機に目を塞ぐのは、現実を見ようとしない脳天気な楽観主義者であると言うこともできるであろう。

前世紀の末には、多くの未来学者や生態学者、人類の可能性に懐疑的な哲学者などが繰り返し、我々に語っていたことは、今は一二時五分前であるということであった。二一世紀を二〇年近く経験した我々は、誰が教えてくれなくても、いまや時計の針はもっと進んでいることを自ら実感している。終末時計は、二〇一〇年に新しくリセットされ、巻き戻されたという話も仄聞するが、誰がどこでそういうことをしているのか知らない。そうでもしなければ精神の平衡が保てないということであろう。だが、いかに仮想のものとは言え、終末時計のようなシリアスなものを勝手に巻き戻したりするのは如何なものか。平衡が保てなければ、保てないまま生きるしかないだろう。それくらいひらき直らなければ、現代を生き残ることはできないのではないか。

二〇〇一年九・一一以降の世界、そして二〇一一年三・一一以降の日本、また、英国のEU離脱の衝撃、アメリカの新大統領による保護主義とそれをささえるポピュリズム。東アジア情勢の緊迫と大国同士の思惑からの政治的駆け引き。そして原発問題に端を発するエネルギー危機、テロ事件の多発と難民問題など、猶予の時間がもうあまり残されていないのではないかという危惧である。五分前どころか、一分前かもしれないということである。

新しい意識のみが我々を救い得る。このような言葉を何度聞かされてきたことだろう。それに対する反問も多くある。たとえ我々が心のなかで、回心や心の切り替え、瞑想やスピリチュアルな修行、その他考えられるかぎりの方法を積み重ねて、新しい意識を育て上げても、それはたんなる内面の問題であり、個々の心のなかを浄化することはあっても、現実を動かしたり、外部を変えたりすることはできないのではないか、と疑問視する向きもある。

それに対する答えは簡単である。我々が世界そのものである。我々の意識が変われば、世界も変わり得る。これはたんなる唯心主義ではない。

英語の堪能な禅僧として、外国人に人気のあった故小堀南嶺《こぼりなんれい》老師（1918~1992）のエピソードは興味深い。カリフォルニア大学のリヒテンバーグという物理学の教授が、小堀南嶺老師の寺を訪問したときのこと、開口一番こう言った。「禅では心（マインド）が物質（マター）以前に存在すると考えていると思うが、そうか」

老師がしかり、と答えると「ではお訊ねするが、もし人類が滅亡してその結果、『心』もこの世の中からなくなってしまった時を考える。この時もなお地球はニュートンの万有引力の法則のもとに太陽のもとをまわり続けるだろう。すなわち、『物質』は『心』以前に存在すると思うが、如何お考えか」と教授は詰め寄った。老師はすかさず「It is your mind that asks such a question」と答えた。「そのような質問をなさるのもあなたの心ではありませんか」（『老子と現代物理学の対話――21世紀の哲学を求めて』長谷川晃、ＰＨＰ研究所　１９８８）まことに見事な切り返しであると思う。

この問答がよく示しているように、すべては人間の内面から始まっている。歴史上の変動や、時代の変化を導いたのは人間の意識であり、内面の変革が歴史を動かし、現実を変化させたのである。ルネッサンスも宗教改革も、また古代の神話的思考を打ち破って、世界各地に出現した伝統的宗教もはじまりは個人の意識の変革であった。

しかしながら、個人の内面性という神話は、現代においてはすでに終わったという見方も一方ではあり得る。そのような見解にも根拠があると思われるので、もっと包括的で、もっと深い何かが求められているということになるだろう。

「新しい意識」を考えるときに、さらにもう一つつけくわえるべきことは、危機が深まれば深まるほど、平常心というか、何事もないかのように、いつもと同じ態度で平静な日常を淡々とやり過ごしていくべきだということである。

処刑されるまえに、柿を供された戦国武将が、柿は腹を冷やすからと食べなかったという故事が思い出される。明日は殺されるであろう境遇にある者が、腹を下す心配をしてどうするというのは、危機を知らない者が言う他人事の科白であろう。

このことを、もうすこし神学的に表現すると、我々はどのような状況に陥っても、「最後から一歩手前の真剣さ」（カール・バルト Karl Barth, 1886~1968）で対処すべきだということである。人間の運命、その蒙る不正や苦難、そして人間をとりまくあらゆる問題は、けっして最終的な究極の現実ではないことを知る必要がある。何故なら、究極の現実というのはこの世にないからであり、どんなに神聖で、絶対的と思われる神も、人間がそれを無批判に信じ、担ぎあげようとするとき、それはたんなる偶像と化すからである。現実から一歩離れたところで、距離を保ち、それでいて現実を茶化すのではなく、真剣に受けとめて変革を志向していくことが求められているのであり、そのような取り組みこそが未来を拓くのである。

このことを、教えているのは、ヨーロッパ思想史を専門とする政治学者であり、神学者でもある宮田光雄である。日本の教会は教勢も影響力も微弱で、気息奄々としているが、「笑い」に注目している教会人は、筆者の知る限り、宮田光雄ただ一人である。深刻で、しかつめらしい神学書は多いが、キリスト教と笑いの関係について晴れ晴れと考究した人は絶えていない。(『キリスト教と笑い』岩波新書、および宮田光雄集〈聖書の信仰〉第4巻「解放の福音」、岩波書店。この2書は内容が重複している部分もあるが、「笑い」についてのすぐれた著作である。)

宮田光雄をして、笑いの問題に関心をいだかせるきっかけになったのは、留学先のバーゼル大学での経験であった。宮田はバーゼル大学で聴いたバルトとヤスパースの講義のあまりの違いに驚かされる。神学者バルトの講義は階段教室で行われ、学生はバルトを見下ろしながら、聴く。二百人たらずの学生は一時間の講義のあいだ、終末論と現在の生きざまという深刻なテーマにもかかわらず、バルトがとばすユーモアの連続に終始、笑いに包まれる。一方のヤスパースの講義は、何百人も入る満員の大講堂で、壇上から、厳然と威儀をただして語られ、笑い声はおろか、咳払いの声ひとつ起こらなかったという。

これは哲学と神学の一般的需要の違いをも示して興味深いが、それよりも哲学と神学の、「学」としての性格の違いを図らずも証明していると思う。哲学はロゴスとしての理性にのっとって思惟され、神学はロゴスの受肉化であるキリストにもとづく自由な恵みによって営まれる。なによりも神学は自らの信仰を俎上《そじょう》にのせるものであるから、自分を滑稽なものとして笑い飛ばすことができなければならない。バルトはまさにそういう意味で、自分を笑うことのできた神学者であった。

いまさら、バルトを紹介するのは気がひけるが、二〇世紀最大の神学者であり、一時期、神さまのような扱いだった。ローマ法皇が、バルトのことを現存する最も偉大な神学者であると評価しているという話を聞いたバルト自身は「私はもう少しで法皇無謬説を信じるところだった」と言ったと伝えられている。世界中から、牧師や神学者が教えを乞いにドイツに行った。日本の教会では神格化され、神学的批判はなされても、悪口を言う人はいない。だが、バルトは問題の人であった。

ユーモアを解する砕かれた人柄ではあったが、個人的にはなんと妻妾同居をやってのける大胆な人でもあった。そのため、四三巻もある主著『教会教義学』は未完に終わった。秘書であるキルシュバウムを同居させたため、晩年の彼女は、葛藤が高じて精神科の入院を余儀なくされたからである。（佐藤優『はじめての宗教論』左巻　ＮＨＫ出版新書）

このことは神学者としてのバルトの業績を減ずるものであろうか。うーん、これは難しい問題。倫理的に赦されないとばっさり切り捨てるか、吉本隆明ばりに、対幻想と共同幻想は、次元が異なると擁護するか。おずおずと後者をとりたい。あくまでもおずおずとだが。

『教会教義学』は、未完とはいえ、トマス・アクィナス（Thomas Aquinas, 1225~1274）の『神学大全』を質量ともに凌駕する一大体系である。これを全巻読みこなした人はドイツにもほとんどいないということである。何しろ、平積みにして人間の背丈以上あるという代物だから。だが、その輝きはすこしでも読んでみればわかる。

一つの時代が終わろうとするときには、その時代思潮を綜合するような作品が現われるとは詩人リルケがミケランジェロについて言った言葉だが、『教会教義学』はまさにそのような神学書である。何が終わったのか。宗教改革以来のプロテスタンティズムが終わったのであり、ポスト・モダンの時代が始まったということだ。神学の終焉を象徴的に示すという言い方もできる。

バルト以後、神学という営みはちょっと空しい。ドストエフスキーの作品があるのになぜ、小説を書くのかという言い方があるが、それと同じである。このことは作家を志す若者が程度の差はあれ、ぶつかる問いであろう。極限まで究めた作品なり、著作に対しては、敬して遠ざけるというありかたが最も賢明なのではあるまいか。とくにバルト以後のキリスト教の凋落は、神学が成り立つ地平そのものを問い直さなければならなくなった。

これはあくまでも西洋のキリスト教という留保つきの話である。欧米におけるキリスト教、とくにドイツ教会の衰退ぶりが著しい。ドイツでは次のような言い方がなされているという。「一九七〇年代は、神学を学ぶ者は賢い者という評判だった。しかし、九〇年代では、神学を専攻する者は愚かな変質者でしかない」（佐藤研『禅キリスト教の誕生』岩波書店）

二一世紀を二〇年近く経過した現在、神学の復興を目指すなどということは気違い沙汰ということになるのではないか。

堅固な体系であるバルト神学にも、瓜を立てる余地がないわけではない。自然神学の見直しなどはその一つであろう。バルトは自然神学を目の敵にした。偏狭なキリスト教絶対主義者ではなかったが、キリスト教圏に生まれ育ったから、自然神学を認めると、汎神論的になり、キリスト論中心の〈神の言の神学〉としての自分の体系が崩れると思ったのであろう。ここで神学的議論をするつもりはないが、自然神学は笑いとの関係で重要なテーマであるから、本文で詳しく触れたいと思う。

最後に、筆者の立場を明らかにしておこう。筆者はキリスト教の牧師をなりわいとしてきたが、もうすこし、詳細な情報を提供すると、所属した教派は、日本聖公会という、英国国教会を母体とする世界的ネットワークの教会である。アングリカン・コミュニオンという。

キリスト教には聖餐式（ミサ）と呼ばれる儀式がある。最後の晩餐を記念するキリストの体と血にあずかるパンとブドウ酒の祭儀である。神学校ではデイリー・ミサと称して、毎朝この儀式が捧げられる。ある神学生が、パンをいただくとき、いつもぱっくりと大口を開けるので、教授が「君はどうしてそんなに大口を開けて、陪餐するのかね」と訊ねた。その神学生、澄ました顔で「私はアングリカンですから」と答えた。

筆者は二〇〇七年に『瞑想とキリスト教——牧師が試みた禅、タオ、密教の世界——』（新教出版社）という書物を上梓した。東洋的な瞑想に学びつつ、牧師としての歩みを振り返った自分史であり、個人的な事情を全面に打ち出したので、一般的な興味を掻き立てる著作とは言えなかった。

この『笑いと癒しの神学』においては、筆者の経験や個人的側面は、注意深く背後に退かせてある。ここで語っているのは、あくまでも客観的な声としてのもろもろの試論であり、省察である。神学と称しているが、実際には哲学からも多くのことを学び、参照させていただいた。神学と哲学の関係については本文のなかでもっと詳しく触れるつもりである。

笑いを神学的に考えると言ったが、喜怒哀楽の情緒に属する笑いがはたして神学のテーマになり得るものなのかどうか。やってみなければわからないが、論として成り立っているかどうかは読者の判断にゆだねるしかない。

筆者が目指したものは、危機がますます深まるこれからの時代に、笑いを武器に、出来るだけ遠くに行ってみようとする志しである。遠くという意味は、遠心的な方向と求心的な方向の二つのことが含意されている。できるだけ遠くに、そしてできるだけ深いところにも探索の手を伸ばしたいと願うものである。

二〇一八年八月

長谷川正昭

笑いと癒しの神学

目次

笑いと癒しの神学

第一部　イエス・言葉・身体

第一章　笑いながら死ぬために

児童文学の絵本で、『ほほえむ魚』という作品がある。ジミーという台湾の作家が書いた童話（有澤晶子訳、早川書房）である。

一人暮らしの若い男が、水族館に行ったとき、魚が自分に微笑んでくれた。心温まる思いがして、その魚をもらってくる。水槽に入れて飼っていると、魚が水槽の中でも微笑んでくれるので、毎日の生活が楽しくなる。そうこうしているうちに、夜、夢を見る。自分がその魚と一緒になって泳いでいる夢である。泳いでいるうちに、ぱっと手に触れるものがある。おかしいな、と思うとそれはガラスの壁であった。そこで初めて気がつくのだが、自分も水槽の中に入っていたのである。

夢から覚めて、はたと思い直す。魚が微笑んでくれたと喜んでいたが、この魚は水槽の中に捕えられている。そこで、男は海に行って、魚を逃がしてやるという話である。

これはもちろんフィクションである。心洗われる微笑ましい話であるが、魚が笑うことはあり得ない。あくまでも動物は笑わないというのが自然界の法則とされている。笑っているように見える高等動物、チンパンジーやオランウータンでも喜んだり、楽しんでいるらしい感情表現はあるが、人間のような笑いを体験しているわけではない。（もっとも魚が泣く可能性はあるかもしれない。『奥の細道』のなかに「行く春や、鳥啼き魚の目に泪」という句がある。だが、これは芭蕉の諧謔であろう。）

チンパンジーなどの高等動物は、鏡に映った姿を見てこれは自分だと己を認知するメタ認知能力があると言われている。最初は敵だと錯覚して威嚇するのだが、自分の動きが鏡像と一致することから、なんだこれは自分であるとわかるわけである。だが、当然のことではあるが、そこから自我が崩壊したり、それにともなって認識が破れたりということはない。つまり、動物は意識活動をしないということである。

ここから逆に、「笑い」とは何かという定義を与えることが出来る。「認識の破れと自我の解体」ということである。もちろん、われわれが笑いを経験するとき、いちいちそんなことを考えて笑っているわけではないが、仔細に観察してみるとそういう表現でしか言い表せない事態を経験していることがわかる。これを「笑い」の暫定的定義としておこう。そして、これは人間の意識活動とは何かという問題に深くかかわっている。意識とは何かというのは厄介な問題であるが、一つの特徴は自己言及性ということであろう。自己について思いめぐらしたり、省察したりすることができるのは意識の働きである。(『唯脳論』養老孟司　青土社)

この自己言及性があるかないかが動物と人間を隔てる決め手の一つだと思う。メタ認知能力と自己言及性というのは似ているようであるが異質のものである。或いは、メタ認知能力からアハ体験(いわゆる悟りや解脱に準ずる経験、覚醒体験)に至るプロセスにある中間項が自己言及性であると思われる。

この意識の自己言及性が、「笑い」のもう一つの定義であると言えよう。蛇足ながら、人工知能と人間の脳を隔てる決め手も自己言及性である。チェスや囲碁の名人が人工知能に敗れるという現象をもって、人間というのはすでに終わったのだという論をなす者もいるが、いや人工知能は過去の対戦データーを入力してあるだけで、勝率の一番高い手を選んでいるにすぎないのだと反論する者もある。いずれも人間の自己言及性を理解していない。人工知能が自己言及性を獲得したら、はじめて人間と肩を並べることになるだろう。小説を書ける人工知能も開発されるという話があるくらいだから、いずれは自己言及の能力を獲得するという悪夢のような世界が到来するかもしれない。つまり、この自己言及性というのはわかりやすく言ってしまえば「自意識」ということである。

この自己言及性をもっとも明快なかたちで鮮烈に表現して見せたのは、デンマークの哲学者キルケゴールの『死にいたる病』の冒頭部分である。

「人間は精神である。精神とは何であるか。精神とは自己である。自己とは何であるか。自己とは自己自身にかかわる一つの関係である。言いかえればこの関係のうちには、関係がそれ自身にかかわるということがふくまれている。したがってそれはただの関係ではなく、関係がそれ自身かかわるということである。」（松浪信三郎訳、白水社）

精神と意識はイコールか、違うのかという問題もあるが、一応ここではイコールとしておこう。このような意識の自己言及性には、それ自体すでにどこかしら笑いの要素が含まれていると考えられる。キルケゴールもこれを書きながら笑い出したのではなかろうか。自分を笑うことができるかどうかというのは高度な人間的成熟さを要求されるであろう。自己を俎上に上げ、滑稽なものとして客観視することが出来なければならないからである。

前述のように、そこでは「認識の破れと自我の解体」ということが要請されることになるはずである。もう一度まとめて言えば、「意識の自己言及性」とその働きの結果起こる「認識の破れと自我の解体」が、笑いを説明する暫定的定義とすることが出来る。これはあくまでも暫定的な説明であり、本書全体の「笑いと癒しの神学」を考えるうえでの定式としておきたいという意味でこれから幾度となく参照していくつもりである。

笑いとユーモアがこのようなものであってみれば、無条件に賛美するだけでなく、危険物取扱注意のような貼り紙でもしておくべきものであり、コントロールの難しいものであることをもよくわきまえておくべきかと思う。別の言い方をすれば、笑いは爆発物のようなものであり、「思いのままに吹く風」

（ヨハネ福音書3章）のように、どこから来てどこに行くかは誰も知らないのである。

キルケゴールの『死に至る病』の冒頭の言葉を紹介したが、デンマーク国教会への辛辣な批判者、そしてヘーゲル哲学の一大体系に対して単独者の立場を貫いた孤高の思索者として知られているキルケゴールは、同時にまた稀代のユーモリストであったことは次のような言葉を読めばよくわかる。

神々は退屈し、そこで人間を創造した。孤独なアダムは退屈し、そこでイヴが創造された。……アダムとイヴは一緒に退屈し、やがてアダムとイヴとカインとアベルが一家そろって退屈し、世界の人口が増加するにつれ、人々は集団的に退屈するようになった。そこで人々は退屈をまぎらわすため、天に届くほどの高さの塔を築こうと考えた。が、この考えの退屈なことときたら、この塔の高さに劣らず、それを見ても、退屈がいかに猛威をふるっているかがわかる。

（『あれかこれか』ゼーレン・キルケゴール　飯島宗享訳）

笑うイエス

1 〈自分を救えない神〉

ある神学者は人間にとって、一番ぞっとするものは美人の顔に表れたあざ笑いであると言った。お堅い神学者にしては粋なことを言うものではないか。美人でなくても冷笑、嘲笑、あざ笑いは人間の最も醜悪な姿の一つであろう。人間性の内面にあるどす黒い世界がおもてに表れたものだからである。

嘲笑という言葉ですぐに思い浮かぶのは、イエスが十字架に架けられた時の周囲の人々の反応である。新約聖書によれば、それは次のような記述をもって活写されている。

「人々はくじを引いて、イエスの服を分け合った。民衆は立って見つめていた。議員たちも、あざ笑って言った。『他人を救ったのだ。もし神からのメシアで選ばれた者なら、自分を救うがよい』兵士たちもイエスに近寄り、酸いぶどう酒をつきつけながら侮辱して言った。『お前がユダヤ人の王なら、自分を救ってみろ。』」（ルカ福音書23・34〜37、新共同訳）

このように、十字架に架けられたイエスを人々が嘲笑し、あざ笑うのであるが、この時の嘲笑の言葉、「他人は救ったが自分を救えない、メシアならば自分を救え」というのは、イエスの生涯のうちで受けた最もひどい侮辱であったと思われる。肉体の痛みであればまだ耐えることも可能であろうが、このような苦痛は苦しみの中の苦しみであり、自分の存在自体が問われ、否定され、非難されるわけである。

人間は誰でも自分の救いを求めるし、自分を救いたいと熱烈に願うものである。新興宗教の教祖であっても自分の救いを先行させる。したがって自分を救えない神は意味がないし、そういう宗教は存在価値がない。

ところが、キリスト教は「自分を救えない神」を信仰する。ここにはキリスト教の本質に関わる苦難と贖罪という問題がふくまれているが、いずれにしても人々の嘲笑、あざ笑いをイエスが甘受するということが引き換えになっているのである。贖罪はキリスト教固有の教義であるが、イエス自身が贖罪をめざしていたかどうかというのは賛否の諸説があってはっきりしない。メシアニック・シークレットという聖書学の問題であり、これだけで神学の根幹を揺さぶるものとなる。

歴史上のイエスが、後の初代教会によってキリスト・メシアとして信仰告白されるに至る、いわゆる「史的イエス問題」に発展するのであるが、十字架上のイエスに多くの人々の嘲笑が浴びせられたというのは覚えておく必要がある。

何故なら、「自分を救えない神」を信仰するのがキリスト教であると言ったが、苦難と贖罪の問題をとおして、ここにはもっと重要な問題が横たわっているからである。すなわち、他人を救うことはできても、自分を救うことはできないというのはすべての人間にかかわる佇まいであり、人間の本質であり、原型であるということである。

救いという言葉を何の注釈もなく使っているが、心身ともに満たされていて自由であり、希望に溢れているという状態をあらわすのであろう。十字架上のイエスはまさにその正反対の状態である。身体は拘束されていても心は救われ、満たされているということもないわけではない。しかし、十字架上のイエスはそういう境遇ではない。心身ともに追いつめられている。

しかも、もっとも救われていないのは弟子たちが、少数の女たちを除いて、すべてイエスを見捨てて逃げてしまったことである。神にも人にも捨てられ、背を向けられてしまったのである。十字架上の「わが神、わが神、なぜわたしをお見捨てになられたのですか」という叫びはそのことを端的に示している。そういうイエスを見て、人々が「なんだ、生きているあいだは偉そうなことを言って、大勢の人を救ったような格好をみせていたが、自分が救えてないじゃないか」と嘲笑したわけである。

イエスのような劇的な生涯を誰しもが辿るわけではないが、しかし、われわれも他人を救うことは出来ても、自分を救うことは出来ないのではなかろうか。

このような人間の原型をイエスはもっともドラマチックに、もっとも先鋭的に生き切ったのである。そして、自分を救えない姿を大勢の人々の前に晒すことによって、すべての人間と連帯し、すべての人間の罪性とつながったのである。贖罪という教理にもし意味があるとすれば、そういうところにしかないだろう。

イエスの最期がこのように深刻で悲劇的なものであったので、イエスはいつも謹厳な面貌をしていかめしく、弟子たちに対しても厳しい指導をしたかのような誤解が生まれている。福音書には実際そのような場面がしばしば描かれている。しかし、イエスの生涯が人間の原型を生きて見せたものであったとするならば、もう一つ別の問題がここで生じて来るのである。

すなわち、イエス自身が生前の活動のなかで、はたして笑うことがなかったのかどうかという興味深い問題である。福音書にはそのような記述はないし、十字架上の苦悶の姿だけが強調されるので、イエスは笑わなかったと思い込んでいる人も少なくない。たしかに福音書にはイエスの笑いについて、まったく触れられていない。だが、イエスは「大酒飲みで大喰らいである」(ルカ7・34)とちらりと暗示されているので、笑わなかったはずがない。

イエスが笑わなかったと思い込みたい真面目で敬虔な、聖書の読者の心理構造を推察してみるに、イエスの教えは深遠で、寸鉄人を刺す鋭さをそなえているので、そのような聖書の表現に慣れ親しむと、生真面目にしか受けとれなくなってしまうということがあるのだろう。さらにそこには看過できない自己防衛という本能も働いている。宮田光雄がそのことを巧みに喝破している。

「イエスを日常性を超えた、天上的な輝きに包まれた、神秘的な存在と見ることによって、イエスの呼びかけを人間の現実とは関わりのないものにしてしまう。そこには、これまでの生活の仕方を変えなくてすむように、自分自身を安全圏におこうとする深層心理が働いているのかもしれない。」

(『キリスト教と笑い』宮田光雄、岩波新書)

まさに仰るとおりである。敬虔を装いながら、イエスを衛生無害な超越神に仕立て上げることによって、人間の現実とは関わらないものにしてしまおうという防御的な心理が本能的に働いているのである。聖書には笑いという言葉が旧約、新約をとうしてあまり頻繁には出て来ない。それだけでなく笑いについて否定的と言うか、積極的な効用を認めていないと言った方が適切かもしれない。キリスト教の教えは福音という喜びに根ざしたものであるので、笑いとも密接な関係があるはずだから、否定的と結論づけるのは早計なのだが、笑いについて直接書かれた箇所が少ないのは事実である。旧約聖書の「コヘレトの言葉」（口語訳聖書「伝道の書」）には「わたしはこうつぶやいた、『快楽を追ってみよう、愉悦に浸ってみよう』見よ、それすらも空しかった。笑いに対しては、狂気だと言い、快楽に対しては、何になろうと言った。」（2・1〜2、新共同訳）とある。

このように、笑いは狂気であるとばっさり切り捨てられている。「コヘレトの言葉」は虚無的な思想の影響を受けていると言われているが、これでは実も蓋もない。

もう一か所、旧約聖書の冒頭の創世記にはアブラハムの妻サラが年老いてイサクを懐妊するときのエピソードが描かれている。アブラハムは九九歳、サラは九〇歳であったが、三人の旅人（神の使いという設定である）を天幕でもてなし、旅人が木陰で子牛の料理と凝乳を食しているとき、旅人の一人が来年の今頃、サラに男の子が生まれていると言う。天幕の入り口でそれを聞いていたサラはひそかに笑った。翻訳によっては「下を向いて笑った」とする聖書もある。この翻訳はリアルである。

ジョン・ヒューストン監督の映像作品『天地創造』ではエヴァ・ガードナーという名女優がサラを演じていたが、まさに美人の顔にあらわれたあざ笑いであった。だが、創世記によれば、旅人の予言どおりサラは九一歳にして男の子イサクが与えられる。このイサクを燔祭《はんさい》のいけにえとして捧げよと神はアブラハムに命じるのだから聖書の世界は一筋縄ではいかない。因みに、イサクという名前はヘブライ語の「彼は笑った」という意味だという。

旧新約の中で、笑いについて具体的に言及されている箇所はこの二個所くらいしか思い浮かばないが、聖書の世界における笑いについての冷遇は、宗教的な禁欲と結びついて、教会史のなかでも笑いについて否定的な見解を生み出した。東方教会の教父のなかで最大の説教家と謳われたコンスタンチノープル大主教、聖クリュソストモスはその代表であろう。

「げらげら笑ったり、ふざけた話をするのは、一見罪として認められる罪ではないようだが、じつはそうした罪を誘うものである。こうして笑いはけしからぬ言葉を生み、けしからぬ言葉はさらに一層けしからぬ行動を生む。往々にしてこうした言葉や笑いは嘲りや侮りへと進み、嘲りや侮りは心の打撃や痛手へ、打撃や痛手は殺人や虐殺へと進む。そういうわけであるから、我が身のために良い忠言を受け入れる気があるなら、ただたんに言語道断な言葉、行為、心の打撃、痛手、殺人を避けるだけでなく、無分別な笑い自体を避けなければならない。」

(『「笑い」の考察』レイモンド・ムーディ、斎藤茂太訳、監修　三笠書房)

このように笑いについての全否定を展開している。これは先に紹介したイエスが十字架上で受けた冷笑、嘲笑を念頭に置いたうえでの言葉であると考えるべきであろうと思われる。だが、クリュソストモス主教さん、ちょっと待ってください。すこし行き過ぎではないでしょうかと言いたくなる。一種の見識であり、教会を束ねる聖職者の元締めとしては当然の司牧的な見解とも言えようが、道学者のような物言いにはいささか違和感がなきにしもあらずである。

2　辛辣でありながらユーモラス

イエスはありとあらゆる毀誉褒貶に晒されたが、それはイエスの敵対者であったパリサイ派やサドカイ派だけから浴びせられたのではない。弟子たちの無理解や民衆の中傷、そして後の初代教会をはじめとしてイエスを偶像視したいすべての陣営から多くの偏見や誤ったイメージが生み出された。

それは繰り返すようであるが、イエスのイメージを自分たちの都合のよい仕方で造り上げたいという自己防衛と主客転倒のなせる業である。そのような無駄な努力を捨て、偏見や思い込みから自由になり、福音書のイエスと直に対面するならば、つまり「こどものように事実の前にすわる」ならば、もっと違った福音書の読解が可能になるはずである。クエーカー教徒の哲学教授トルーブラッドが述懐しているのは、まさにそのような経験である。四歳になる息子に聖書を読み聞かせているとき、息子が急に笑い出したことによって、聖書の読みがまったく変えられてしまったという。

「あなたは兄弟の目にあるおが屑は見えるのに、なぜ自分の目のなかの丸太に気づかないのか。兄弟に向かって『あなたの目からおが屑を取らせてください。』とどうして言えようか。自分の目に丸太があるではないか。」（マタイ7・3）

この箇所にたいして四歳の息子が笑ったのは、子供ながら目のなかに丸太が入るはずがないことがわかったからであるという。このことがきっかけになってトルーブラッド教授は、イエスの教えのなかに「巧まざるユーモア」を見出すようになった。たとえば「金持ちが神の国に入るよりは駱駝が針の穴をとおる方がもっとやさしい」(マルコ10・25)とか「モノの見えない案内人、あなたたちはぶよ一匹さえも漉して除くが、駱駝は呑み込んでいる。」(マタイ23・24)などの言葉である。(『キリストのユーモア』小林哲夫・小林悦子訳　創元社)

辛辣でありながらユーモラスというイエスの教えの独特の性格を見抜いたわけであるが、聖書の読者は辛辣な面には目を注ぐが、ユーモラスな教えであることにはあまり注目しない。辛辣である場合には同時にユーモラスと相場は決まっているのに。

こうして、トルーブラッドは新約聖書を笑いとユーモアという視点から読み直すのである。これはユニークな着眼点と言えるだろう。

弟子たちの召命の場面で「わたしについて来なさい。あなたがたを人間をとる漁師にしてあげよう」(マルコ1・17)と言われたシモン・ペテロとアンデレが笑わなかったとは考えられないとトルーブラットは言っている。たしかに騒々しい大笑いを引き起こすことはなかっただろうが、ペテロもアンデレもイエスという人の独特な物言いと表現の仕方に強く惹きつけられたに違いない。たしかにイエスの教えや言葉にはわれわれが考える以上のユーモラスな面が多く含まれている。

福音書のイエスはとくに譬え話を多用するという戦略を用いたが、現代の新約聖書学ではどういうわけか、この事実があまり注目されない傾向がある。譬え話のなかにはユーモアが凝縮されている。最も代表的なものは次の譬えであろう。

「神の国は、次のようなものである。人が土に種を蒔いて、夜昼、寝起きしているうちに、種は芽を出して成長するが、どうしてそうなるのか、その人は知らない。土はひとりでに実を結ばせるのであり、まず茎、次に穂、そしてその穂には豊かな実ができる。実が熟すと、早速、鎌を入れる。収穫の時が来たからである。」（マルコ４・26）

「土はひとりでに実を結ばせる」というところが眼目である。「どうしてそうなるのか、その人は知らない」というのはいかにもユーモラスではないだろうか。

マルコ福音書には続いて「からし種の譬え」というのが語られる。土に蒔くときには地上のどんな種よりも小さいが、蒔くと成長してどんな野菜よりも大きくなり、葉の陰に空の鳥が巣をつくれるほど大きな枝を張ると教えられている。これも愉快で楽しい譬えである。

また、「ともし火を持ってくるのは、升の下や寝台の下に置くためだろうか。燭台の上に置くためではないか」（マルコ４・21）という譬えはナンセンスな可笑しさがある。

「不正な支配人の譬え話」（ルカ16・1～13）となると面白がってばかりいられなくなる。なにしろ不正な支配人が主人から褒められるという話だから。興味のある方は聖書に直接あたっていただきたい。ここには意外性とユーモアだけでなく、意図的な不可解さがある。つまり、何かが隠されているのであり、隠すことによってしか露わにされない逆説的真理が語られていると考えるしかない。イエスは弟子たちの鈍さと物分りの悪さを嘆いてみせる。「まだ、分からないのか。悟らないのか。心がかたくなになっているのか。」（マルコ８・17）

だが、弟子たちにしてみれば分からないのが当たり前で、こんな譬え話をされたらたまったものではないだろう。いくら頭をひねくり返しても、心をかたくなにしたつもりはなくとも、さっぱり腑に落ちないというのが正直なところではなかったか。意図的な不可解性と言いたくなる所以である。

つまり、ここで意図されていることは何かと言えば、一般的な通念が覆され、日常的な認識が破られ、そのことをとおしてこれまでの生き方が見直され、新しく造りかえられることなのである。それは文字面だけを追っていたのでは充分に果たすことも味わい尽くすこともできないであろう。

祈りと黙想を重ねた挙句、ふとある時、膝を叩くような気づきがもたらされるということだろう。そんな悠長なことはしていられないからもっと手軽な読み方はないかという人は、縁なき衆生と言うほかない。（聖書を禅の公案のようにして黙想することを提唱されているのはカトリックの門脇佳吉神父である。聖書と禅の公案の構造的類似を分析しておられる。七章で詳しく紹介するつもりだが、これは卓見である。『聖書の身読と公案』春秋社）

そのような譬え話の代表は、「ぶどう園の譬え話」（マタイ20章）である。朝から一日中汗水流して働いた労働者と夕方来て一時間しか働かなかった労働者が同じ待遇を受け、一日一デナリの給料を支払われたというまことに不可解な譬え話である。社会的公平と神の公正は必ずしも一致しない。社会的な価値基準は神の国においてはそのまま通用するとは限らない。人間が有するさまざまな条件、能力、資質、働きの大小を超えて神の国の論理はすべての人間を一日一デナリの給与で遇するのである。

ここで語られているのはたんなる意外性とユーモアであるにとどまらず、また意図的な不可解さにとどまらず、もっと荒々しく能動的な、「イエスに固有な価値基準転倒の精神」（荒井献）である。この価値基準転倒の精神は、イエスが語った山上の垂訓のなかの次のような教えにもとづいていると思われる。

「（天の）父は悪人にも善人にも太陽を昇らせ、正しい者にも正しくない者にも雨を降らせてくださる。」（マタイ5・45）

人間の側の条件であるところの善悪、優劣、美醜に関わりなく、すべての人間を絶対的に肯定し、受容する神の慈愛と憐れみであり、自然の恵みのなかに看破される神の主権である。もっと言えば、人間社会の規範を超えて、もろもろの価値判断を無効にする醒めた視点である。したがって当然、自然が恵みだけをもたらすものではなく、時には過酷な災いの原因になることをも視野に含まれていると考えるべきであろう。

ここにはたしかにイエスの、ある覚醒体験（大貫隆『イエスという経験』）が想定できるのであり、そこからすべての譬え話と教えの言葉と振る舞いが導き出されていると言っても過言ではないであろう。つまり、イエスの思想と行動はすべてその覚醒体験から理解すべきであると思われる。そのように単純化してしまうと聖書学的には問題が生じるであろうが、なにかまうことはない。聖書学者に遠慮していたら聖書について何も語れないということになる。

この覚醒体験はよほど徹底的なものであり、大貫隆がいみじくも形容している。「雷雨のあがった直後の清澄な大気のなかのように、いまや万物が変貌し、まったく新しい姿で立ち現れる」のである。そして、それは「宇宙の晴れ上がり」であると印象的な言葉で括られている。（『イエスという経験』）

そして、大貫は「開かれた天地万物の新しいイメージ」として、山上の垂訓のマタイ六章二五節～三五節およびルカ一二章の並行記事を例に挙げている。たしかに「空の鳥を見よ、野の花を見よ」という有名な自然賛歌は、福音の原点ともいうべきイエスの神信仰をもっとも美しくおおらかに謳いあげた語句であろう。

イエスの本来の資質であるところの詩的なカリスマが発揮されているわけであるが、このような〈宗教的な自然賛歌〉が紡ぎ出される前提には、よほど強烈な原体験があったと推定するのが順当である。イエスは自然詩人であったが、それだけでイエスの全体像を言い尽したことにはもちろんならない。覚醒を支えるなんらかの原体験、つまり召命体験、幻視体験のようなものがあって、本来の資質が花開いたということでなければならないであろう。

それはルカ福音書が触れている「わたしはサタンが稲妻のように天から落ちるのを見ていた」（ルカ10・18）という語句が、鍵となるような体験であったろうと思われる。だが、大貫も指摘しているように、これは神がサタンと天上で戦い、遂にはサタンを天上から地上へ放逐するという、イエス時代のユダヤ教黙示文学のなかに明瞭に見出される定型的な表現でもあったわけだから、その語句に見合うような体験がイエスにあったと考えるべきだと思われる。つまり、黙示文学の定型的表現を援用してみずからの覚醒をイエスが語っているということになる。（大貫隆の『イエスという経験』は興味深い著作であり、多くのことを教えられたので、六章で詳しく取り上げる。）

イエスの原体験を考えるときに参照すべき箇所は、やはり「荒野の誘惑」の記事であると思われる。共観福音書（観点が共通しているという意味で、マタイ・マルコ・ルカをこのように呼び、ヨハネを第四福音書と聖書学では区別している。）が一致して描いているこの記事は、マタイとルカにおいてはイエスとサタンのあいだに交わされる三つの問答として出て来るが、マルコにおいては内容抜きに事実だけが簡潔に記されている。聖書学的にはサタンとの問答は、いわゆるQ史料（イエスの語録史料）の産物である。Q史料は最古の福音書であるマルコの成立以前に編集されていたと言われているが、マルコには問答は出て来ない。

そして、共観福音書において共通しているのは、いずれも洗礼者ヨハネからイエスが洗礼を受けた直後に、霊がイエスを荒野に追いやってサタンの誘惑に遭遇したと記しているのであるが、興味深いことは「霊」という言葉についての扱い方が各福音書によって微妙に異なっている点である。

マルコでは「それから〝霊〟はイエスを荒野に送り出した」（1・12）マタイでは「〝霊〟に導かれて荒れ野に行かれた」（4・1）ルカでは「荒れ野の中を〝霊〟によって引き回され」（4・1）となっている。

「霊によって引き回され」というルカの表現が事柄の切迫性をもっともよく表していると言えるだろう。このことの具体的な証言として人類学者の次のような指摘はイエスの姿の中にあるある種の不気味さの強い要素を浮き彫りにしている。

「人類学者であるマーガレット・フィールドは、洗礼のあとイエスを荒野に追いやった聖霊と、ガーナの原始的な預言者たちの経験の間に並行関係のあることを指摘しているが、これら預言者たちはいずれも霊にとりつかれた状態で繁みのなかに走り去り、そこで数週間あるいは数か月間も失踪したままになるというかたちで、神がかりの生涯を始めるというのである。」

（『仲介者なる神』Ｊ・Ｖ・テイラー、村上達夫訳、新教出版社）

このような背景のなかでイエスが遭遇したサタンは一体何者であろうか。実体をともなった存在なのか、幻視のなかでの経験なのか、にわかに判断がつきかねるとしか言えない。

だが、確実なことが一つある。それはサタンがイエスにとって他者的な大きな存在であったということである。イエスにとっては一二弟子も、マリアに代表される家族も、また論争相手であるパリサイ派もサドカイ派も、他者であるには違いない。しかし、サタンは生涯の敵対者であるところの絶対的に大きな他者である。仮にサタンが実体をもたない幻視のなかの存在であったとしても、この事情は変わらないであろう。（イエスの生涯を映像化した作品が数多くあるが、黒の細身の上下のスーツを着こなした現代風のビジネスマンが現れて、ローブ姿のイエスと問答するというのがあって、奇妙なリアリティを感じさせた。）

荒野の誘惑の記事におけるサタンとイエスの問答は、サタンがきわめて知的な存在であることを示唆している。サタンの三つの誘惑を順序立てて、よく考えてみると、経済、宗教、政治の問題をそれぞれ象徴的にカバーする問いである。そして、イエスは旧約の語句をもって一つ一つこれらの問いを論破している。

この時点ですでにイエスは覚醒体験を果たしたのか、それとも荒野の誘惑以降に、或いはそのずっと以前に覚醒を経験したのか、聖書学的にそれを確定する術はない。
ルカ福音書が記録している「わたしはサタンが稲妻のように天から落ちるのを見ていた」というイエスの言葉は、七二人の弟子たちを各地に派遣し、弟子たちが「主よ、お名前を使うと悪霊さえもわたしたちに屈服します」と報告したときにイエスの口から語られるのであるが、これを字面どおりイエスが弟子たちを派遣し、その帰りを待っている間に経験した事柄であると読む必要はまったくないであろう。悪霊を服従させる権威の由来についてイエスが触れているだけである。

イエスがサタンの誘惑を論破した時点で、稲妻のようにサタンが失墜したという方が事柄に即していると考えるべきではないか。何故なら、「稲妻のように」という印象的な形容は、自然現象の描写というよりも主体的な人間の認識作用を比喩として表現したものと見なしうるからである。まさに覚醒体験以外の何ものでもない。

3　イエスの自意識

覚醒体験というとき、ではイエスは何から覚醒したのかという話になるが、そのためには、ここで「イエスの自意識」ということを考慮しておく必要がある。と言っても、2千年前のパレスチナで、生を受けた古代人であるイエスが近代的な自意識、自我意識を持っていたはずはない。これはイエスの自己呼称にかかわる問題であり、イエスがはたしてメシア意識、贖罪の意識をもって十字架刑をめざしたのかどうかというキリスト教成立の根幹にかかわる、新約聖書学の主要なテーマの一つなのである。

キリスト教入門書とか概論書を紐解くとかならず言及されているのは、イエス・キリストという名前の意味と由来である。イエスはユダヤ人であれば誰でも知っているようなありふれた名前であり、日本人にとっての太郎や次郎に相当するが、キリストは名前ではなく称号である。「キリストとしての称号を与えられたイエス」という初代教会の信仰告白の産物である。（因みに共観福音書は「イエスはキリストである」という信仰告白によって編集され、第四福音書と呼ばれるヨハネ福音書は「キリストはイエスである」という逆向きのかたちで信仰告白した。）

キリスト（クリストス）というギリシャ語は、ヘブライ語のマーシア、アラム語のメシアの訳である。このマーシア、メシアは「油注がれた者」という意味であり、イスラエル宗教の伝統のなかに、王、祭司、預言者の就任の際に、頭に油を注がれるという儀礼が行われて来たことに由来している。

この他にも、イエスに与えられた称号は幾つかある。「主」「神の子」「人の子」などである。（初代教会において歴史的にもっとも初期の信仰告白は「イエスは主〔キュリオス〕である」というものであるとの説をオスカー・クルマンというルター派の神学者がなしている。）

これらの称号は、すべてキリスト論的尊称であり、生前のイエスとは直接、関係がないということになる。だが、福音書を読むと、イエスはしばしば自らを「人の子」と称し、この言い方を好んで使用している。たとえば、「人々は人の子（私）をだれだと言っているのか」（マタイ16・13）とか「人の子は仕えられるためではなく、仕えるために来たのだ」（マルコ10・45）「狐には穴があり、空の鳥には巣がある。しかし、人の子には枕するところもない」（マタイ8・20）などである。

聖書学的に普通に考えれば、後の初代教会が「人の子」の称号をイエスの口に入れたのだろうということになる。ところが、「神の子」とか「主」とか「メシア・キリスト」という称号はほとんどの場合、イエス以外の登場人物によって、イエスを指して使われるのに対して、「人の子」は例外なく、イエス自身の発言の中にしか現れない。イエスの自己呼称として定着している。ここに複雑な問題が浮上する。すなわち、初代教会のキリスト論的尊称の一つには違いないが、生前のイエスにまでさかのぼる可能性がないかどうかが問われ得るのである。こうして「人の子」の名称を考察することが、史的イエス問題を解明する鍵として探求の出発点になったのであるが、現代の新約聖書学は非常な努力を払い、学識を深め、考究を重ねて来たものの、結局何の一致点も収斂点《しゅうれんてん》も見出すことは出来なかった。ただ、「人の子」とは実に重要な名称であるとの問題意識だけが残った。現代の新約聖書学の混迷ぶりを象徴するような話である。そして、「人の子」をめぐる探求は、ヘブライ的思考法のなかに伝統的にあった「集合的人格」という考え方にまで辿りつくのであるが、これは専門的な議論にわたるので、説明はもうすこし後回しにさせていただく。

ただ、福音書に出て来る「人の子」には幾つかの用法があることだけが確認されている。三つの用法があるとされる。初代教会のキリスト論的関心にしたがって、終末における審きのモチーフ、地上における宣教を遂行しつつあるイエスのモチーフ、受難を予告するイエスのモチーフ、この三つである。そのそれぞれのモチーフのなかに生前のイエスまでさかのぼり得る箇所がないかどうかを吟味しなければならないのである。

そもそも「人の子」（バル・ナーシュ）というアラム語の表現は元来、特別な意味はなく、単純に「人」を表すときに使われる言葉である。「私」を言い表すかわりに「人の子」という表現がイエスの時代には使われたのだとの説もあるが、これははっきりした用例がないので、支持されない。いずれにしてもアラム語の「人の子」は何ら称号的な意味合いは含まれていなかった。ギリシャ語に翻訳される段階で、普通の意味で使用された「人の子」は「人」と訳されたのに対して、メシア的な意味もしくはイエスの独自性を表現していると思われる箇所は「人の子」と直訳されたという。そこから称号としての「人の子」という用法が生まれたものと思われる。そして、「人の子」が論議される際に、かならず引き合いに出される旧約ダニエル書七章一三節、一四節に「夜の幻をなお見ていると、見よ、「人の子」のような者が天の雲に乗り、〈日の老いたる者〉の前に来て、そのもとに進み、権威、威光、王権を受けた。諸国、諸族、諸言語の民は皆、彼に仕え、彼の支配はとこしえに続き、その統治は滅びることがない」とある。

この場合の「人の子のような者」という表現も称号ではない。人間のような姿をした天的存在という意味合いで使われている。ダニエル書の後の方の叙述に従えば、イスラエル民族全体を表していることは明らかである。前述の「集合的人格」に通じるものであろう。

もう一つ、かならず引き合いに出される福音書以外の文書がある。使徒言行録七章五六節である。ステパノが迫害を受け、石打ちの刑を受けたとき、「天が開いて、人の子が神の右に立っておられるのが見える」と言ったという箇所である。

この場合の「人の子」は初代教会が、復活のキリストに仮託した「神の右に座す」というメシア像と旧約ダニエル書の「雲に乗って天から来る人の子」という像が結びつけられたものと思われる。これは明らかにキリスト論的称号ということになるだろう。

このような「人の子」をめぐる論議をまとめてみると、もともと特別の意味合いをもたなかったアラム語が、ギリシャ語に翻訳される段階で、福音書記者によってキリスト論的な称号として用いられるようになったという事情があるわけであるが、それにもかかわらず一方では、イエス自身がこの「人の子」を自分を指して言う場合に好んで使用したという事実は動かない。したがって、福音書には初代教会が付与した称号とイエスの自己呼称である場合とが混在していることになる。

「狐には穴があり、空の鳥には巣がある。しかし、人の子には枕するところもない」（マタイ8・20）という有名な言葉は、宣教の業にたずさわる途上で、おもわずふっとイエスがもらした感慨として印象的なものである。いかにもリアルで共感を呼ぶ箇所である。少数の弟子たちを引き連れてユダヤの町や村を巡回し、旅して歩いたイエス自身の実存的な厳しさが語られている。詩的言語による表明というところもイエスの特徴をよく物語っているように思われる。

だが、これも生前のイエスにさかのぼるよりも、初代教会のキリスト論的称号と解するほうが、弟子になる者の覚悟を問うという前後の文脈に注目した場合には、より可能性があると考えるべきであるかも知れないのである。

「洗礼者ヨハネが来て、パンも食べずぶどう酒も飲まずにいると、あなたがたは『あれは悪霊に取りつかれている』と言い、人の子が来て、飲み食いすると『見ろ、大食漢で大酒飲みだ。徴税人や罪びとの仲間だ』と言う。しかし、知恵の正しさは、それに従うすべての人によって証明される」（ルカ7・33〜35）この場合の「人の子」は生前のイエスにさかのぼり得る数少ない箇所だと思われる。ここには称号的な意味合いはまったく見られず、イエスについての人々の噂《うわさ》がそのまま記されているので、かなりの可能性をもって歴史のイエスに帰すことが出来よう。（最後のフレーズは初代教会の付加かもしれないが。）

では次のような箇所はどうであろうか。

「神に背いたこの罪深い時代に、わたしとわたしの言葉を恥じる者は、人の子もまた、父の栄光に輝いて聖なる天使たちと共に来るときに、その者を恥じる。」（マルコ8・38）

この場合は、終末における審きのモチーフから語られているので、称号としての「人の子」ということになるはずである。だが問題は、同じ文言のなかにある「わたし」との関係である。ここでイエスは自分と終末にあらわれる「人の子」を明らかに重ね合わせている。同一視していると言ってもよい。まさに自己のなかにある他者性に目覚めた人の言葉である。（この言い方も本書の定式として記憶にとどめていただきたい。詳しくは二章で取り上げる。）読み方によっては一人の人物のなかで「わたし」と「人の子」という二つの呼称が現れるので、イエスの自意識は統合されていないと考えることも出来よう。しかし、この場合、言明の意味内容は明らかであるだけでなく、きわめて能動的なものでもあるから、イエスである「わたし」と終末の「人の子」

は引き裂かれているのではなく、自己分裂を起こしているわけでもない。現在の地上における宣教活動が、歴史的未来の輝かしさを先取りしているのである。しかも、「聖なる天使たちと共に来る」とまで言い切っている。

このような凄まじい自信、確信こそは覚醒体験を経た者だけに許されるものであろう。この異様に高揚した宣教意欲は自己分裂とは異質のものである。かなりの捨て台詞であることはたしかであるが。

これを「イエスの言葉の二重性」ないしは「イエスという存在の根源的二重性」と捉えることができるのではなかろうか。それはすぐれた宗教的存在がかならず帯びる二重性であり、イエスの言葉のなかにある二重性を考慮しない聖書の読解は根源的な宗教性を取り逃がすことになるのである。何故なら、宗教的存在の根源的二重性とは、かならず悪魔的な自我の克服から生み出されるものだからである。

この箇所についての大貫隆の解釈（『イエスという経験』）は、自分が全権を委託されているという意味でのイエスの強い主権意識を物語るものだとしている。イエスのこのような主権意識が、未来の自分とは異なる第三者（人の子）の到来を待望したのであり、イエス自身が「神の国」の実現と共に「人の子」に変えられ、終末の審判者になるとの説（A・シュヴァイツァー、M・ディベリウス、G・タイセン等）を紹介したうえで、「人の子」が神の国自体を指しているとの八木誠一の所説を援用し、賛同を表明している。これが前述のヘブライの思考法に特徴的な「集合的人格」というものである。

聖書学者の名前が沢山でたので、もう一人、我が国のもっとも個性的な新約学者の説を見ておこう。

田川健三はこの箇所について、終末の「人の子」の理念をまず確定した上で、イエスが自己の活動の正しさを実質的にその「人の子」の権威に同化させていったのではなく、むしろ逆に自己の宣教活動の正しさについての圧倒的な確信がまずあって、その確信が宗教的未来像に投影され、やがて「人の子」が来る時にすべて決着がつくのだという信仰につらなっていったのだろうとしている。そして、このようなあまりにも強い確信が、結局は十字架刑を招く要因になったのではないかと言っている。(『イエスという男』三一書房、現在は『イエスという男 第二版 増補改訂』作品社、2004年が出ている。)

八木誠一・大貫隆の「人の子」集合人格説とは対立する考え方であるが、どちらが聖書学的に妥当であるかはにわかに判断しがたいとしか言いようがない。また、筆者のここでの関心からもはずれる。ここでは、イエスの自意識のなかに「わたし」と「人の子」という二重性があったということだけ確認しておけば足りるのである。

4 自己言及性と笑い

「イエスの自意識」という問題にこだわり過ぎたかもしれないが、炯眼《けいがん》(真偽・本質を見抜く鋭い眼力)な読者なら、ここから「笑うイエス」の像が導き出されることにお気づきだと思う。

笑いは意識の自己言及性が生み出すものであり、自己のなかにある他者性に目覚めることによって自他の区別が突き崩された結果なのである。そして、そのことは「認識の破れと自我の解体」が、必然的に要請される結果をもたらすのであることは前述のとおりである。

だが、よく考えてみると、「笑うイエス」の像は、福音書のなかにまったく触れられていないのだから、聖書学的な方法によって解明することには限界があると言うべきであろう。

言わば、アンチ聖書学的な手法が必要とされるということになる。浅学のためその手がかりを掴むこともできないが、「アジアのイエス」というところに突破口があるであろうことを台湾出身のC・S・ソン（宋泉盛）という神学者が示唆している。（『福音と世界』2012年12月号「アジアのイエス」濱川理沙訳、新教出版社）

二〇一一年九月に東京で行われた第八回国際平和アシュラムにおいてC・S・ソンは上記のタイトルのもとに、主題講演を行い、その冒頭でインド・バンガロールのエキュメニカル・センターで見た「笑うイエス」の絵について語っている。

西洋絵画に描かれたイエス・キリストはおごそかな顔つきのイエスであり、十字架の上で苦しむイエスであるが、「笑うイエス」の絵に接したのは初めてだという。ヨハネ福音書によればイエスは「肉となった言《ことば》」であるが、「わたしたちの間に宿られた」（ヨハネ1・14）人間イエスを西洋絵画の中に見たことがない。西洋に始まり世界中に広まったキリスト教会は「肉となった言《ことば》」であるキリストに、信仰と神学という絶大な力を集中させ、システムを構築し、教えを発展させてきた。しかし、どんなに敬虔なクリスチャンであっても、どんなに賢明な神学者であっても、言《ことば》がどうやって肉となったかはわからない。そして二千年に及ぶ東洋や西洋の教会の歴史の中で、イエスはキリスト教信者からどんどん遠い存在になってしまったというのである。

そして、インドで「笑うイエス」の絵を初めて見たということには重要な意味が二つあるとしている。一つはインドが矛盾に満ちた国であり、面積が広く、人口が多い民主国家であるが、一方ではバラモン教の支配を受け、不可触賤民（ダリッド）と呼ばれる人々が社会と宗教の底辺に追いやられている国である。一部の人々が財産と繁栄を握り、残りの大半の人々は貧困にあえいでいる。バンガロールはその典型とも言える都市であり、エキュメニカル・センターへ続く大通りの片側には最先端のＩＴ企業が幾つも入った真新しいビルが立ち並んでいるが、その通りの反対側では貧しい人々が昔ながらのやり方でなんとか生計を立てているという現実がある。「笑うイエス」はインドにこそふさわしい。この地では沢山の貧しい人々が「笑うイエス」を、共に笑い、共に泣いてくれるイエスを必要としている。天の王座に坐し、「生きている者と死んだ者とを審く」（ペトロの手紙14・5）キリストではなく、彼らと人生を共にするイエスを必要としている。

もう一つの意味は、インドで始まったアシュラム運動とのつながりである。アシュラム運動はインドのヒンドゥー教の精神性に触発され、瞑想による独創的な方法で信仰を活性化しようとする試みである。インドの民衆のあいだで生きるイエスと再び出会おうとする試みである。あなたのイエスと私のイエスは「私たちアジア人の間に生きるイエス」であるのかどうか、あるいはアジア人とあまり関わりのないキリスト、ヨーロッパや北米アメリカから受け継がれたキリストなのかが問われるのである。アシュラム運動に関わっている人々がキリスト教の精神性を深めることによって、「笑うイエス」をとうして、アジアのイエスに出会うことにはすくなからず意義深いものがあるとしている。

以上のような指摘をしたうえで、C・S・ソンは宗教多元主義の時代思潮のなかにあってヒンドゥー教、仏教などアジアの宗教の精神性に学ぶことの重要性を強調し、福音書の中から幾つかの箇所についての注解、さらには旧約預言者の一人であるエリヤについて触れ、また現代の聖者であるマザー・テレサ（Mother Teresa, 1910~1997）とガンジー（Mohandas Karamchand Gandhi, 1869~1948）について述べている。マザー・テレサが、カトリック教会の教義と教派的制約を打ち破れなかったとの注目される批判も展開されているが、アシュラム運動そのものにも厳しい注文をつけている。

総じて、この「アジアのイエス」という講演は、まさに革新的な内容を含んだ画期的なもので、学ぶことの多いものであり、西欧的キリスト教の限界を打ち破る因子を確実に内包していると言えるのではなかろうか。


クリスチャン・アシュラム運動は、スタンレー・ジョーンズ（Eli Stanley Jones, 1884~1973）というメソジスト派の宣教師がインドにおける活動のなかで疲弊し、心身を病んで、アメリカに帰国中に受けた霊的体験をきっかけに自分の経験とインドのヒンズー・ヨガからヒントを受け、始められた運動である。

スタンレー・ジョーンズは非暴力主義のガンジーとも親交があり、深い影響を受けたとされている。

クリスチャン・アシュラム運動の内容はファミリーと呼ばれるグループが毎朝5時半に起床し、個人の瞑想および集団による瞑想の時を持ち、また週一回は完全な沈黙の時間を過ごすというものである。この運動はインド人によって受け入れられ、多くのクリスチャン・アシュラムの拠点が展開されている。日本では「ちいロバ先生」として知られた故榎本保郎牧師（1925~1977）らが中心になって推進されている。日本のクリスチャン・アシュラム運動が今後、アジアと世界のなかでどのような展開と成長をみせるかわからないが、沖縄の反基地運動に深くコミットしていることはとくに注目される。

（『福音と世界』２０１2年12月号　特集記事〈動乱の世のただ中の霊性〉「剣をとるものは剣にて滅ぶ」――アシュラム運動のめざす霊性――榎本恵）

さて最後に、福音書中に唯一、「笑うイエス」とおぼしきエピソードがあるのでそれを紹介して、この節を終わりにしたい。あくまでも「おぼしき挿話」であることをお断りしておく。

カナンの女とイエスの対話である。イエスと弟子たちがガリラヤ湖周辺の町や村での宣教活動のあと、「ティルスとシドンの地方」に行ったときに起こった出来事であると福音書は伝えている。異邦人の女が、悪霊につかれた娘の癒《いや》しを願い出るという話であるが、イエスが母親であるカナンの女にやりこめられるところがじつに興味深い。

イエスが異邦人を癒す話は、福音書中にローマの百人隊長の下僕を癒す話とこの話の2個所しか出て来ない。それは異邦人の女にたいして「わたしはイスラエルの失われた羊以外の者には遣わされていない」（マタイ15・24）とイエスがいう言葉のなかによく表れている。新約学者はこれを福音記者マタイのユダヤ中心主義と解する。（『イエス・キリスト』荒井献　講談社）

何故なら、マルコの並行記事にはこのイエスの言葉は出て来ないからである。かわりに「まず子供たちに十分食べさすべきである」との比喩的表現をイエスがしている（マルコ7・27）。マルコは、しかもカナンの女をフェニキア生まれのギリシャ人としている。異邦人であることには変わりがないが、カナンはヨルダン川西側から地中海沿岸にかけての限定された地域を指すので、ユダヤ人にとって言わば隣人のようなもので、「フェニキア生まれのギリシャ人」とはまったく異なる。マタイのユダヤ中心主義にたいしてマルコは普遍主義もしくは異邦人伝道の始まりと解釈することも可能であろう。

いずれにしても、悪霊につかれた娘を癒して欲しいと言う女にたいして、マタイのイエスもマルコのイエスも、直接的表現か比喩的表現かの違いはあれ、その願いを拒絶しているわけである。いかに相手が異邦人であるとはいえ、このイエスの冷たい態度は理解に苦しむと感じる人もいるだろう。

物語の地理的背景である「ティルスとシドンの地方」というのがイエスの冷たい態度を解明する鍵であるとして興味深い説を唱えているのは、キリスト教史家の山形孝夫である。シドンは地中海に面した繁栄する港湾都市であり、そこには古代アスクレピオス神殿があり、神殿つきの医師団が活躍していた。イエスと弟子たちは彼らの領域を越境し、侵犯したわけだから、無闇に病気の癒しを行えば、彼らの報復を受けかねない。そこでイエスはカナンの女の願いを退けたのであるという。

弟子たちにいたっては「この女を追い払ってください。叫びながらついて来ますので」とヒステリックに恐れている。イエスを取り巻く周囲の状況はこのように厳しいものであった。アスクレピオス医師団と初代教会の競合は紀元2世紀から5世紀頃まで続き、喰うか喰われるかの激しい誹謗中傷合戦が行

われたことが文献的に確認されているという。(『治癒神イエスの誕生』山形孝夫　小学館)

それでも、女は必死に食い下がり、「主よ、どうかお助けください」と言った。マタイのイエスは「子供たちのパンを取って子犬にやってはいけない」と婉曲に断っている。マルコでは「まず子供たちに十分食べさせなければならない」と言い添えてから同じ言い方で断っているので、さらに緩和された表現になっている。これに対して女は「主よ、ごもっともです。しかし、子犬も主人の食卓から落ちるパン屑はいただくのです」と答えるのである。

この見事な切り返しにイエスがどのように応じたかと言うと、マタイでは「婦人よ、あなたの信仰は立派だ。あなたの願いどおりになるように」マルコでは「それほど言うならよろしい。家に帰りなさい。悪霊はあなたの娘からもう出てしまった」

カナンの女の機知ある切り返しに対して、即座に応じたイエスのなかに「笑うイエス」の姿が彷彿としてくる思いがしないであろうか。あくまでも可能態としての話であるが。

イエスは最初、女の願いを聞いてやるつもりはなかったと思われる。「ティルスとシドンの地方」に行ったのは、休暇をとるためであり、気分転換を図るためであったからである。

マルコの記述に従えば、この出来事の直前にユダヤの町や村を巡回し、神の国の到来を宣言する活動と病人の癒しの活動のなかで、ファリサイ派の律法学者たちと食べ物の規定のことで激しい論争が起こったことがわかる。ユダヤ教の律法に関して群集をも巻き込んだやりとりがあり、弟子たちに対しても苛立ちを隠せないイエスの姿が描かれている。このような背景のもとで、少数の腹心の弟子たちだけを伴って、イエスは「ティルスとシドンの地方」へ出かけるのである。

「イエスはそこを立ち去って、ティルスの地方に行かれた。ある家に入りだれにも知られたくないと思っておられたが、人々に気づかれてしまった。」（マルコ7・24）

このように、イエスは女の願いを聞いてやる余裕はなく、律法学者、群集、無理解な弟子たちとの軋轢からしばらく逃れたい、リフレッシュしたいとの思いが強かったはずである。

イエスの再三の拒絶にもかかわらず、女は娘を癒してもらいたい一心でイエエスに食い下がろうとする。そこで起こったやりとりのなかで、女はイエスの言葉を見事にやり込める。女の才気に富む切り返しは機知ある言葉というだけでなく、ユーモア精神とやんわりとした皮肉まで含まれている。なにしろ、自分たち異邦人を子犬に譬えられたのだから。

だが、イエスは本気でユダヤ人を自分の子供たちと考え、異邦人を子犬に譬えたわけではないだろう。もし、そのような信念、つまり自己の使命が「イスラエルの失われた羊のところにしか遣わされていない」との信念をイエスが固く守っていたならば、女の答えにたいして、とっさに応じることはなかったはずである。イエスが女の対話のかわしかた、切り返しの妙に笑ったかどうかはわからない。

だが、機知にたいして即座に対応することのなかに、イエスの隠されたユーモア精神を見ることができるのではないだろうか。

言葉という思想

1　ボロを纏った王さま

さて、はやくも「笑いと癒しの神学」の胸突き八丁にさしかかった。

復活の問題を抜きにして「笑いと癒しの神学」を語るわけにはいかない。十字架の神学はイエスの苦難を救済の根拠とするという意味で、キリスト教信仰の中心的主題であるが、もしイエスが十字架上で死んだままであったなら、福音書の物語は「ドン・キホーテ的な失敗と致命的誤解の感動的エピソード」(ピーター・バーガー)で終わっていたことだろう。

だが、死んだ人間が復活するというのは途方もないメッセージである。「空虚な墓」という福音書の記事を根拠に考えようとするのはこの途方のなさをすこしでも和らげるため、そして復活がたんなるファンタジーではないことを証明するための戦略であろうが、神学的には受け入れがたい。それについては四章であらためて論じることにする。

復活は死者の蘇生ではなく、霊的顕現でもない。それは聖パウロがいみじくも言っているように「キリストが復活しなかったのなら、わたしたちの宣教は無駄であるし、あなたがたの信仰も無駄です。」

（Ⅰコリント15・14）という初代教会の共通の経験が言わせている信仰告白から発している。使徒たちの復活の証言は「空虚な墓」の出来事に依存するのではなく、保障されるわけでもない。

キルケゴールは『死にいたる病』のなかで面白い比喩を語っている。一人の王様がいる。彼が王座に鎮座し、王冠をかぶり、大勢の臣下を従えて、「私は王である」と宣言したら誰も彼の言葉を疑うものはいない。しかし、彼が乞食のようにボロをまとい、みすぼらしい姿で街角に現れ、「私は王である」と口ごもりながら言ったら、狂人が現れたとして誰も信じる者はなく、それどころか石を投げつけられるのがオチだろうというのである。

これはまことによくできた譬えで、キリストの出来事をたくみに言い表している。キルケゴールは前述のようにヘーゲル批判の急先鋒というのが哲学史のなかで与えられた位置づけであるが、それよりもキリスト教神学への貢献の方がもっと重要である。二〇世紀弁証法神学の代表者カール・バルトの出世作『ロマ書』執筆のモチーフとなり、示唆と霊感をもたらしたことで知られている。

聖パウロはこれを「つまずき」（ギリシャ語スカンダロン）という言葉で表現している（ロマ9・32〜33、Ⅰコリント1・23）。スカンダロンはスキャンダルの語源であり、言葉の罠《わな》という意味もある。イエス自身も「わたしにつまずかない人は幸いである。」（マタイ11・6）と言っているように、イエス・キリストの出来事というのは本質的に「つまずき」であり、スキャンダルなのであるというのがキルケゴールの理解の仕方であった。バルトはこれを「神と人間の無限の質的差異」（『ロマ書』第2版序言）と難しい言葉で表現した。

初代教会のケリュグマ（宣教の告知）はこの「つまずき」を克服した結果として表明された信仰告白であり、そこからさかのぼってイエスの十字架の受難物語を編集しているのである。復活の光明の輝きに照らされて、その輝きがたしかなものになればなるほど、イエスの苦難が想起されたのであり、十字架にいたる道筋がどんなに暗く、惨めなものであっても、その苦しみだけは忘れまいとする初代教会の決意が受難物語を生み出したのである。

復活にかんして次のような見解がある。

> イエスが「神に捨てられた」と言って、一声叫んで息絶えたあと、マルコ以外の福音書には復活の物語が記されている。それが新しく他者と出会うこと、あるいは日常性を受け取り直すことの暗喩であるならよいだろう。だが、のちに重要な教義とされた復活は、死んだイエスが生き返って、人々に現れたということを直接的に、リアルに説くことによって、それを虚構と化してしまっている。（『イエス逆説の生涯』笠原芳光　春秋社）

これはじつに奇妙な主張であり、もってまわった理屈である。暗喩であろうが直接的な教義であろうが、復活がわれわれに教えるところは「新しく他者と出会うこと」であり、「日常性を受け取り直す」ことであるのには変わりがない。イエスの復活が、教義として虚構化されるのはいけないというのは如何なものだろうか。人生における虚構の意味も役割もわかっていないとしか言いようがない。文芸批評にたずさわってきた者が、こういうことを言ってもらっては困る。文芸こそは虚構を介して真実を追求するものではなかったか。

笠原芳光がキリスト教批判を展開しようとした意図はわからないでもない。「逆説の生涯」という表現もかなり深い内容がこめられている。六〇年代に出版されて話題になった赤岩栄の『キリスト教脱出記』の限界であるヒューマニズムも超えられている。だが、『イエス逆説の生涯』は、思想内容はさておき志しとしては『キリスト教脱出記』の焼き直しであり、笠原芳光は遅れてやって来た赤岩栄である。

もう一度、繰り返すが復活の光明の輝きに照らされて、その輝きがたしかであればあるほど、初代教会はイエスの苦難が忘れられなかった。あたかも光の照明が明るければ明るいほど、その光に照らされた影の部分の闇が濃くなるのと同じことである。しかも、一二弟子のように身近にいた弟子たちにとっては、師イエスを見捨てたのは他ならない自分たちであるとの悔悟の念に満たされていた。

不思議なことに、生前のイエスの謦咳に接していなかった聖パウロの聖餐制定のみ言葉のなかにそのことは象徴的に定式化されている。コリントの教会に宛てた手紙のなかでパウロは、最後の晩餐の席でイエスがパンとぶどう酒の杯を取り、感謝の祈りを捧げて「わたしの記念としてこれを行え」と言って弟子たちと分かち合ったと記している。（Ⅰコリント11・23～26）

ここで「記念」という言葉に訳されているのはアナムネーシスというギリシャ語であり、想起するとか思い起こすという意味で使われている。だが、ここにはイエスの思い出を追憶するというセンチメンタルな意味合いはまったく含まれていない。イエスの弟子たちは生前のイエスの教えや振る舞いの意味が、リアルタイムではほとんどわからなかったからである。

復活の顕現に出会ってもまだわからなかった。本当の意味でイエスの教えがわかったのは復活から五旬節目に起こった聖霊降臨の出来事を経験してからである。

われわれの日常的な経験に照らしても、ある人が何故ああいうことを言ったのかその時にはわからなかったが、後になってはたと気づかされることが起こる。そのような〈気づき〉が起こるのは記憶力の問題ではなく、聖霊の働きとしてなのである。

「最後の晩餐」に起源がある聖餐の祭儀（ユーカリストないしホーリー・コミュニオン）はイエスの死を想起し、聖霊によって可能になったイエスの教えの言葉の知解を自らのものとし、初代教会の経験として生き直すための聖なる食事の儀式である。

教会ではこれを二千年間、どの教派でも守り続けてきたが、サクラメントと呼んでいる。神の創造による被造世界に働いている贖罪の恵みを象徴しているのである。そこには自然的恵みも含まれるのであり、この世界における神の臨在の目に見えるしるしなのである。そういう意味で、世界そのものがサクラメンタル（秘儀的）なものと言うことができるであろう。秘儀的なものという意味は自然的恵みと祝福ということであり、被造世界の性格が同時に苦痛と不在という両義的な意味合いをも帯びていることを忘れてはならない。その意味で、「記念」（アナムネーシス）という言葉はイエスの思い出を守るというよりも、苦難の相のもとに理解すべきものである。

いささか護教論的な口調になってしまったので、ここで目先を変えてパウロが言っている「つまずき」とその克服を、もっとも平易に説得力をもって展開した椎名麟三の説を紹介しよう。復活論としても卓抜であり、神学者よりも見事な説明であると思う。

椎名麟三は、コミュニストからキリスト教徒に転向した作家であり、日本基督教団代々木上原教会で赤岩栄牧師から四〇歳のときに洗礼を施された。（後年、赤岩栄が『キリスト教脱出記』によって教会批判の言説を公けにするようになったので、代々木上原教会では会衆を巻き込んで、二人のあいだに大論争が起こったと伝えられている。）

「第一次戦後派」に属する作家として多くのユニークな作品を残したが、聖書についての思索は『私の聖書物語』（中央公論新社）や『椎名麟三信仰著作集』（教文館）などに収められている。

椎名麟三が、福音書の復活物語のなかでまず注目したのが、イエスが弟子たちの前で、生前の自分であることを一生懸命証明しようとしている事実である。イエスの物語は十字架の死をもって終わりになったのではなく、「執念深くも、またノコノコと私たちの前へ姿をあらわして来たのである。」（『私の聖書物語』所収「キリストの手と足」）そして、弟子たちの前でイエスは手と足を見せ、触ってみよと言われた。その場面の聖書の箇所は次のようになっている。

「イエス御自身が彼らの真ん中に立ち、『あなたがたに平和があるように』と言われた。彼らは恐れおののき、亡霊を見ているのだと思った。そこでイエスは言われた。『なぜ、うろたえているのか。どうして心に疑いを起こすのか。わたしの手や足を見なさい。まさしくわたしだ。触ってよく見なさい。亡霊には肉も骨もないが、あなたがたに見えるとおり、わたしにはそれがある。』こう言って、イエスは手と足をお見せになった。彼らが喜びのあまりまだ信じられず、不思議がっているので、イエスは『ここに何か食べ物があるか』と言われた。そこで焼いた魚を一切れ差し出すと、イエスはそれを取って、彼らの前で食べられた。」（ルカ24・36～43）

このようにイエスは、自分が生前の自分と同じであることをどうにかして証明しようと苦心惨憺している。手と足を見せたということは、幽霊ではないことを示そうとしたのである。幽霊なるものは足がないというのが定説になっているが、足がないことによって肉体性が否定されているということである。イエスは手足を見せただけでなく、「触ってみよ」とまで言っている。それだけではおさまらず、焼いた魚を弟子たちの前で食べてみせている。椎名の表現によれば、「その様子たるや、滑稽でもあるが、涙ぐましくもあるではないか。」（前掲書）ということになる。さすがに作家的感性による読解は、紙背《しはい》（文章に示されないが、奥に隠されている意味。）に徹している。

「わたしがわたしである」という事実は、本人にとっては自明なことであるが、他人や世間にたいしてはそうではない。そこでさまざまなアイデンティティ・カードを用いなければならないというのがわれわれ現代に生きる者の社会的な慣習となっている。

イエスは運転免許証も健康保険証もパスポートも持っていなかった。天国へのパスポートはしっかり持っていただろうが、それは弟子たちの目には見えなかったから、弟子が差し出した焼き魚を食べて見せなければならなかったという次第である。

聖書の描かれ方が、幼稚な御伽話や神話のように思えたなら、ここで立ち去った方が健康的であろうし、椎名自身もそれを好むと言っている。だが、たとえ文章として描かれたものであっても、キリストの手や足をすでに見たのであり、そのことが彼にショックを与えた。

椎名はここで「本当の自由」という言葉を持ち出している。これは言葉としては難しいことはないが、わかりにくい理屈で、何故、「本当の自由」をわざわざ言わなければならないのかは必ずしも理解しやすい話ではない。

椎名自身、「日本人は一般に自由という言葉になじみがすくないようである」と言っている。おそらく共産党員として一斉検挙の網にかかり、神戸、大阪の警察署の留置場をたらいまわしにされ、拷問を受け、懲役四年の実刑判決を受けるが、控訴して神戸拘置所に未決囚として拘禁されるという経験が、椎名をして「自由」ということを切実に考えるきっかけを与えたのであろう。

そして獄中で差し入れられたニーチェの『この人をみよ』のなかで触れられていたドストエフスキーの作品に耽溺《たんでき》したことが、文学に開眼するだけでなく、彼の生き方に決定的な影響を与えることになる。

結局、椎名は転向上申書を書き、二審で懲役三年、執行猶予五年という判決を受け、大阪刑務所を出所する。逮捕されてから一年七か月ぶりに娑婆《しゃば》の空気に触れるのである。(『椎名麟三信仰著作集』月報Ⅲ)

椎名が求めていた「本当の自由」はこのような背景があるわけだが、ドストエフスキーの作品のなかで、最初に読んだ『悪霊』がそれを考えるたしかな手ごたえを感じさせたという。この小説は金持ちの女地主の一人息子で、とびきりの美男子であり、才知も人並みはずれてすぐれているスタブローギンという男が主人公であり、彼は虚無の権化のような思想の持ち主であった。

このスタブローギンに思想的な影響を受けたキリーロフという人物がいる。彼は善良な男であり、人生を愛し、子供好きなのだが、神など存在せず、人間こそが神であるという思想をひそかに抱いている。

このような二人が交わす会話がここでの話の眼目である。キリーロフはスタブローギンに対して、前触れもなく突然、秋の陽光に照らされ、美しく紅葉した木の葉の話を始める。何の譬喩かといぶかるスタブローギンに、譬喩でも何でもなく、ただの木の葉の話だとキリーロフは答える。

風に飛ばされ、葉脈だけになっているような薄い木の葉を手に取り、それを陽光に透かしてみると、何もかもすべてがいいというこの世界の全的肯定の思いに駆られるとキリーロフは言う。彼は忽然としてそのことを悟ったというのである。

スタブローギンは問い返す。人が餓死しても、女の子を凌辱してもそれでもいいことなのか。キリーロフは答える。子供の脳みそを叩き潰しても、小さな女の子を暴力的に辱めても、それでもいいのだ、と。ただ、もしそれが本当にわかったら、そういうことはしないだろうと言うのである。

なんとも恐るべき会話である。キリーロフのこの言葉を聞いたとき、なにかしら新鮮な、まだ知らない「本当の自由」の光が心の中にさっと射し込むのを感じたと椎名は言っている。何度読んでもそうなのだと言うのである。

だが、キリーロフの主張は、論理的に矛盾である。すべてが許されているということから悪いことはしないだろうというのは直接的には導き出されない。一方的な帰結である。それにもかかわらず、そこに「本当の自由」の光が感じられ、至福の予感がするのは何故だろうと椎名は自問している。

（『私のドストエフスキー体験』教文館）

他人や社会に強制されることなく、自由な選択としての悪の不作為がここで言われている事柄である。換言すれば、人間の全的な自由の宣言が、造悪論（371頁以下参照）の否定に結びついているとも言えよう。だが人間の自律的自由が、いかなる悪をも犯さないことに結びつくということがあり得るであろうか。すべてが許されているなどとお墨付きをもらったら、普通の人間ならば舞い上がって快楽と飽食と暴力へと、好き勝手に秩序紊乱の邁進に勤めるのではあるまいか。人間性というのはそうしたものであると思う。ヒューマニズムが信頼に値しないというのはこういうところである。

復活のイエスの振る舞い、弟子たちに自分の手足を見せ、あまつさえ差し出された焼き魚をむしゃむしゃと食べてみせる行いのなかに「本当の自由」なるものを見たと椎名は言っているのだが、『悪霊』のキリーロフの台詞からも「本当の自由」の光が射し込むのが感じられるという。この結びつきはわかりにくいが、そこに椎名の回心の核心があり、その心理的過程は複雑なものがある。

この生と死が、たがいにおかすことなく同居しながら、たがいにあわれにも唯一絶対のほんとうのものとなることができないで、しかつめらしくも支えられているイエスの肉と骨とに、わたしはいままで見たことのない人間の真の自由を生き生きと見たのであった。

（『私の聖書物語』中央公論新社）

死んでいて生きている復活のイエスが「本当の自由」を表しているなどと言えば困惑する人もあるかもしれないが、ちゃんと生きていて、しかもちゃんと死んでいる方法があれば、生命保険の金は無制限に手に入るのではないかと椎名はじつに痛快なことを言っている。

大阪刑務所を出て、飢えていた時、どうにかして生命保険をかけて大金を手に入れることができないものかと思案していたとき、そんな考えがチラッと頭をよぎったことがあるというのである。

こうして、矛盾する絶対的な生と死をともにキチンと共存させている本当の生命を見ると同時に、いままでのつまずきが依然としてつまずきでありながら、本当にはそうでなくなっていることも見たと言っている。

復活したイエスが、生きているという事実を信じさせようとして、真剣な顔で焼き魚をむしゃむしゃ食べて見せている姿は、じつに滑稽である。だが、椎名はそのイエスにイエスの深い愛を感ずると同時に、神のユーモアを感ぜずにはおれなかったと言うのである。

「神のユーモア」という言葉を編み出したことが椎名麟三の非凡さの表れであるが、もうすこし理屈っぽく言えば、この世界の非人間化の元凶である人間にとっての絶対性を無化するものがイエスの復活であるということになるのであろう。なるほどそのことはよくわかった。

だが、そのこととキリーロフの台詞とはどこで結びつくのであろうか。「すべてが許されていることを本当に知ったならば、悪いことはしないだろう」とキリーロフは言うのであるが、そこに「本当の自由」の光が射し込むのが感じられるというのはどういうことであろうか。

これはもう理屈では解けない。本当に知るということがどういうことかがわからないとこの疑問を解決することはできないだろう。椎名はその答えを言っているのであるが、それはキリーロフに対するスタブローギンの最後の言葉のなかにある。興味のある方は『悪霊』をお読みください。

椎名は作家的感性によってユーモアをじつに深く捉えている。それがどのくらい徹底したものであるかについて、すこしだけ触れておこう。「ほんとうのユーモアとは恐怖と紙一重のところにある」という人口に膾炙《かいしゃ》（広く言われていること。広く知れわたっていること。）した見解があるが、それについて椎名は異議を申し立てている。たしかに、ほんとうのユーモアは恐怖と深い関係をもっている。だが、この紙一重こそ、じつは鉄壁であって、ユーモアをユーモアとして成立させなくしてしまう壁でもある。恐怖でありながら、ほんとうは恐怖ではないこと、それが恐怖におけるユーモアの構造であると椎名は言うのである。どうだろうか。これほどの洞察というのはちょっと類がないのではないだろうか。

2　復活物語の諧謔

椎名麟三の復活論を要約すれば、人間の生と死の絶対的差異を無効化する神のユーモアというひとことに尽きるであろう。たしかにそのような視点から復活物語を読み返してみると、復活のイエスの弟子たちへの顕現はすべてどことなくすっとぼけたようなおかしみがある。

墓の前で復活したイエスに出会うマグダラのマリアの話（ヨハネ20・11〜18）。復活した日の夕方、エルサレムの家の中に閉じこもっていた弟子たちの前に現れるイエス（ヨハネ20・19〜29）。エマオ途上の弟子たちに同行する旅人の話。（ルカ24・13〜35）ガリラヤ湖畔で弟子たちに会うイエス（ヨハネ21・1〜14）。いずれもどことなくユーモラスであり、おかしみの味付けがなされている。

なかでも「エマオ途上の物語」は、序破急《じょはきゅう》（舞楽・能楽の構成形式。全曲を序・破・急の三部分に分ける。転じて、曲や舞の進行の速さの変化。）の法則にしたがった能楽の舞台を見ているようで興趣の尽きないものがある。同行した旅人がパンを裂く様子で復活のイエスであることがわかった途端に、イエスの姿が見えなくなってしまう箇所などは、狂言のようなおかしみと諧謔《かいぎゃく》が感じられるのである。

エマオ途上の話をすこし詳しく見てみよう。「週の初めの日」というから十字架刑から三日目のことである。二人の弟子がエルサレムからすこし離れたエマオという村をめざして歩いていた。二人はうつむき加減にとぼとぼ歩きながら、師であるイエスの死について、その一切の出来事の次第について話し合っていた。（この物語は、ルカ福音書だけが伝えている特殊な伝承であるが、二人の弟子のうち、一人はクレオパという名前であった。12使徒のような幹部的な弟子ではなく、その周辺に連なる弟子たちのようである）。

そこに一人の旅人が現れ、「歩きながらやり取りしているその話は何のことですか」と言う。クレオパは「エルサレムに滞在しながら、そこで起こった出来事をあなただけは御存じないのですか。ナザレのイエスのことです。この方は行いにも言葉にも力のある預言者でしたが、祭司長や議員たちは、死刑にするため引き渡して、十字架につけてしまったのです。しかも、そのことがあってからもう今日で三日目になります。ところが仲間の婦人たちが私たちを驚かせました。婦人たちは朝早く墓に行きましたが、遺体を見つけずに戻ってきました。そして、天使たちが現れ、『イエスは生きておられる』と言うのです」と答える。

すると、旅人は「ああ、ものわかりが悪く、心が鈍く、預言者たちの言ったことすべてを信じられない者たち、メシアはこういう苦しみを受けて、栄光に入るはずだったのではないか。」そして、モーセとすべての預言者から始めて、聖書全体にわたり、メシアについて書かれていることを説き明かされた。エマオの村に到着した時、旅人はなおも先に行かれる模様だったが、二人は無理に引き留めて、一緒に宿をとることになった。夕食の席に一緒に着いた時、旅人がパンを裂く様子で、二人の目が開け、イエスだとわかったが、そのとたんにイエスの姿は見えなくなっていた。二人は顔を見合わせて言った。「道で話しておられた時、また聖書を説き明かしてくださったとき、わたしたちの心は燃えていたではないか。」

そして、二人は時を移さず、エルサレムに戻った。

このエマオ途上の物語の眼目は二つある。見知らぬ旅人がイエスであり、弟子たちの目が開けて、そのことがわかったときイエスの姿はすでに二人の前から消えていたというところ。

そして、もう一つは、旅人が聖書の説き明かしをしてくれた時、二人の心は燃えていたではないかと弟子たちが話し合うところである。

弟子たちが旅人の裂いてくれたパンを食べ、食事をしようとしたとき、そこにイエスがともにおり、それが弟子たちにわかった瞬間、二人はまた二人だけになる。この不在は突然の孤独であり、喪失であるが、十字架刑による師イエスの死によってもたらされたものとは違う。この孤独と喪失は彼らがエルサレムを離れてエマオの村をめざして歩き始めたときのものとは次元が違うのである。

とぼとぼと下を向いて、景色も周囲の様子もまったく目に入らず、ただ師イエスの磔刑《たっけい》だけが彼らの心を占領し、暗くし、喪失感に苛《さいな》まれていた時、彼らにはこれからの展望も希望も喜びも根こそぎ奪われていた。しかし、エルサレムにとって返すときの彼らの顔は輝き、自分たちが経験したこと、見たことを他の弟子たちに伝えなければという思いでいっぱいになっていたはずである。

だが、イエスはすでに彼らの視界から消えている。この不在を彼らは生きていかなければならないのである。現代のキリスト教徒もまたこの不在をともに生きる。神という作業仮説なしにこの世の生を営むのであり、神なしで生きていかなければならないのである。機械仕掛けの神を否定して生きていくのである。

日常生活の喪失と孤独をどのように扱ったらよいかわからないとき、力強い後ろ盾となり、助けてくれる相手はもうどこにもいない。視界から消えているということは、われわれが自分自身に近づける以上に、イエスはもっとわれわれの近くにいるということではないだろうか。イエスは視界の外に出たのではなく、視界の奥内に入ったから見えなくなったのではないか。肉体の感覚以上に近いところにいるということではないだろうか。

イエスはわれわれのなかに生き、内在化しているのである。そのことを聖パウロは「生きているのはもはやわたしではありません。キリストがわたしの内に生きているのです。」（ガラテヤの信徒への手紙2・20）と言った。それを発語しているのはどちらだ、などと茶々を入れてはいけない。すぐれた宗教的存在がかならず帯びる二重性というのがあると言ったでしょう。

自己のなかに生きるキリストということは、自我を超えたところで生きる生き方を示唆しているという言い方が可能だろう。通俗的な心理学ならば、超自我と自我の和解というようなことを言うかもしれない。しかし、後に触れるようにそういう事態ともすこしく異なっているのである。

３　心を燃え立たせる言葉

もう一つの眼目である言葉の問題というのがある。「聖書の説き明かしをしてくれた時、二人の心は燃えていたではないか。」と弟子たちは言っている。心を燃え立たせる言葉が語られないということが教会だけでなく、現代社会の病であるということができるであろう。

言葉は有効性によってのみ測られ、教養としての言葉は評価されなくなった。言葉は情報と化し、そのような社会の到来によってわれわれは動かされ、ときには脅かされ、傷つけられもする。情報によって生かされ、生きがいを覚えることもないわけではないが、総じて情報なるものは、軽薄短小であると相場が決まっている。言葉が権威をもち、重厚長大である時代は去ってしまったのである。

もっとも顕著な例は、電子メール・携帯メールの言葉である。書き言葉でも話し言葉でもない正体不明の言葉によってわれわれはコミュニケーションを図る。便利であることこのうえないが、肉声ではなく人工的な言葉であるところに安直な気軽さがあり、電話のような気遣いや直接性が不要であることがメール言語の特徴である。つまり、メール言語には身体性が欠如している。この人工的な言葉によって人が肯定されたり癒されたりすることはまずないだろう。

言葉は事象の指示や情報を乗せるだけでなく、存在を来らせる大いなる肯定でなければならない。それがロゴスとしての言葉本来の働きであり、役割である。それが言葉の本質である。そのような言葉が失われたことが現代のもっとも大きな問題である。それは繰り返すようであるが、言葉の権威の喪失であり、言葉の身体性の衰退と言ってもよい。それが前述のように教会の危機となり、ひいては現代世界の危機につながっている。言葉に身体性があるという表現はわかりにくいかもしれないが、言いかえれば「意味という病」に冒されているのが現代であるということになる。

「存在を来らせる大いなる肯定」という観念的言辞を思わず口走ってしまったが、このことは別の言い方をすれば、言葉のサクラメント性ということになるであろう。前述のカトリック司祭ヘンリー・ナーウエンは、エキュメニカル（超教派的）な霊的指導者であるが、すぐれた実践的聖餐論を著している。そのなかで次のように言っている。

言葉がサクラメントとしての性質を失ってしまうことは悲劇である。神の言葉はサクラメントの要素を持っている。神の言葉は聖であり、聖なる言葉としてそれが示すものをそこに現存させるのである。

（『燃える心で』景山京子訳　聖公会出版）

サクラメントについては聖餐の祭儀について触れた際にちょっとだけ言及したが、教会の存在理由はサクラメントを抜きにして考えることはできない。

サクラメントはそれぞれの教派で訳語を苦心して編み出しているが、いずれも言葉としてこなれていない。アングリカンは「聖奠《せいてん》」プロテスタントは「聖礼典」カトリックは「秘蹟」ギリシャ正教は「機密」としているが、いずれの日本語も難解で、わけがわからないから翻訳としてはまったく失格である。聖なる恵みという意味で、「聖寵《せいちょう》」というのがよいというのが筆者の考えであるが、馴染みがないのでこれもどうもあまりしっくりしない。結局、サクラメントのままの方が無難であるということになる。

日本聖公会祈祷書によれば「聖奠」を「目に見えない霊の恵みの、目に見えるしるし、またはその保障であり、その恵みを受ける方法として洗礼と聖餐の二つがある」（教会問答14問と15問の答え）としている。

サクラメントがこういうものであるとすれば、言葉とそれはどのような関係にあるのであろうか。突飛なようだが、ここで仏典を手がかりに考えてみたい。

インドの経典に『ウパニシャッド』というのがある。仏教の教えと言われているが、釈迦の生前から編集されていた。古ウパニシャッドをヴェータンダと呼ぶこともある。奥義書と言われているから、これ自体、サクラメンタルなものと言ってよいだろう。

このなかに王様と賢者の問答というのが出て来る。王様が賢者に向かって「人はいかなる光によって外出し、仕事をなし、家に帰るのか」と訊いた。賢者は「日の光によって」と答える。王がさらに「日の光がなくなったら、いかなる光によって仕事をなし、家に帰るのか」と訊くと、賢者は「月の光によって」と答える。「では、月の光が消えたらどうするのか」とさらに訊くと「星の光によって」と答える。王が「星のない晩はどうするのか」と言うと、賢者は「火の光によって」と答える。最後に王が「火の光も消えたときはどうしたらよいか」と言うと賢者は、にっこり笑って「自己の光によって」と答えたという。

じつに味わい深い話である。「火の光」というのは動物と人間を差異化する人類の歴史を象徴するような火の文明を指している。プロメテウスの神話を想起してもよい。現代では原子力の火も表していると言ってもよいだろう。この原子力の火が人間の自然史過程を飛躍させたというか、革命的な段階に入らせたのであり、この制御不能のエネルギーを解放したことが、われわれの歴史を終わらせるか否かの瀬戸際に立たされるという事態を招いていることは周知のことである。

では、「自己の光」とは何だろうか。自己のなかにある光とは、言葉をおいてほかにないと喝破したのは江藤淳（1932~1999）である。（『批評家の気儘な散歩』新潮選書）

言葉は言うまでもなく、人間と動物を隔てる手段ではあるが、自然発生的なツールとしてではなく、ロゴスとしての働き、人間の内側から生まれながら、人間を超えたものを指し示すことができるものとしての言葉は、われわれの生を照らし導くという言い方が出来るであろう。そういう意味で、言葉はサクラメント性を有しているのである。言葉のサクラメント性を仏教の経典から説明したことに途惑われる方もおられようが、「自己のなかにある光」をこれほど巧みに説明した説話は聖書のなかにもあまりない。聖書の次の章句はそれに代わるものであろう。

「人はパンだけで生きるものではない。神の口から出る一つ一つの言葉によって生きる」（マタイ4・4）これは言うまでもなく、イエスの荒れ野の試みにおいて悪魔がしかける三つの問答の最初、「おまえが神の子なら、これらの石がパンになるように命じたらどうだ」という誘惑に対して、答えるイエスの言葉である。

パンは人間の生存を支える必要条件であるが、十分条件ではない。パンのみによって生きる生は、人間性を満たすこともなければ生存に意義を与えることも出来ない。

飢えた子どもたちを前にして文学は有効かという、あざとい問いを提出したJ・P・サルトル（Jean-Paul Charles Aymard Sartre, 1905~1980）の問題提起が世界中の知識人の間に物議をかもしたことが昔あったが、飢えた子どもに対しては食べ物が提供されなければならない。これはもう誰の目にもあきらかな事実である。だが、同時にパンだけで生きる生は死を意味する。これも否定できない自明の理である。

何故なら、人間が本当に求めているものは救済そのものではなく、救済論であるからである。言葉が

「自己の光」であるという意味は、そのような言葉を回復しなければならないということである。そのためには自己に深く沈潜し、沈黙の声に聴き、そのことをとうして救済の手立てを考える救済論を確立しなければならないということであろう。いや、そんな風に理屈を並べても仕方がない。パスカル(Blaise Pascal, 1623~1662) に倣って、人間は「考える葦」であるとひとことで言えば済む。

「人間が本当に求めているものは救済そのものではなく、救済論である」といま言った。これを倒錯した論理とか観念論として片づけようとする者は、神学の何たるかがまだよくわかっていないのである。

生と死の二重性

1　ボンヘッファーの実像

さて、言葉の問題とのかかわりで、有名なボンヘッファー (Dietrich Bonhoeffer, 1906~1945) が、獄中で残した詩があるので、それを取りあげて生と死の問題を考えてみたい。

ボンヘッファーは牧師にして小壮の神学者でもあった。だが、彼はナチス・ドイツの巨悪を坐して見ていることが出来なかった。キリスト教徒であり、牧師でもある彼がテロリズムに走ったことを批判する声もすくなからずあった。

彼は刑務所の中庭で、同囚の一人から質問された。ヒットラー（Adolf Hitler, 1889~1945）に対する能動的な抵抗に参加する責任をどのようにとることができるのか、と。その時の彼の答えは、狂人が車を高速で走らせ、多くの犠牲者が出ているとき、犠牲になった人たちを埋葬して、肉親の方々を慰めることが牧師たるものにとって唯一の仕事、果たすべき仕事ということになり得ないのではないか。いっそう重要なのは、その狂人からハンドルを無理にでも奪い取ることではないか、というものであった。

（『ボンヘッファーとその時代』宮田光雄　新教出版社）


この問題はきわめて困難な倫理的問いをもたらす。誤解を承知で言うならば、やはり肯定のみが否定を克服できるという言い方がこの場合にもあてはまるのではなかろうか。たとえ彼が生きた時代が異常なものであったとしても、否定の過程は逆転されなければならないのではないか。彼が企図したヒットラーへの能動的抵抗について言い得ることはこれに尽きると思う。彼の答えに限りない共感を覚えるとしても、である。だが、筆者はあえて「困難な倫理的問い」に対しては答えを留保しておくべきであると判断する。

ここまでは一般的な概説に属する話である。だが、ボンヘッファーの実像というものにさらに分け入ってみると、かなり複雑なものがあったようである。いや、彼の生きた時代、ナチス・ドイツの支配下にあった過酷な時代が彼をそのようなところに追いやったという方が正確であろう。

早くからヒットラーに反対する告白派の牧師であった彼はゲシュタポの監視下に置かれ、ついに逮捕されるが、一九四〇年突如として国防軍情報部員に変身して出獄する。義兄たちや友人の画策により、兵役免除とゲシュタポの監視を逃れるための偽装であった。以来、彼は反ヒットラー抵抗運動を国際的に展開するために頻繁に外国を往来する、いわゆる二重スパイとなるのである。

伝記作者が「二重生活」と呼ぶ牧師と情報部員という二つの顔をもって、ヒットラー政府転覆計画、和平への移行計画などを中立国スイスにあった世界教会協議会の設立準備事務局に赴き、協議を重ねた。私淑していた同じ告白派のバルトにも会う。バルトは最初、ボンヘッファーが変節したのではないかと驚かされたが、疑惑はまもなく晴れたという。

「二重生活」を始めた頃、カフェのなかでフランス降伏のニュースが流れたとき、沸き立つ一般客にまぎれてボンヘッファーは片手を高く挙げ、ヒットラー式の敬礼をして、友人たちを驚かせた。当惑している友人たちの耳元で、「君も手を挙げたまえ」と囁いたという。

このエピソードを挙げている古屋安雄（1926~2018）は、「このように徹底して偽装と仮面をつけなければ、徹底した政治活動、とくに国際政治活動はできないものである。」と言っている。（『現代キリスト教と将来』所収「情報部員ボンヘッファー」新地書房）

これから紹介する詩がそのような彼の内面を反映しているかどうか即断することはできないが、詩に詠われている内容は、まことに陰影に富んだものである。

一九四四年七月、ボンヘッファーは再び逮捕された獄中で次のような詩を残した。この時、彼は三八歳であった。

わたしは誰なのか。人々は私にしばしば言う、
落ち着いて、朗らかに、しっかりした足取りで
領主が自分のやかたから出て来るように
わたしはわたしの独房から出て来る、と。

わたしは誰なのか。人々はわたしにしばしば言う、
自由に、親しげに、はっきりと
あたかもわたしが命令しているかのように
わたしはわたしの看守たちと話している、と

わたしは誰なのか。人々はわたしに次のようにも言う、
冷静に、ほほえみを浮かべながら、誇らしげに
勝利することに慣れた人のように、
わたしは不幸の日々を耐えていると、と。

これは「わたしは誰なのか」と題する有名な詩の前半部分である。獄中での彼の佇《たたず》まい、振る舞いについての周囲の評価をこのように記したあと、詩の後半はきわめて内省的な、むしろ自虐的と言ってもよい自己評価が語られ、最後は神への賛美と信頼で結ばれている。

ドロテー・ゼレ（Dorothee Steffensky Sölle, 1929~2003）というドイツの女流神学者は『内面への旅』（堀光男訳　新教出版社）という著作のなかで、ボンヘッファーのこの詩をテキストに、外面の像と内面の像の矛盾と分裂にもかかわらず、二つの像は同等の権利をもって同一性のなかに解消されているというすぐれた分析を披露している。

詩の後半は次のように詠われている。

わたしは本当に、
ほかの人々がわたしについて言うようなものだろうか。
それともわたしはただ、
わたし自身がわたしについて知っているものにすぎないのだろうか。
すなわち、籠の中の鳥のように、
落ち着かず、思い焦がれて、病み
のどを絞められたときのように
息をしようともがき、

色や花や鳥の声に飢え
親切な言葉や人間的な親しさに渇き
横暴や些細な侮辱に怒りで身を震わせ、
大きなことへの期待に追い回され、
果てしなく遠くにいる友人のことを気がめいるほど心配し、
祈ったり、考えたり、仕事をしたりするには疲れてむなしく、
無気力で、あらゆるものに別れを告げる用意をしているものに、
過ぎないのだろうか。

わたしは誰なのか、あれかこれか。
いったいわたしは、今日はこちらの方で
明日はもう一方の人間であろうか。
わたしは同時に両方なのだろうか。
人々の前では偽善者で
自分自身の前ではメソメソした軽蔑すべき弱虫であろうか
それとも、なおわたしの中にあるものは、
すでに得られた勝利にたじろいで

混乱して逃げていく敗軍とおなじであろうか

わたしは誰なのか。この形影相弔う問いがわたしをからかう。
わたしが誰であるにせよ、あなたはわたしを知っているのだ。
ああ、神よ、わたしはあなたのものである。

獄中ですでに処刑を悟った者として、このような詩が詠われたことは感動的というような、ありきたりの言い方ではとても言い尽すことはできないであろう。ここでは内面の像と外面の像はどのように関わり合っているかということが非常に特徴的に表現されている。

内面と外面の同一性を求める未熟な若者の場合に陥りがちなことは、しばしば外面の像を仮面的、偽造的、あるいは表面的なものとして寄せつけず、そのことによって他の人々の評価のような自己像をめざすことなく、彼が妨げられずに内的に成長することができるためには、「わたしを理解する人なんか誰一人いない」という認識不可能性の神話を構築しなければならない。あらゆる光は内面へ、自分を知っていることの中へと射し込み、内面において豊かで深く、陰はすべて外側にあると思い込むのである。

しかし、ボンヘッファーのように成人した人においてはまったくそうではないとドロテー・ゼレは言っている。自己の中にある光と陰ははっきりと見分けられ、積極的な外面の像は、自分自身の個人的経験を明らかにするために用いられる。若い人が「私は自分がそう見えるより以上の者だ」と言うなら、成人した人は「私は自分がそうである以上の者と思われている」と言うのである。

認識不可能性の神話に逃げ込む若い人とは対極にいる、成人した大人の特徴として挙げられているのは、もし私が識《し》られているならば、というところに立つことである。ヘブライ語では「識《し》る」は「愛する」と同じことを意味し、アダムはその妻を「識《し》った」と創世記は記している。このようなところに立つことが出来れば、認識不可能という神話は崩壊するとドロテー・ゼレは言っている。

長い間、真摯に守られて来た内面の像と外面の像との境界はより透過的になり、そのような境界は忘れ去られることができるというのである。それにもかかわらず、その境界が鋭く痛切に意識されるような情況が生じることがある。同一性は引き裂かれるのであるが、それをボンヘッファーは敗軍のイメージで暗示している。人々の前では「偽善者」、自分自身の前では「メソメソした軽蔑すべき弱虫」と断じている。

あからさまな自己憎悪が表現され、内面と外面の相互対立は続くのであるが、「わたしとは誰か」と問うことは自己をもてあそばれる対象にすることでもあり、そこには非常に真摯な遊びという側面が出て来るのである。問いは未解決のままであるが、疑いえないのは問いと意識の彼方に存立する同一性の確信である。私が自分をもはや認識しないとしても、もはや理解しないとしても、「識《し》られているもの」としての同一性は揺るがないのである。

通俗的な心理学や精神分析が陥りがちな解釈は、超自我と自我の和解というような図式を持ち出し、神を超自我に関係づけようとする。しかし、ボンヘッファーの詩においては、厳格な超自我はすでに「偽善者」「弱虫」という判決をくだしているのであるから、神へと向きを変えることは幼児期に築かれた超自我との同一視として理解されることはできない。もし「神」という言葉がここでただ超自我を意味するにすぎないとすれば、いかなる助けも神から出て来ないであろう。

「ああ神よ、わたしはあなたのものである」という詩句は、私は私のものではない、ということを意味している。いまや私の同一性は、私の意識の一部分ではない。私は私を知らない。私は私を立ち上がらせることが出来るかもしれない私についての他の人々の像と、私自身の抑うつ状態の自己像、これらすべてを棄てる。つまり彼は自分自身から出て行き、そして外面と内面の両方の経験、すなわち落ち着きの相対的な自己確信と抑うつの相対的自己嫌悪の両方を棄てるのである。

ここでドロテー・ゼレは、フロムの心理学を援用している。心理学は、人間は何でないかをわれわれに示すことが出来るだけで、何であるかを説明することはできない。人間の魂、一個人の一回的な本質の核は決して把握され、満足のいくように記述されることはできない。それはただ誤って理解されない程度に〈認識されうる〉に過ぎない。このように心理学の正当な目的は消極的であり、誤った描写や幻想を取り除くことであり、人間存在を十分かつ完全に知ることはできないとフロムは言っている。（「心理学の限界とその危険性について」『革命的人間』所収　谷口隆之助訳　東京創元新社）

だが、心理学が限界を持っていると言うことは、人間の秘密の解明へと通じる道がほかにないということではない。この道は思惟によらず愛によるのである。

愛はある一人の別の人格が積極的に迫って来ることであり、それによって認識への願望は他の人と一つになることをとうして満たされるのである。この一つになることの中で私はあなたを識り、私は私を識り、私はすべてを識る。そして私は何も〈知らない〉のである。

思考における消極的な人間認識と、〈一つになる〉ことにおける積極的な人間認識という二つの段階と平行して、神認識においてもこの二つの段階を区別することができるとフロムは言っているのであるが、フロムの説を拡大してドロテー・ゼレは、神についての積極的認識とは、ただ神と一つになることにおいて達成できるという神秘主義的方法ではないかと言っている。

神については認識不可能であるというのが神秘主義者たちの確信であったのであり、「私が、神は何でないかを知れば知るほど、それだけ私は神について知る」（ユダヤ教カバラ思想家マイモニデス）という否定神学が明らかにしたように神秘的合一こそが思考と言葉を超える道であるというのである。ボンヘッファーが詩の中で成し遂げているのはこのような道であり、「ああ神よ、わたしはあなたのものである」という詩句が示しているものがそれである。

2　もてあそばれる〈自己〉

以上のように、ドロテー・ゼレの分析は見事なものであり、精緻にして繊細であり、「わたしは誰なのか」というボンヘッファーの獄中詩のすぐれた注釈である。文芸批評としても秀逸であり、神学的にも説得力をもっていると思われるが、彼女の所説の結論である神秘主義的方法については、もう一つの別の道がありうるのではないかと思う。

それは本書のなかで展開する「笑いとユーモア」という方法である。ボンヘッファーの詩をよく味わってみると、前半部分の独房における周囲の評価を記しているところは巧まざるユーモアが感じられる。「領主のように」「支配者のように」「勝利者のように」看守や他の囚人たちに見られている、そのような印象を与えているという3連の詩句は誇張でもなんでもなく、事実そのような振る舞いがボンヘッファーに感じられたということであろうが、よく考えてみると死刑を覚悟した囚人がそのように周囲の者たちから評価されているというのは、普通には考えられないことであろう。ユーモラスとしか言いようがないのではないか。不謹慎な言い方かもしれないが、読み方によってはおかしみの極致ということにならないだろうか。

前半部分をよく読んでみると、これはすでに刑死を覚悟し、死への恐怖と煩悶を味わいながら、そこから逃れられない運命を悟った者だけが、それにもかかわらず自らの能動的抵抗に対する確固たる信念について揺るぎない自信をもって記すことのできた言葉である。そこに巧まざるユーモアが生じている。すべての生存の条件と与えられた使命に挫折したものの、そこを突き抜けた者として自らに対して「わたしとは誰なのか」という問いを発したのである。したがって、それはドロテー・ゼレがいみじくも正しく洞察したように、問うことは自己をもてあそばれる対象にすることであり、非常に真摯な遊びなのである。

真摯な遊びである以上、ボンヘッファーにとって内面と外面の二つの経験は対立しているかもしれないが、どちらにも捉われることなく、自己を突き放して見ることによって、彼が立っている場所はそのどちらでもなく、彼の意識は彼自身のものではなくなっている。彼についての他の人々の評価の像と彼自身の抑うつ状態の自己像を等価のものとして、どちらの側にも身を寄せていないのである。これはある意味で驚くべき成人性であり、透徹した覚醒と言うべきだろう。

ゼレは中世ドイツの神秘主義者であるマイスター・エックハルト（Meister Eckhart, 1260～1328）の「あなた自身から出ていき、そしてあなた自身を棄てなさい」という言葉を引用し、ボンヘファーが神秘主義的思考から可能な限り遠く離れていたにもかかわらず、内面と外面の像を両方とも棄てることができたのは神秘主義者たちの意図していた真理にかなうものであると言っている。だが、前述のようにここでは神秘主義的方法ではなく、笑いとユーモアの道がわれわれのめざす方向である。

「あなた自身から出て行き、そしてあなた自身を棄てなさい」というのはユダヤ・キリスト教の水脈のなかに伝統的に語り伝えられてきた〈旅人の神学〉という考え方に相通じるものがある。

ゼレの著作『内面への旅』の原題も、「往きの旅」「往路」という意味であるが、瞑想と沈潜による探求の旅は内面から出て、世界への帰路が目ざされている。

我が国にも、往相と環相という親鸞の考え方があるが、宗教の要諦は帰り道にある。帰り道の怖さを知る者だけがよりよい生と死を全うすることができる。真理の頂きに辿りついても、そのままでは頂上に孤立するだけであるから当然、山は降りなければならない。山を降りれば、相対性からの挑戦に自らの身を晒すことになるのである。

この旅はまた次のような言葉によっても表象されうるであろう。「じぶんの故郷を甘美なところだと思っている人間は、まだ未熟者だ。また世界中のあらゆる場所が故郷だと思える者はかなりの力を持つ者だ。だが全世界を異郷だと思える者こそ完璧な者だ。」（『オリエンタリズム』エドワード・W・サイード　今沢紀子訳　平凡社）

なんとも凄味のある言葉ではないか。サイード（Edward Wadie Said, 1935~ 2003）はパレスチナ生まれのアラブ系クリスチャンという微妙な出自であるが、彼自身このような「完璧な者」の立場を志向していたと言われている。彼はまた次のようにも言っている。「君主よりも旅人の言葉に耳を傾けなければならない。」（前掲書）

旅人の神学はこのような宗教的な旅路を表現する言葉であるが、そこにはまたユダヤ・キリスト教の独特な考え方が含まれている。すなわち、聖書の神は人間に自己超越、自己超出を強いる存在であるという言い方ができるであろう。

旧約聖書のアブラハムもモーセもエリヤも、また後の預言文学を彩るイザヤ、エレミヤ、エゼキエルという預言者たちもそういう意味での旅人であった。なかでもモーセの召命物語は、「自己を超え出て行くこと」の典型的な例であると思われる。

モーセは同胞を虐待していたエジプト人監督を殺し、ファラオ（エジプトの王）に追われて国を出る。国境近くのミデイアンの地で、水争いのため羊飼いに迫害されていた姉妹たちを救い、彼女たちの父である祭司エテロの家の食客となる。彼はエテロに気に入られ、長女チッポラと結婚することになる。男の子が与えられ、ゲルショムと名づける。これはモーセが「わたしは異国にいる寄留者（ヘブライ語ゲール）だ。」と言ったからであるという。（出エジプト記2・22）

ここにはモーセの屈折した心情とともに、ユーモラスな側面も感じられる。このような状況のなかで、岳父エテロの羊を追ってホレブ山に入った時に起こった神の顕現と召命である。エジプトに戻り、重労働に呻吟するヘブライの民を救出せよとの使命が与えられるのである。

モーセは逃亡生活の渦中にある。そのなかで見出したチッポラとの新婚生活はささやかな幸福であり、逃亡中であるが故に、なおさら甘美で憩いをもたらすものであったろう。岳父エテロの信頼も篤く、妹たちからも義兄として慕われている。永久にこのままずっとこの地で暮らせたらというのが彼の本音であったはずである。しかし、ホレブ山の燃える柴の木のなかから語りかける声は、ささやかな安逸に憩っているモーセを呼び出し、そこから出て来るようにと促すのである。すなわち、これが自己超越を強いる神の召命である。

モーセに限らず、預言者の召命体験は常にそうしたものであることを、旧約学者の木田献一（1930〜2013）が明らかにしている。

聖なる神は自己完結的な世界と、そこに安住しようとする人間の在り方を否定し、この否定を媒介として、人間を創造的な主体へと呼び出される。このように、聖書において啓示体験は、神によって人間が主体的存在へと呼び出されることである。人間の主体性、その自由と尊厳は、このような絶対否定としての神に直面することなしには基礎づけられない。

（『イスラエルの信仰と倫理』日本基督教団出版局）

いささか難解だが、よく読むとじつに腑に落ちる。もっと下世話に砕けた表現をしてしまえば、聖書の神は意地悪なところがあって、日常的な安逸に憩っている人間が嫌いなのである。居心地のよいところに胡坐をかいて安住しようとする人間を追い立てるのである。

しかも、そこにこそ教会の原型があり、神の国の原型があるとまで木田献一は言っている。

このような人間の主体性は、相互に主体的な人間の関係を形成することなしには、たんなる独善に陥ってしまう。モーセ自身の啓示体験は、やがて神の民としてのイスラエルの形成に向かわねばならない。聖書における神の啓示は、抑圧的な支配と被支配の関係から人間を解放し、相互に主体的な交わりを形成するのである。これこそ教会の原型であり、やがては神の国の原型でもあるものとしてのイスラエルの基本的性格にほかならない。（前掲書）

こなれていない生硬な表現のようであるが、そのなかに真理を指し示す示唆が与えられている。木田献一は「これこそ教会の原型」と言っているが、現実の教会がそのような場所たりえているかどうかは全く別問題ということになるだろう。むしろ現実の教会は、非主体的な交わりとして、日常的な安逸に憩っているだけの場所に成り下がっていると言った方が適切である。そういう意味では、これはあるべき姿の希求的表現としての理念であると言うべきであろう。

話題が脱線した。つい言わなくてもよいことまで言ってしまった。聖書の神は自己超越・自己超出を強いる存在であるという話だった。このことは「自我」から「自己」へと超え出ていくことという解釈もできる。言いかえれば、自我の時代は終わって、成人の時代が始まったとも言えよう。

ボンヘッファーが獄中から友人に宛てた手紙のなかでの預言的な言説は、そのような意味で二一世紀に入ってますます現実味を帯びて来たということが言えるのではないかと思う。友人のベートゲ宛ての手紙のなかに次のようなことを彼は記している。

僕を絶えず動かしているのは、今日のわれわれにとって、本来的にキリスト教とは何であるか、またキリストとは誰であるか、という問題なのだ。このことを神学的な言葉であれ、敬虔な信仰の言葉であれ、言葉を通して人間に語ることのできる時代は過ぎ去った。同じように、内面性と良心の時代も。ということは、つまりまさしく宗教の時代はまったく過ぎ去った、ということだ。われわれは、完全に無宗教の時代に向かって歩んでいる。人間は――ともかく現にそうであるように

は――単純に宗教的ではありえないのだ。(『抵抗と信従』獄中書簡集　倉松功・森平太訳　新教出版社)

ボンヘッファーが見通していた射程は、半世紀後の二一世紀にこそあてはまる。彼の言葉のなかで、とりわけ現代に預言的な響きをもって迫って来るのは「内面性と良心の時代が終わった」という一節であろう。

このことはさまざまな視点から論証することができると思うが、ラフな言い方をしてしまえば、内面性の証しである文学も宗教も哲学もわれわれがイメージするような意味での枠組みは失われたのであり、終わったのである。無思想・無原則・無定見の時代がやってきたのである。(いま流行の言葉を使って言えば、反知性主義、ポピュリズムの時代がやってきたということであろう。)

だが、同時にそれは成人の時代でもあるのだから、われわれはいかなる後見人に見守られることなく、「作業仮説としての神」や「機械仕掛けの神」に頼ることなく、自立した大人としてこの世を生きていくのである。ドロテー・ゼレはエックハルトの言葉を引用して「神のために神を棄てる」と言っているが、これは現代人にとっての福音であるとさえ言えよう。

3　真摯な遊び

あらためて笑いについて思いを凝らしてみると幾つかの諸相があることがわかる。仮にそれを「自分を笑う」「他人を笑う」「他人とともに笑う」と三つに分けてみよう。

「自分を笑う」というのは、まず自嘲的笑いというのがある。これは自己を嘲るわけだからネガティブな笑いである。一見すると自己を突き放しているようであるが、センチメンタルで成熟していない笑いであると思う。自己を俎板に上げ、滑稽な存在として客観的に観想して笑いとばすのとは区別されるべきであろう。成人性の笑いは、後者の乾いた自己超越の笑いであり、肯定的な笑いである。

「他人を笑う」というのは時として残酷な笑いであり、上から目線の笑いであり、笑われている本人にとっては「裁き」ともなる笑いである。「笑いとユーモアの方法」が万能ではないというのはこういうときである。誤って使用されれば害を及ぼすことさえないわけではない。痛烈な冗談が人を破滅に追い込む可能性だってないとは言えないのである。そうしてみると、笑いにはたしかに癒しの力があることは認めるべきであるが、特効的な治療法であると考えることはできないであろう。

「他人とともに笑う」というのは相互的な理解や親しみのなかでの和やかさと共生感を覚えることができる笑いであり、最も推奨に足る笑いであると思う。もっと言えば、人間関係のネットワークのなかで連帯感の生まれて来る笑いであろう。

笑いの三つの位相を考えてみたが、こうしてみるとわれわれは「ともに笑う」ことが生きることであり、また死ぬことでもあると言えるのではないか。生と死は画然と区別できるものではないのではないかというのが「笑いと癒しの神学」の立場であるから、生と死の二重性という所以である。もっと格好つけた言い方をすれば、生と死のあわいに立つということである。

この生と死の二重性、生と死のあわいに立つということにもう少しだけ言葉を与えてみよう。われわれの生と死は画然と区別できないと言ったが、生きることのなかに死はすでに入り込んでおり、生の終わりが死ではない。

仏教では「生老病死」という〈苦の人間観〉があるが、病いも老いも人間の生のなかに侵入した死の影であり、死の様態である。生きているなかにすでに死のプロセスが始まっているのである。（因みに仏教ではこれを四苦と言い、このほかにあと四つの苦があるとしている。四苦八苦というのはここから来た言葉であるという。）

生と死の二重性を生きるということはこのようなプロセスとしての〈苦〉を生きることにほかならないが、それは〈苦の人間観〉であると同時に〈歓びの人間観〉として捉えることもできるはずである。仏教において言われている〈無〉とか〈空〉は、何もないという非在を意味するのではなく、「生老病死」を人間に与えられた実相としてあるがままに受けとめて生きようとしたときに主観的にも客観的にも、無きに等しい実体のないものであることを悟ることであるから、〈苦〉がそのまま〈歓び〉に転じるという消息が含意されている。

では、あらためて〈苦〉であると同時に〈歓び〉でもあるような生は、どのようにして具体的に可能になるのか。悟っていないわれわれ凡人にも得心がいくように、これまでの議論をふりかえりながらもう一度考えてみよう。生と死の二重性とはそもそも何なのか。

成人性と真摯な遊びということに触れて来た。良いことをすれば褒賞を受け、悪いことをすれば罰せられるという、幼児が信じる神ではなく、応報を超えたところに成り立つのが成人性の信仰である。この成人性は応報を期待しないのであるから、報われても報われなくても動かされることなく、自己のなかにある可能態を見極めることができる。

そして、同時にそれはできないことを見極めることでもなければならない。言いかえれば、できないことを肯定して生きるということである。抑制的な不作為の肯定ということである。ここまでくれば、自己のなかにある他者性に目覚めることと同じであるから、他人のなかにある不可能態に失望することもない。そうすれば共に笑い合うことができるのである。

生と死の二重性はキリスト教の文脈で言えば、言うまでもなく復活の生命ということになる。

イエスはいまだに十字架の上に架けられたままである。そのイエスが同時に生きて弟子たちのまえに現れたということは死体であるほかない存在が、生きているわれわれの前にあらわれて、われわれと同じ振る舞いをするということである。この途方もないメッセージが成り立つためには、われわれの生が死から隔てられたものであるという「死の絶対性」が無効化されなければならない。言いかえれば神のユーモアというところに立つほかはない。

神のユーモアがどのようなものであるかはすでに触れて来たとおりであるが、モルトマンの『創造における神』によれば、神は自己収縮、自己限定、自己撤退によって世界を創造したのであり、創造の場を設定したのであるという。（モルトマンの創造論については、六章で「悪の問題」を考えるときにあらためて詳しく紹介する。）

これもまた神のユーモアとして捉えるべき事柄であるというのが筆者の受けとめ方である。それは天地創造のまえからあった神の本性（ピュシス）でもあったから、神の似姿・似像をもって創造されたわれわれ人間にもその本性は継承されているはずである。

とすれば、イエスがケノーシス（謙譲、自己無化）をもって十字架に赴いたように、われわれもケノーシス的な生き方・あり方が求められているということであろう。これは道徳、道義上の徳目としてではなく、ただ笑いとユーモアの道としてのみ意味をもつのである。言いかえれば、実践的な課題としてのみ、有意義性を持つのであるから、あれこれと逡巡することなく、己を空しくしていくほかはない。神の似姿をもって生きるというのはそういうことであろう。

そして、これは本当の自由とは何か、本当に知るというのはどういうことかということにかかわる問題でもある。

4　本当の自由とは

「笑いながら死ぬために」というタイトルを掲げながら、死にきれないためにああでもないこうでもないと、言揚げする結果になったが、御容赦を乞う。

本当の自由とは何か。そして、本当に知るというのはどういうことか。この問題をもう一度、ふりかえって考えてみよう。

『悪霊』の重要人物キリーロフは、主人公のスタブローギンに言う。「すべてが許されていることを本当に知れば、人を殺したり、少女を凌辱したりしない」椎名麟三はこの箇所を何度読んでも、われわれのまだ知らない「本当の自由」の光が感じられ、「至福の予感」さえ与えられると言っていることは前述のとおりである。

われわれにとっての知は、どこからやって来るのであろうか。そもそも「知る」とはどういうことかと言い直してもよい。そして、「知」はわれわれをどのようなところにみちびいてくれるのか。

われわれにとっての「知」は、知識と経験によって量られるが、そのもとになるのは科学的・合理的方法と呼ばれるものである。これはいわゆる「分別知」という言葉で一括りにされる領域に属している。この「分別知」は合理主義の別名と言ってもよく、近代科学の発達によって武装され、強化されて来たが、その起源はずっと古いものであると思われる。

因果論的な思考はおそらく人類発祥と同時に、と言うよりも言語の発生と同時にあったと考えるべきであろう。そして、この「分別知」はその名のとおり人間の分別が中心になるものであるから世俗的な思考法であり、二元論的なものである。精神と物質、心と身体、聖と俗、主体と客体、敵と味方、このような二元論的思考が「分別知」の特徴であり、見るものと見られるものを切り離すことが常套的な方法である。

しかし、われわれにとっての知には、もう一つ「身体知」と呼ばれるものがあり得るであろう。「身体はすべてを知っている」という言い方があるが、皮膚感覚・内臓感覚で捉えられた認識は、分別知を超えるものであろう。それは直観的方法であり、別の言い方をすれば瞑想的・超越的方法であり、非二元的方法である。

もし全体知・絶対知というものがこの世にあり得るとすれば、それは万物を包容し、無知のいましめから解き放たれ、すべてを見わたせる明知を得させるものでなければならない。それを獲得するための知の様式として分別知は無力であり、身体知は分別知よりよほどましであろうと思われる。

本章二節（もてあそばれる〈自己〉）で触れた中世ドイツの神秘主義者エックハルトによれば、二元論的思考を「黄昏の知識」と呼び、非二元的思考を「曙の知識」と呼んでいる。（ケン・ウィルバー『意識のスペクトル』Ｉ　春秋社）

この詩的な比喩を当てはめれば、身体知は分別知よりも明るい知ということになろう。つまり、より全体知・絶対知に近いということになる。

だが、かなり近くまで肉迫することはできても、それだけでは充分とは言い難い。ポスト構造主義の主要な概念である「器官なき身体」というユニークな言葉があるが、（3章で身体論について考えるときに詳しく取り上げる。）これは現代の西欧哲学が見出した「見性」であるという解釈が可能である。しかし、これをもってしても全体知・絶対知には程遠いのではなかろうか。

このことを日本語の表現を手がかりにさらに突き詰めてみよう。日本語の区別で言えば、「知る」と「わかる」という言い方があるが、この二つの言い方は同じ意味で使われることもあれば、それ以上の意味も含まれている。「知る」という場合、知識と経験で知っているという意味であるが、「わかる」という場合にはそれを超える認識を示す場合がある。

つまり、「わかった」というのは知識と経験を超える閃きを表す場合の言葉でもある。まさに稲妻の一閃のような認識のことである。別の言い方で言えば「悟る」「覚醒する」というのがそれにあたる。

もう一つ、「信じる」という言葉がある。この「信じる」という言葉も、認識の方法としては「わかる」ことをめざすものである。(中世スコラ神学のアンセルムスが唱えた〈知解を求める信仰〉というのがそれにあたる。つまり、信じるための知解ではなく、信じることが知解を求めることを必然的に要請するという、信と知の関係をひっくり返してみせたのがアンセルムスである。)

さらにもう一つ、「識《し》る」という言葉を考える必要がある。前述のように、ヘブライ語では「識《し》る」は「愛する」と同じ意味である。(創世記ではアダムはイブを「識る」のである。)

このような思考においては、「識《し》る」「識《し》られる」というダイナミズムにおける認識が「分別知」「身体知」を超える知の様式を示唆していると言えるのである。

そして、識られることによってはじめて知識と経験は活かされるのであり、身体知もまた活性化するものと思われる。識られた者として生きることが本当の知識ある人間ということであり、何も知らなくても、すべてを分かっているということがあり得る。言いかえれば、識られた者であることを誰よりもよく知る者としての自覚をもって生きることが求められているということであろう。

これが知ある無知ということであり、無知は最大の知であると言われる所以である。

このへんまで来るともう手探りの領域に入ってきたが、「本当に知る」とはどういうことかを舌足らずの言い方で考えてきた。そして、「本当の自由」もここから導き出されるはずである。つまり、識られた者として生きるときに、しないでいることが出来るという自由である。これを消極的な自由などと言ってはならない。抑制的な不作為の肯定ということが眼目である。「人を殺しては何故いけないのか」と子供に問われて、返す言葉に窮するような大人には誰もなりたくない。これは善悪の問題ではなく、生きる感覚が麻痺していないかどうかということである。

アダムとイブには善悪を知る木から取って食べないという選択もあり得たはずである。これは不作為そのものが注目に値するのではなく、その前提としての選択肢の自由ということ、さらに善悪の判断を無効化する別の価値判断、比較による判断ではなく、垂直的な価値判断がそこに生じていると考えるべきであろう。それが「至福の予感」をもたらすのである。

もちろん人類の進化にとっては善悪を知り、善悪を自ら判断することは必然的な選択であったから、後戻りすることは不可能であろう。そういうことをここで唱えようというわけではない。それは反動であり、反革命とさえ言い得る。だが、善悪の思量を超える生き方というのも狭くて細い道ながら、どこかにあり得るのではなかろうか。言いかえれば、善悪の価値判断の背後にある応報性ではなく、無償性というおよびがたさがどこかで目指されていなければならないということではないか。

〈汝自身を知る〉というのはそういうことであり、識られることによって知るという方法である。これを言葉にするならば、「光明知」とでも言うほかないものである。この「光明知」は、禅学の用語を借りれば学得底と見得底の一致と統合ということが目指されているのであり、すべてを見わたせる明知という意味では、当然それが実現されてしかるべきものである。もっとわかりやすく言えば、分別知と身体知の止揚ということになる。

だが、残念ながら筆者自身そこまでの境位は獲得できていない。自分のものに出来ていないものを喧伝するのは羊頭狗肉を売るに等しいから、これ以上はやめておくのが賢明であろう。「光明知」という表現は、イルミナティ等のカルト的な連想を誘発しそうだから採用しないほうが無難であると言われるかも知れないが、「光明知」という領域があることだけは想定することができると言うべきである。たとえば、東洋的な叡知の伝統の中に語り伝えられて来た「大霊」（オーヴァーマインド）というのがそれに相当するであろう。（ケン・ウィルバー『インテグラルスピリチュアリティ』）

とすれば、「分別知」「身体知」「光明知」という段階的な知の三様式をここで掲げることが出来るわけであり、これをわれわれの生きるよすがとして採用することが可能になる。このような知の三様式を認識の地図として、マッピングした場合、全体知・絶対知に到る道程を考えてみると、われわれはどのあたりに位置していることになるのであろうか。さしずめ身体知のあたりでうろうろと徘徊しているのを表わすために〈脱自的理性〉という言葉で満足しなければならないであろう。

ここまで来て、やっと「本当に知る」ことが「本当の自由」と深奥のところで繋がっていることが諒解されてくる。すべてが許されていることを本当に知れば、すべてが可能であるわけでないことが深いところで理解されてくる。抑制的な不作為の肯定ということが、本当の自由の光のなかで喜びをもって、そして至福の予感として受けとめることができるようになるのである。

段階的な知の三様式を掲げたが、次章では、別の視点から「知のくみかえ」という問題を考えてみたい。「光明知」という最終的なステップに肉迫する実際的な手がかりを考えてみようというわけである。

第二章　知のくみかえ

知の潮流

昭和の後期を代表する文人、江藤淳と吉本隆明が、一九八八年に「文学と非文学の倫理」と題する対談を行っている。江藤淳が保守の騎手であるのに対して、吉本隆明は新左翼の教祖的存在であったから、思想傾向としては正反対だが、一巡して一致すると評されたように、どこか気の合う二人は生涯に五回、対談している。「文学と非文学の倫理」というタイトルの対談は、その最後のものである。

対談のなかで、吉本隆明が一九七〇年代のどこかで、目に見えない急流、流れのカーブするところがあって、事件で象徴させることはできないけれども、そのことに気づかなければならなかったのではないかと発言している。江藤淳はそれに応えて、遠泳をしていて葉山か逗子から泳ぎだして、江の島まで行くうちに、どこかで急に冷たい水が流れて来たと言うか、暖かすぎる水と言うか、予想していた潮の流れと違う潮が流れて来た。したがって泳ぎ方も変えなければならないかもしれないし、見える風景も変わって来たという変化が、七〇年代のある時期にあったのではないか、と言っている。

二人のすぐれた文芸評論家が期せずして、一致した情勢分析を披露しているわけであるが、話は当初、もっぱら文学のことに限られており、この潮流の変化は前の世代の大江健三郎や中上健次を古典の方に追いやり、村上春樹、村上龍たちの新しい世代を、現代を代表する作家に押し上げたのではないかと指摘されている。だが、事は文学だけのことにとどまらない。この七〇年代のどこかに起きた潮流の変化は、言葉で表現すれば、教養主義の没落とか、情報化社会の到来という言い方もできるし、カルチャーが変容して、サブ・カルチャーの時代に移行したということも含まれる。

具体的な現象としては、大学でフランス文学とかドイツ文学を専攻する学生の数が、激減するということに現われており、それは日本において近代が終わったことを象徴的に示しているのではないかと、江藤淳と吉本隆明の意見が一致している。つまり、そこで知識のあり方がまったく変わってしまったというのである。(『文学と非文学の倫理』中央公論新社)

1　近代的理性の出自

このような知の潮流の変化はさまざまな分野に現われていると思われるが、教養主義の没落と情報化社会の到来という現象を、もっと別の表現で言えば、言葉の権威の喪失の時代が来たということであろう。これまではかろうじて言葉の権威というのが保たれており、大学教授や政治家、医師や警察官や裁判官など、およそ公職のなかにあって、この人の言うことは間違いがない、この人は嘘をつかない、この人の言うことを信じていれば過ちがないと思われる人々の言葉が虚妄であり、信ずるに足りないものであることが白昼のもとにさらけ出されてしまった。政治家の言葉が、羽毛のように軽いことから生じる政治不信というのが現代日本の病巣の一つであるが、その原因をさかのぼって行くと、この時代にいきつくのではないだろうか。

それは具体的には、七〇年前後に日本社会を席巻した全共闘運動が大きな影響力を与えていたものと思われる。全共闘運動の歴史的評価はいまだに定まっていないところがあるが、言葉の権威の洗い直しということだけでも、この運動が日本社会に与えたインパクトは計り知れないものがある。

言葉の権威が失われた原因を探って行くと、戦後日本の歩みを決定づけた平和憲法の問題を逸することはできないであろうし、さらにもっと巨視的なスパンで考えれば、明治維新による日本の近代化とおおいに関係がある。富国強兵、脱亜入欧のスローガンのもと、日本人が『坂の上の雲』（司馬遼太郎）を追い求め続け、その国家的目標を実現するなかで、失われ、取りこぼされた問題があったこと、その具体的な結果が太平洋戦争の敗戦であったと言うことが出来るであろう。

しかし、日本人は敗戦の痛手から立ち上がろうと、必死に働き詰めで働いた。失われた問題を傍らに置いて、まず目の前の「敗北を抱きしめて」（ジョン・ダワー）懸命に経済的な復興に努めたのである。

そして、失われ、取りこぼされた問題は、戦後社会の矛盾として一気に吹きだした。これが七〇年前後に起こった学生反乱であり、全共闘運動であった。それは六〇年安保のときに起こった混乱とは比較を絶する列島全体の社会変動であった。

日本の近代化の歪みのなかに起こった現象として全共闘運動を捉えると、この運動が言葉の権威の喪失という問題をもたらしたわけであり、教養主義という文化的前提を破壊したわけである。同時にそれは近代的理性にたいする疑い、身体の問題を等閑視し、科学主義と合理主義のみに走ってすべての問題に対処しようとしてきた戦後民主主義社会の限界が露呈したと言うことができるであろう。

言葉の権威の喪失というのを別の言い方で考えると知識人の役割の変化ということと結びついている。戦後民主主義社会にあって世論の動向を左右する権威をもっていたのは政治家よりも、むしろ知的エリートである大学教授に代表される知識人であった。その代表は丸山眞男であろう。社会の問題や矛盾点を指摘し、国民大衆を指導するオピニオン・リーダーとしての役割を担っていたのがこれらの戦後知識人であった。だが、そのような知識人の神話は全共闘運動によって完全に粉砕される。

戦後知識人の拠り所であり、支えであった近代的理性があっけなくゲバルト学生の出現によって葬り去られるのを東京大学の教官であり、作家であった柴田翔が生々しく証言している。

柴田翔《しょう》（1935〜）はドイツ文学科の教授であったが、芥川賞作家でもあり、『されどわれらが日々』という作品は六〇年代の若者から圧倒的な支持を受けた。日本共産党が五五年に採択した、いわゆる「六全協方針」を背景に学生運動にかかわる学生たちの青春群像を描いた小説である。その作者である柴田翔は、眼前で自らの所属する大学の学生たちが集団でゲバ棒を振り回すのを、最初は国家の暴力装置に対抗するための手段であろうと解釈していたが、学生たちの振る舞いを見ているうちに、それは建前にすぎないことが判ってきたと言っている。

「そうではなくて連中はゲバ棒を持ちたいから持っているんだ、ゲバ棒を振りまわすこと自体に喜びを感じているんだという気がした。これは良い悪いの問題以前に、まさに現実としてそうだということが見えて来た。ところが戦後日本近代、戦後民主主義が前提としていた人間観のなかにはそれが含まれていなかった。人間は本来理性的な動物であって暴力装置などは、その人間観の外に追いやられていた。」（『全共闘――それは何だったのか』所収　現代の理論社）

作家ならではの鋭い観察と見識である。ゲバ棒を振り回す学生たちによって粉砕された近代的理性の拠って来るところをさかのぼってみると、どういうことになるだろうか。

その出自を考えるときに、どうしてもあの〈われ思う故にわれあり〉というデカルトの有名な言葉に行き着く。近代の総元締めとも言うべきデカルト先生（René Descartes, 1596~1650）の命題を畏れ多くも持ち出してしまったが、これはやはり近代を決定づけた偉大な思想であり、逸することはできないと思う。

この命題は近代の幕開けを告げる輝かしいマニフェストであり、近代的自我の出発を高らかに宣言したものと言える。欧米の近代文学を支える自我の葛藤の根源もこのデカルトの言葉にあるのであり、それをそのまま輸入した近代日本文学のテーマも自我の葛藤ということであった。

これはきわめて合理的な思惟であり、人間とは意識であるという考え方に基づいている。すべての存在は疑わしい。世界も物も他人も、すべての存在を疑った果てに、そのことを意識し、考えている自己の存在だけは疑いえないところから〈われ思う故にわれあり〉という言葉が生み出された。

これは哲学の教科書が、わたしたちに教える初歩的な知識であるが、人間の主体イコール意識であるという考え方は、はたして正しいであろうか。一見すると正しいようにも思われる。もし、この考え方が正しければ、意識がすべてであり、環境が変われば意識も変わり、意識を変革することによって環境を変えるという弁証法が成り立つことになる。

しかし、このような合理的な考え方によっては人間を全体的に認識し、理解することは困難ではないだろうか。何故なら、人間のなかに眠っている不可思議な衝動や暗い情熱は、意識よりもっと深いところにある潜在意識や深層意識の領域から生み出されるのであり、それが世界を変えたり、動かしたりするのである。

意識というのは絶対的なものではなく、人間のすべてでもあり得ない。意識は人間の一部に過ぎないのである。本書が目ざしている「新しい意識」はもうすこし包括的なもの、全体的なものと考えられてしかるべきであろう。

人間という存在は、意識の統御できない部分を持っており、理性や吾性では捉え切れない複雑で広大な領域を抱え込んでいる。人間のなかに眠っている「不可思議な衝動と暗い情熱」と言った。人間の深層に潜むそれらの破壊的と言ってもよい情念は、文学や芸術を生み出す原動力となる。また、宗教的な営みの根底にもそれらがある。

宗教学の用語で、ヌミノーゼという言葉がある。これは宗教学者のルドルフ・オットー（Rudolf Otto, 1869~1937）が「聖なるもの」を説明するときに、大自然の脅威や超自然的な現象に直面したときの非合理的で直接的な経験をラテン語のヌーメン（神威）から取った造語で現わそうとしたものである。つまり、ヌミノーゼは人間の畏怖の感情とともに、それと相反する魅惑の感覚をも惹き起こすような絶対的で、抗いがたい体験を指している。俗な言い方で「怖いもの見たさ」という言葉があるが、人間にとって聖なるものとはこのような両義的な性格をもった何かである。

聖なるものを求めるのは、どんな人間にも内在する本能的と言ってもよい衝動である。このヌミノーゼという言葉だけでも、〈われ思う故にわれあり〉という近代の出発を告げる命題が、いかに合理性の範囲内でのみ通用する考え方であるかがわかるであろう。

2　日本語の特殊性

ここで我が国固有の問題に立ち返る。〈われ〉というものを極限まで追い詰めると、思っている〈われ〉だけは疑いえないというのが、近代的な自我の出発点になったというのが、われわれの前提であった。これは欧米に追いつき追い越せとばかりに、それまでの封建的な身分制度を廃棄し、日本的な伝統や文化を破壊してまで、近代化に邁進してきた日本社会に大きなひずみを与える結果になったと思う。すなわち、これが失われ、取りこぼされた問題である。何故なら、日本の伝統のなかには、近代的自我を受け入れる土壌も文化も伝統もなかったからである。それは日本語の特殊性を考えればすぐにわかる。日本語には〈われ〉を現わす言葉は限りなく多い。わたし、ぼく、おれ、おいら、じぶん、しょうせい、やつがれ、みども、せっしゃ、てまえ等々。これ以外にも捜せばまだまだありそうだ。

それだけではない。〈われ〉とか〈じぶん〉いう言い方は、日本語の日常会話においては相手を指す場合にも用いられる。信じられないかもしれないが本当である。たとえば関西弁では、こんな言い方をする。「われ、いまこんなこと言ったやろ、そりゃ出鱈目や」おまえの言っていることは嘘だという意味である。日常会話の次元では、こんなこと解説するまでもない。

関西弁だけではない。江戸っ子の番頭が客に対して、揉み手をしながら「手前どもでは」と慇懃に言えば、〈わたしどもの店では〉という意味だが、その同じ番頭が、客のいないところで、手代を叱りつけるときには、「てめえ、この野郎」などと乱暴な物言いをする。

侍が「おのれ、許さん」と刀を抜きそうになったら、周りの人間は危ないから近寄らない方がよいというのは時代劇を見慣れている者にとっては常識的な知識である。だが、この「おのれ」というのが、言葉の意味から言えば、「自己」であるのだから、侍にとっての「おのれ」は誰を指しているのかということになる。自分を切り捨ててどうするのと言いたくなるだろう。このように会話における日本語では、自分と相手は簡単に入れ替わるのである。（養老孟司『無思想の発見』ちくま新書）

この日本語の特性をあらためて考えてみると、こんな言語は世界中を捜してもどこにもありはしない。

英語、仏語など欧米語の場合には、自分を表現する場合の言葉は一つで事足りるのに対して、日本語では自分を指す言葉が何故こんなに多いのであろうか。そのこと自体、日本語の表現法の多彩さと融通《ゆうづう》無碍《むげ》な特徴を示すものと言えるだろう。文法的にも主語と述語の明確な境はなく、日本語ではしばしば主語が省略されることは昔からよく指摘されている。

最もよく知られているのは、広島市の原爆碑のモニュメント、「安らかにお眠り下さい、過ちは繰り返しませんから」という文言である。誰がこの決意表明をしている主体なのかが、ちっとも明らかではない。これは責任の主体を曖昧にするきわめて日本的な表現であるということになるだろう。だが、同時に日本語の伝統的な美点でもあるという見方も可能である。『万葉集』のなかに次のような歌がある。

瓜食《は》めば　子ども思ほゆ　栗食めば　まして偲ばゆ　何処より　来たりしものぞ
眼交《まながい》に　もとな懸りて　安寝《やすい》し　寝《な》さぬ

この美しい歌のすべての主語と目的語は欠落している。誰がこどもを思っているのか、偲んでいるのか、はっきりと言明されていない。安眠できない主体はもちろん謳っている本人（山上憶良）であろうが、主語が省略されているだけでなく、何が目的語かも判然としない。親が子どもを思っている歌であることはすぐにわかるが、親の思いと子どもの存在が、瓜と栗という食べ物を媒介に、一つになり、一体感をもって読む者に迫って来る。

この万葉歌を引用して、日本的な思考法の特徴を紹介しているJ・E・ベーレント（Joachim Ernst Berendt, 1922~2000）というドイツ人はこういうことを言っている。

だが、主語と目的語が合体してしまうだけではない。能動と受動もまた無用となる。日本語では〈山が見える〉と言う。ドイツ語では、この文は能動態か受動態かに訳すしかない。しかし、この歌は行為と受動の分離を超えたところ、すなわち〈おのずから〉な動きにおいて、起こっているのである。見ることと見られること、眺めることと、眺められるものがみずからを提示することは、分かちがたく結びついている。（『世界は音——ナーダ・ブラフマー』大島かおり訳、人文書院）

じつに興味深い指摘である。J・E・ベーレントは、国際的に有名なジャズ評論家だが、日本には何回も来日し、参禅の経験のある変わりだねである。『世界は音』は、素晴らしくスピリチュアルな著作で、多くのことを教えられたが、その所説には疑問のところもあるので、次の節で詳しく取り上げたい。

ついでながら、このような欧米人の日本かぶれは、われわれ日本人にとっては面映ゆいだけでなく、どこか胡散臭いものを感じて仕方がない。

その典型は『弓と禅』という著作で一躍、欧米での名声を得たドイツのオイゲン・ヘリゲル（Eugen

Herrigel, 1884~1955）であろう。ヘリゲルは新カント学派の哲学者であり、大正一三年から昭和四年まで、東北大学で教鞭をとった知識人である。帰国後はエルランゲン大学の学長まで上り詰めるが、ナチスに迎合することによって得た地位であるという。

第二次大戦後、ドイツではナチ政権下で公職にあった者はすべて、みずからの罪を逃れるため、ナチスとの関与について弁明する必要に迫られたのであるが、ヘリゲルも「弁明書」を提出している。それによれば、ヘリゲルはナチスの党員証を持たない一時的な党員に過ぎなかったと弁明している。しかし、これは虚偽であり、彼は一九三七年以来、ナチス党員であり、国立公文書館の資料には、ヘリゲルの党員証の写しが残されているという。（山田奨治『禅という名の日本丸』弘文堂）

『弓と禅』という著作は、日本語の翻訳もある名著であり、外国人による真面目な日本文化探求の成果として推奨するに足る内容であるが、著者のオイゲン・ヘリゲルはこのように裏の顔を持った学者であった。禅の何たるかを知りたければ、この本を一冊読めば、ほかの研究書や紹介書を漁るよりも有益であろう。そのくらいすぐれたドキュメンタリーであるが、その人柄はともかく、経歴を見るかぎり、そして経歴詐称という事実も含めて、ヘリゲル自身は信用できる人とは言えないようである。（『弓と禅』の内容については前著『瞑想とキリスト教』で詳しく触れたので、ここでは省略する。興味のある方は参照されたい。）

話が脱線した。J・E・ベーレントもそのような意味では、日本かぶれ、東洋かぶれの欧米人であり、ヘリゲルとは同じドイツ人であり、ジャズ評論家と哲学者の違いはあっても、ドイツ観念論と禅仏教の共通性に関心を寄せる志しを共にしているという意味では尊重すべき存在であると言っておくべきかもしれない。

日本語の特殊性という話題だった。日本語においては、主語が省略されるだけでなく、自分と相手は簡単に入れ替わる。ということは、〈われ〉は同時に〈なんじ〉でもある。欧米の言語においてはこのような事態はまったく考えられないことであろう。まさに、〈われ思うゆえに、われあり〉であるから、そこに〈なんじ〉が入り込む余地などはありえない。

自我の確立、個の確立を旨とするヨーロッパに対して、日本的感性は、村の論理、共同体の論理ですべてが考えられ、処理される。いわゆる〈世間〉の常識と呼ばれるものがそれである。この〈世間〉の常識に反したら村八分というお仕置きが待っている。これは現代でもちゃんと生きている日本人の伝統的な意識であり、行動様式である。この〈世間さま〉の常識に、近代的な自我が入り込もうとしたのだから、その葛藤たるや大変なものがあった。

その葛藤を一身に代表するのが夏目漱石という作家ではないだろうか。漱石は近代日本が背負わなければならなかった、ほとんどすべての問題を小説の主題として追求し、多くの作品を残して逝った。あまりに真面目に背負い過ぎたので、神経衰弱に罹ったと言われる。最後の『明暗』は未完であるが、日本人がはじめて取り組んだ本格的な近代小説である。

「知の潮流」というテーマを、江藤淳と吉本隆明の対談を手がかりに説き起こしたが、じつはこのすぐれた文芸評論家たちが、もっとも評価する作家が夏目漱石であった。江藤淳のデビュー作は『夏目漱石』であり、『漱石とその時代』五部作は、彼のライフワークとなったのである。

また、吉本隆明は詩人として出発し、文芸を拠り所にしながら、言語論や国家論という思想的課題を追求したので、直接、夏目漱石を評論の主軸の対象とすることはなかったが、それでも、『漱石的主題』(佐藤泰正との対談本)『夏目漱石を読む』『漱石の巨きな旅』という三冊の著作を残している。

『夏目漱石を読む』は、主要な小説を取りあげて丁寧に読み解くという作品論であるが、そのなかで『門』について、漱石の小説のなかでことさら傑作とは言えないかもしれないが、もっとも好きな作品であると吉本は言っている。

その好きな理由を彼は幾つか挙げているが、平凡な夫婦の平穏な日常生活を見事に活写していること、ただの平穏な生活というだけでなく、そこにひっそりとした静謐感が漂っていること、そしてそれが夫婦だけがわかっている隠された理由によるものであるが、それが破られそうになる出来事が起こる。そして、その出来事を細君には言えぬまま、主人公の宗助は不安を抱えて、鎌倉の禅寺に参禅に出かけるが、限られた日数のことゆえ、何の心の解決も見いだせぬまま帰宅する。だが、帰ってみると、夫婦の関係を危うくする過去の三角関係が露見する出来事は、偶然の成り行きによって回避されることになる。その解決の仕方が自然で、いかにもありそうな事柄として描かれていると吉本は評している。

三角関係の主題は、漱石が好んで作品の世界に取りあげたものであるが、漱石自身の個人的な背景だけでなく、西欧と日本の両極端のあいだに翻弄される明治の日本人の自画像が描かれていると見るべきであろう。そして、それは平成の今日まで解決されたとは言えない問題なのである。

主人公である宗助の参禅であるが、このような事柄が小説の中に描かれたのは、『門』以外にはない。ほかの作家の作品に取り上げられることもなければ、漱石のほかの作品にもない。そういう意味では、『門』は特異な、宗教的な作品であると言うことが出来よう。

江藤淳の『夏目漱石』では、「笑止千万の参禅」とか「不自然な参禅」という言葉で一笑に付されている。だが、この作品は実際の漱石の参禅体験を反映しており、彼の内面の葛藤の苦しさを表していることは明らかである。因みに江藤の『門』の評価は以下のとおりに手厳しいものである。

禅の悟達とは、結局意志的な自己抹殺以外のものではない。こうして漱石は自らを宿命から救うために、最も反人間的な行為を主人公にあえてさせるのである。（中略）かくの如くに、『門』全編を通じて見られる作者の精神の傾斜は、徹底した不安定な日常の人間的生活からの逸脱、逃避にある。（江藤淳『夏目漱石』勁草書房）

だが、「意志的な自己抹殺」とか「最も反人間的な行為」という評語は当たっているとは思えない。これは禅に対する一方的な偏見であろう。出版されたのが、一九六八年であること、そして、この評論が、まだ学生あがりの若書きであったことを考慮すべきだろうと思う。しかも、吉本との対談のなかで、泳ぎ方も変えなければならないし、見える風景も変わって来たと発言しているのだから、このような評は、その後の知の潮流の変化から遡って考えれば、適切とは言えないのである。

一方の吉本隆明は、『漱石的主題』という佐藤泰正《やすまさ》（1917~2015日本近代文学研究者、文芸評論家。元梅光学院大学学長。）との対談のなかで、こういう意味のことを言っている。夏目漱石が見ていた明治日本の問題は、貧弱な工業が苦しそうな煙を吐いて西欧文明を追いかけている滑稽さと悲惨さであり、現在は過剰すぎる文明に取り囲まれて、どんな人間も無個性になり、ちっぽけな人間にしか見えない、窒息しそうになっている現実がある。

漱石が抱え込んだ、このような〈文明苦〉の課題を現在の作家たちはいまや裏側から考え込むというかたちで背負い込んでいるのではないかという観察を吉本は披瀝している。

漱石は現代のような事態をも、ある意味では見通していたと言えるのではないだろうか。つまり、主人公の宗助が鎌倉に参禅に出かけるのは、我が国の仏教の主要教派である禅宗の伝統を考えれば、ありうべき事柄ではあるが、深読みすれば、瞑想に対する関心の世界的な高まりをも、漱石は見通していたとさえ言えるのではないか。

では、具体的に、漱石の参禅がどういうものであったかを詳しく見てみよう。どのような経緯で、またどのような目的で、そしてどのような成果があったのかは、ほかに記録として残されておらず、『門』という作品をとうしてしか窺い知ることはできないのであるが、おそらく、そこに描かれている細部は、ほぼ事実そのままと考えてよいであろう。

主人公の宗助は円覚寺の僧侶から、〈父母未生以前の汝の面目を問う〉という公案を与えられ、これを解くべく、泊まり込みで日夜、座禅する。何日か集中して座禅を繰り返し、僧侶の前に出て、公案の答えを言う。これを禅宗では、見解《けんげ》を披露するという。いわゆる禅問答というのがこれである。

宗助が見解《けんげ》を言うと、「そのくらいのことはちょっと知識がある者なら誰でも言えることだ。もうすこし、ギロッとしたところを持って来なければ駄目だ」と老僧に言われてしまう。漱石だって、当代切っての知識人であり、作家であるからそんなにつまらない見解《けんげ》を披瀝したはずはない。だが、ギロッとしたことは言えなかったらしい。

そこで、さらに何日か座禅をするのだが、結局はかばかしい成果を挙げられず、決められた日数がやってきてしまう。老僧は「残念だけど仕方がない。だが、何日かでも座れば座っただけの事はあるから、失望しないでこれからも修行を続ければよい」と励ましてくれる。

公案は座禅をする場合の課題であり、問いであり、解かなければならない公的宿題である。合理性があるように見えて、合理的な答えが出るわけのない難問ばかりである。宗助の与えられた公案は、両親の生まれる前のおまえの存在はどんなものか言ってみろという意味だから、こんな問いに答えが出せるわけがない。座禅に取り組む者は、うんうん唸りながら、この答えのない課題を懸命に考え続ける。神経衰弱になる者が出ても不思議ではない。

公案は何百、何千も種類があると言われているが、もっとも有名な公案は、江戸時代の白隠禅師が創案したと言われている〈隻手《せきしゅ》の音声《おんじょう》〉というものである。両手を打ち鳴らすと音が出るが、片手では空を切るばかり。その片手の音を聞いてこいという無理難題である。

このような問いの前に立たされた人間は、立っていられないから座るしかない。だから座禅するほかなくなるというのは冗談であるが、座って呼吸を整え、この矛盾した問いに集中したときに何が起こるか。一口に言えば、悟性、理性にたいするチャレンジが起こるということであろう。

物事を合理的に考え、もっとも効率のよい方法は何か、筋道の立った道理は何か、人を動かす説得力のある知恵は何か。これらが普段の日常生活におけるわれわれの考えの基準になるものであろう。だが、父母未生以前の面目を問うとか、隻手の音声を聴け、のような問いを深く受けとめようとしたとき、それらの思考法がまったく役に立たないものであることを悟らされるのである。

京都の禅寺で4年間、禅僧たちに交じって座禅の修行をした、ある外国人女性がいる。彼女は、鐘の音をそれが鳴り響いている間に、静止させよという滅茶苦茶な公案を与えられた。彼女は座禅しながら、そこで何を聴いたであろうか。これまで自分はほんとうに聴くことをしてきたのかどうか、と自問せざるを得なくなったという。そして、鐘の音をはじめて鐘の音そのものとして聴いた。そうすることによって、自分と鐘の音が一つになることができた。自分が鐘の音そのものになり切ったとき、はじめて、それを静止できたという。

マジかよ、と突っ込みを入れたくなる人もいるに違いない。鐘の音と一つになることができたというところまではいい。だが、鐘の音そのものになり切ったとき、はじめて鐘の音を静止できたというのは言葉の綾ではないだろうか。だが、御本人はほんとうにそのように感じたのであろう。

いずれにしても、このような外国人の参禅は、大袈裟な言い方をすれば文明史的な位置づけがあるのであり、日本人が明治の初めから脱亜入欧をめざし、西欧の科学や技術を必死になって取り入れようと邁進したのに対して、欧米では東洋の精神文化に深い関心を寄せ、日本人以上に東洋哲学やその実践的学びを熱心に行ってきたのである。政治、経済のグローバル化の遥か以前から、思想的、文化的グローバリゼーションは進んでいたのであり、そのような意味における東西交流は二〇世紀前半から始まっていたと言えるであろう。

そして、とくに一九六〇年代から七〇年代にかけて、禅だけでなく、さまざまな東洋的観想法の実践が、急速に西洋社会に流れ込んだ。もちろん、最初から歓迎されたわけではまったくない。合理主義的思考に慣れ親しんだ西洋人にとっては、奇天烈な宗教的託宣や瞑想による意識の変容状態というのは、受け入れがたいものであった。心理的、身体的退行とか、人工的統合失調症とみなされることさえあったという。

我が国で、瞑想をはじめて科学的、学問的な対象として取り上げたと言ってよい安藤治は、精神医学者であり、また自ら瞑想の実践者でもあるが、その間の事情を次のように簡潔に記している。

「それまではまったく不可解とされた瞑想伝統のさまざまな主張に対しても、はじめから懐疑的な態度を取ったりせずに正当な評価を心がけようとする心理学者や精神科医たちも次第に現われるようになってきた。さらに、そうした動きのなかからは、瞑想を自ら実践しながら研究しようとする学者たちも現われ始め、瞑想に対する精力的な研究アプローチがさまざまな角度からなされるようになってきた。それらの研究は、心理学の新しい流れの一つであるトランスパーソナル心理学の研究成果なども手をつなぎ、瞑想に対する当初のネガティブな学術的見解は、現在ではもはや過去の遺物とみなされるようにさえなってきているのである」
（『瞑想の精神医学』トランスパーソナル精神医学序説、春秋社）

時代は変わった。知の潮流が大きなカーブを切ったという所以である。泳ぎ方も変えなければならないし、目に入る風景も違って見えて来たのである。われわれは「新しい意識」をもとめて、慣れ親しんだ場所、安楽に過ごせるところに胡坐をかくことなく、そこから出て、もっと大きな、もっと広い地平へと歩みを進めていかなければならないであろう。

だが、ここで「知のくみかえ」というタイトルで考えてみたい事柄は、さらにもっと深いところにある。

3 〈私〉のなかの他人

本章の初めで、デカルトの有名な命題を取り上げ、人間を全体的に理解するためには、人間イコール意識であるという考え方は充分ではないと論じたが、19世紀後半のフランスの希有な詩人、アルチュール・ランボー（Jean Nicolas Arthur Rimbaud, 1854~1891）は、デカルトとはまったく正反対のことを言っている。曰く、〈わたしとは他者である〉。真逆とはこのことだ。

ランボーは一〇代にして、詩人として成功した早熟の天才であった。ベルレーヌとの同性愛による同棲生活は有名だが、別れた後、アラビアに出奔し、商人として活動。そして、三七歳で、病死するという不遇な生涯を送った。

〈わたしとは他者である〉という恐るべき言葉は、一七歳のときに書いた『見者の手紙』という作品のなかにある。ランボーがどのような意味で、こんな言葉を残したかは、フランス文学の研究者に聞いてみても不要領な説明しか帰ってこないはずだ。

そうではないか。〈われ思うゆえにわれあり〉だったら幾らでも納得できるから、そこにもっともらしい理屈をつけて、注解を理論的に組み立てることが可能だろう。デカルトが、まったく意図しなかったかもしれない一大哲学を展開することだって不可能ではない。しかし、〈われイコールなんじ〉などと言われたら、とてもではないが受け入れられますか。いくら融通無碍な日本語を操る日本人でも、このようにあらたまって言明されたら、ちょっと待ってくれと言いたくなるであろう。

だが、ここには詩人としてのすぐれた直観が息づいている。悟性や理性ではにわかに納得できないけれども、なにやら宗教的と言ってもよい洞察が込められている。我と汝。人間は深いところでは繋がっており、私と他者を隔てる壁は取り払われ、私が対立する自然や世界との垣根もなくなっている。たんなる友愛や性愛ではなく、自他を結びつける紐帯に開眼するならば、社会や国家と対立する自我は溶けて、もっとおおらかな宇宙的摂理のなかに包みこまれることになるだろう。言葉で書くと安っぽくなってしまうが、たしかにそのような消息がここで言われているのだろう。

仮にそれを脱自的理性と名づけてみよう。この〈脱自的理性〉は、どのようにして獲得されるのか。

いかにして人間のなかに醸成されるのであろうか。もちろん一朝一夕ではありえない。しかしまた、いくら修養に励んだり、刻苦勉励しても容易に実現されるものでもないだろう。

だが、言葉が名づけられれば、それはすでにそこにあるとも言えるのである。その意味では、これは思想的概念と言うより、詩的言語であると言った方がよいかもしれない。とはいえ、詩的言語などと気取ってみても始まらない。格好つけて、ただ言ってみただけである。

理性の声に聞きしたがうことは重要であるが、理性と脱自が結びつくはずはないと普通は考える。カルテジアンの常識からすればそのとおりである。その常識からすこしだけ身をずらしてみようという提言である。理性的なものであれ、非合理的なものであれ、われわれは今まで以上に、心の声にしたがう必要を感じだしているのではないだろうか。ここで言う心の声というのは身体の声という意味が含まれる。〈身体の声〉というところが味噌である。

心身一如という禅の古い言葉は、そういう意味できわめて現代的な射程を持ったものであると思う。このような豊かな知恵をもった伝統から学ばない手はないのである。

近代的自我の問題をめぐって、ながながとああでもないこうでもないとあげつらってきたが、筆者が名づけた〈脱自的理性〉を、瞑想をとうして発見した仏教学者、いわゆる印哲の専門家で、国立民族学博物館の教授を長年勤め、現在は名古屋の私立大学で教鞭をとっている立川武蔵という方がいる。その方の言葉を紹介しよう。前著でも紹介したが、ランボーが詩人的直観で言ってのけたことを、わかりやすく、かみくだいて展開している。

観想法の核心は自己ではなく、他己（他者）であるということだ。観想法の核心とはどこまでも自己の深奥に入っていくことだとそれまでは思っていた。しかし、自己の深奥とは実は、家族、友人、知人などの他者であり、〈自己の外から訪れると考えられる〉観想法の神、〈知の存在〉であると思えるようになった。家族も〈知の存在〉も他者であるが、この両者はあまりにかけ離れているようだ。だが、私の直観は、その両者はそれほど異なっていない、と告げる。

（『マンダラ瞑想法』立川武蔵著、角川選書）

どうだろうか。詩人的直観にたいして、こちらは瞑想的直観とでも言うべきものである。禅をはじめとする東洋的な瞑想が、このような直観に導くものだとするならば、「意志的な自己抹殺」とか「最も反人間的な行為」というのがまったく当たらないことが、おわかりいただけよう。

この直観の深さは、時代を拓く認識の一閃のような鋭さと射程の長さを備えているだろうというのが筆者の考えである。瞑想への関心の世界的高まりは、現代の危機意識、地球的規模の危機と関係があることを、ここであらためて確認しておきたい。

二〇世紀前半から始まっていた東西文明の思想的、文化的交流は、具体的には仏教とキリスト教の対話として実を結びつつある。それについては、章をあらためて論じることにする。

鷲と貝殻

1　五感の形成とその崩壊

「鷲と貝殻」という文学的な見出しをつけたが、これは前節で紹介した、J・E・ベーレントの本（『世界は音』人文書院）のなかにある言葉を、アレンジしたものである。鷲の眼は攻撃的で鳥瞰的な西洋の思考法、貝殻は聴くことを中心にした受け身の東洋的な思考法を象徴的に表現している。このことはすこし後で、詳しく触れることにする。

この著作は、なかなか読みごたえのある、興味深い内容で、とくに音楽関係の人々にとっては、バイブルとして座右においておきたいと思うはずである。

インドの古典音楽、精神世界の根源をあらわすナーダ・ブラフマー（サンスクリット語）「世界は音なり」という言葉は、世界は音から創造されたという意味であり、神は音であると言い換えてもよい、とベーレントは言う。

ヨハネ福音書の冒頭の有名な「初めに言《ことば》（ロゴス）があった。言は神と共にあった。言は神であった」（1・1）という宣言は、ロゴス・キリスト論というキリスト教神学の教義を、象徴的に示すものであるが、このロゴスは、もともと音という響きを含んだ言葉であり、また光という言葉の語源にも通じるものである。ベーレントというドイツ人は、博識なジャズ評論家で、「鏡映語根《きょうえい》」ということを言っている。

これは、多くの原初の語根がもっている特徴で、原=語根は逆転されるだけでなく、その意味をべつの次元に転位させて反映してもいる。その代表的な例は光の語根で、この鏡映語根は「王」とか「規則」とか「法」を意味する言葉に通じ、またギリシャ語の「はじまり」にも通じる。

つまり、「はじめに言葉があった」というのは、語源学的に見れば、類語反復なのである。すなわち、言《ことば》(ロゴス)は光であり、音であり、始原でもあるということなのだという。このような欧米語における言語学上の知見は、そのまま受けとめるべきものであろう。

さらに興味深いのは、ラテン語のカンターレは、普通、「歌う」と訳されているが、もともとは魔法をかける、呪術によって事をなすという意味だった。人間は音声によって、根源の音を音楽化することによって歌うことをはじめたのである。つまり、詩歌は呪文のことなのであるという。

なんだ、そうか。詩人、歌手は呪術師でもあるわけだ。カリスマ的な人気を誇った美空ひばりは、シャーマンでもあったということになる。

また、ドイツ語の「名前」(英語と同じName)は、語根からすべての派生語もふくめて、変化を生み、魔法をかける創造的な力がひそんでいる。Namはヘブライ語では「語る」という意味だけでなく、神託の告知という意味もある。

名前というのは、たんなる符牒ではなく、名づけるという行為には、なにか意味ある、不可思議な、創造的なものが内在しているという。

そう言われてみると、旧約聖書創世記にも、創造主である神が、人間を造られたあと、野のあらゆる獣、空のあらゆる鳥を土で形づくり、人間のまえに持ってきて、それぞれをどう呼ぶか、見ておられたが、人が呼ぶと、それはすべて生き物の名となった、という興味深い箇所（新共同訳、創世記2・19）があることを想起させる。

さらに、ドイツ語の「言葉」を意味する「Wort」は、サンスクリット語根 U-R-T に関係があり、解けてひろがる、生成する、成立する、という意味がある。同じ語根をもつアラム語、アラビア語、ヘブライ語は、薔薇の花をあらわし、蕾（生成の途上にあるもの）と薔薇（すでに生成したもの）の両方を意味すると考えられる。古代ゲルマン民族の言語感覚は、生成を描出するのに、薔薇の音と意味のイメージという美しい表象を選んだ。だから、Wort は薔薇であり、蕾であり、花であるというのである。「蕾から薔薇の花になる」という文は、したがってこれも類語反復ということになる。そこには生成についての詩的イメージがこめられているのである。

そして、ベーレントは、リルケの詩の言い換えという大胆なことを行っている。

〈薔薇よ、おお純粋な矛盾よ、かくも幾重もの瞼につつまれて、誰の眠りでもない眠りである歓び〉

これは、ラローニュ教会にあるリルケの墓碑銘であるが、次のようにいささか理に落ちた言い換えになる。

薔薇よ、おお純粋な矛盾よ
かくも幾重もの変化をとげつつ
言葉である歓び

このように繊細で、すぐれた言語感覚を駆使した博学の書『世界は音』は、まことにスピリチュアルな著作であるが、いささか首をかしげたくなるのは、新しい人間とは聴く人間であるとし、視覚にたいして聴覚を優位に考えるべきであるという主張である。

見ることと聴くことは、人間の基本的な知覚であり、どちらを優先させるかという問題を、多くの先賢がこれまでにも議論してきた。人間には五感というのがあり、視覚、聴覚、嗅覚、味覚、触覚は、世界を認識するための直接的な器官である。もっと言えば、五感は、世界と接触する人間の身体的窓口であり、世界そのものが、秩序立った知覚、感覚をとおして、はじめて意味あるものとしてわれわれのまえに立ちあらわれる。

その知覚、感覚がおぼつかなくなり、自明のものであるという前提が崩れ出していることが、現代人の不安の要因である。

〈五感の形成は、現在にいたるまでの全世界史の一つの労作である〉とマルクスが言っている。さすが、マルクス。凄いことを言うものではないか。これだけで、筆者などはもう恐れいってしまう。五感の形成を社会化、歴史化しただけでも、後世に残る名言であろう。
人間には、もう一つ、第六感というやつがあるが、これはあくまでも番外。身体性がないし、存在の確証もない。当たるも八卦、当たらぬも八卦の世界である。でも、これも案外、馬鹿にならないところがある。

いずれにしても知の変革のためには、五感のくみかえというか、再編成ということが要請されているということであろう。

ベーレントはこういうことを言っている。

視覚的人間の称賛する最高の理想は、〈鷲の眼〉である。鷲は獲物をねらい、急降下して襲って捕まえる。これは西洋人に似合う理想——全世界を自分たちの獲物とみなすことに慣れてきた人間に。美しいが攻撃的な理想、ということは、今日の時代では危険な理想である。

耳の象徴は〈貝殻〉である——貝殻は女性の性器を象徴し、それは感受し、受容することの象徴である。生は分析されず、まるごと受け入れられる。（中略）

この本は聴く人間の書である。彼にとっては全体が部分より大事だ。総合が分析より重要である。結合が特殊化より重要である。（前掲書）

これはベーレントが音楽の専門家であることを差し引いても、ちょっと受け入れがたい考えである。

たしかに現代人は視覚肥大症になっていることは否定できない事実であろう。ヴァーチャル・リアリティなどという言葉がもてはやされ、視覚の優位は、現代文明の趨勢のようにも思われる。

これに対して、聴覚の衰退は、世俗化と並行して起こっている。見られるものの領域は表層である。聴かれるものの領域は深層である。聴く人間は、だから見る人間よりも、深層に入り込む機会が多い。かくして、神の言は聴かれなくなったとベーレントは言う。神が語らなくなったのではなく、我々が聴く能力を失ったのであるという。これはこれでそれなりに妥当性をもった見解であるかもしれない。だが、ちょっと待ってもらいたい。

視覚の優位は、揺るぎないものとして、確立され、独走的な地位を得たと言っても過言ではないことはたしかである。そして、見る人間は分析し、部分に解体し、攻撃的でさえある。まさに獲物を狙う鷲の眼をもった人間として。ベーレントはこういうことも言っている。

見ることを極端に推し進めて、顕微鏡をとおして見る場合のことを考えれば、このことはすぐわかる。〈分割不可能〉と思えるものさえ、ばらばらに寸断される。目は素晴らしいものだが、よい目であればあるほど鋭い。鋭さというのはナイフの、切断することの特質なのだ。見ることを優先させる人間こそ、現在われわれがその破産を体験しつつある合理性の過剰を招いた元凶なのだ。テレビ時代にあっては、視覚的人間が不合理にふるまうようになってしまった。かれはもはや世界を見ているのではなく、その写しを見ているにすぎない——。しかもどういうわけかそれで満足してい

る。（前掲書）

だが、本当にそうか。一見すると、このような議論は俗耳に入りやすい。（この言い方のなかに、すでに見ることと聴くことの比喩的表現が、忍び込んでいることに注意されたい。）

要するに、ベーレントの主張は、現代文明における視覚優位、視覚肥大症を修正して、新しい時代の知覚とは、聴く人間の知覚のことであるという論を微に入り細にわたって展開するのである。

視覚よりも聴覚の方が、繊細で敏感である例として、画家が三つの色を混ぜて使っても、われわれの目はその結果を、ただ一つの色としてしか知覚できないが、三つの楽器（たとえばクラリネット、フルート、オーボエ）が一緒に鳴っても、われわれの耳はその混合を新しい音として知覚すると同時に、この音をつくっている三つの楽器を識別できるとベーレントは言っている。（そうかな、筆者にはできそうもないが。）

それればかりでなく、耳は数的計測も出来る。オクターブの音程が合っているかどうか、音楽的でない人間の耳でもわかる。高いほうの音が低い方の音の二倍の速さで振動していることを耳は聴きとれるが、ある色がべつの色の二倍の波長だと見てとることは誰にもできない。

たいていの音楽家が体験していることだが、高度に発達した耳は、音叉よりももっと正確に機能する。指揮者が、ある合唱団のソリストに言った。「きみの音叉は合ってない。」歌手は気を悪くしたが、あとでほかの者が音叉を調べてみると指揮者の言ったとおりだった。目がこのように正確に「測定する」ことが出来るとはおよそ考えられないという。

それだけではない。耳は計数的能力を持っているだけでなく、感受能力もあり、昔から「魂の門」であるとされて来た。さらに最も素晴らしいのは、この二つの能力がたがいに結びついていることであり、この結合こそが耳の最大の能力である。計数的なものを感覚的なものへ、意識的なものを無意識的なものへ、しかもそれぞれ逆の方向へも、理解しがたい精密さをもって移し替える能力がある。（そうかな、筆者にはとてもそのような複雑な能力はないが。）

これに対して、目はもっと曖昧で、おおざっぱである。目に頼って生きている人間は、聴覚的人間よりも、自分の心的な諸資質を発揮せずに味気なく生きているばかりでなく、厳密さにおいても劣った生き方をしている。現代生活の味気なさと雑駁さは、現代人がひどく視覚重視に傾いているからである。目は幾つかの散在する点だけしか必要とせず、そのあいだの空間を一瞬にして埋めてしまう。見ると言うよりは、むしろ漫然と感じているのであり、事物を吟味することはまったくしないか、ほとんどしないので、その本質的内容を隠してしまうのであるという。（そうかな、これではあまりにも視覚を貶めることになるのではないだろうか。）

さきほどおもわず筆者も使ってしまったが、「一見すると」とか「私の見る所では」という表現は、視覚領域から出た言葉であり、ベーレントに言わせると、幻想や錯覚や自己欺瞞の可能性を言語として捉えるためには、この領域を必要としているというのである。これはおそろしく偏向した〈見解〉であると思われる。（ほら、また視覚領域の表現を使ってしまった。これも幻想や錯覚だと言うのかしらん。）

われわれの生きている世界は、われわれの目や触角や運動器官がわれわれにそう思わせているような三次元、もしくは時間を加えての四次元ではなくて、もっと多くの次元をもっている。われわれは見かけとは違う世界に生きているのだ。われわれの諸感覚、とりわけ視覚は、われわれの世界の次元性について誤った情報を伝えている。だが、聴覚だけは次元から独立しているのであるという。

このベーレントの意見のなかで正しいのは〈われわれは見かけとは違う多次元の世界に生きている〉というところだけだ。聴覚を特別扱いする見解には組し得ない。

2　聴覚から視覚へ

スピリチュアリストとしてのベーレントが言いたいのは、世界をふたたび音として経験することの必要性ということである。そのために、『チベットの死者の書』を紹介し、聴くことのみが解脱にいたる道であることを示そうとする。

この『チベットの死者の書』のなかで死者に与えられるほとんどすべての勧告が「おお、気高く生まれし者よ、よく聴け」という言葉で始まっている。この書の原語は『バルド・ソドル』というものだが、バルドというのは、中間（中有、中陰と呼ばれ、我が国の用語で言えば陰間、つまり仏教の49日を意味する）状態のことであり、死の直後の段階を指している。バルド・ソドルというのを直訳すると「中間状態――聴――解脱」となる。

『チベットの死者の書』のドイツ語訳にはこう書いてあるという。「第一歩は、聴くことを学ぶこと、聴こうとすること、混沌を混沌自体のなかに落下させて、肉体の死に際して人がからだを脱ぎ捨てるように、混沌を脱ぎ捨てること。(中略)聴くことができるというのは、おおかたのヨーロッパ人はたとえそう信じたがらないにしても、難事なのである。」(前掲書)

こうして、ベーレントは、世界を音として経験するためには、「静寂の音楽」「沈黙の音楽」に耳を傾けなければならないという。

『世界は音』は、視覚が聴覚よりも劣った知覚であることを力説するが、聴覚にかける期待と思い込みは、いささか短絡短慮に過ぎるように思われる。もちろん、視覚は攻撃的、男性的、西洋的であるのに対して、聴覚は受容的、女性的、東洋的という図式があてはまらないわけではない。だが、これはあくまでも一般的図式であって、中世の神秘主義者たちを例に挙げれば、当時の有名な幻視者たちは女性が多かったことは周知のことであり、幻視には女性の目が必要であるという意見もある。(ジョン・ヒック『魂の探求』林陽訳、徳間書店)たとえば、ビンゲンのヒルデガルドとかノーウィッチのジュリアン等の名前を挙げることが出来る。いずれも中世の女性幻視者として知られている。

現代文明が視覚偏重、視覚優位、視覚肥大の傾向があることは認めなければならないと思う。だが、そこには一種の歴史的必然とでもいうべき、時代の要請があったことを見落としてはならないのではなかろうか。

西欧の近代文明の始まりとともに、五感の階層秩序の再編成が行われ、諸感覚の中で、視覚が優位化した背景には、未知の大陸を知ることへの願望と密接な関係をもつ望遠鏡、羅針盤などが発明され、さらに近代医学の発達とともに顕微鏡が開発され、一八世紀にはパノプチコンと呼ばれる一望監視方式が考案された。これは監獄内の中央の塔に監視人を配置して、各独房内を一望できる施設のことである。（ミシェル・フーコー『監獄の誕生』、第三章で詳しく触れる。）

これらの発明によって、知ることは見ることであるばかりでなく、見ることは力であり、見とおすことは権力にもなったのである。

一望監視施設においては、独房内に収容されている者は、監視者によって見られているだけで、側面の壁に妨げられているために隣りの独房にいる者と接触することができない。見られていても、自分の方からは見えないのであり、情報伝達の客体ではあっても、能動的主体には決してなりえないのである。ここに見とおすこと、いつでも見える状態にしておくことが権力の維持にとっていかに必要であるか、またたんに見られること、見えない状態に置かれることがいかに人間を無力にするかが、よく示されている。

このような近代文明が始まるまでの、中世世界においては、もっとも精錬され、すぐれた感覚は何かと言えば、それは聴覚であった。これに対して視覚は、触覚の次に第三番目の位置をしめていたにすぎない。五感の序列は、聴覚、触覚、視覚の順であったのである。（『共通感覚論』中村雄二郎、岩波現代選書）

3　視覚の独走の時代

中世世界では、なぜ聴覚が優位を占め、視覚が劣位におかれていたのか。言うまでもなく、それは中世カトリック教会がその権威を、ことばという基盤の上においていたからである。信仰とは聴くこと、神のことばに聴き従うことであると考えられたからである。そればかりではない。視覚は触角の代理として官能の欲望に容易に結びつくものであると見なされて来た。

中世の神秘家として有名な、十字架のヨハネ（ファン・デ・ラ・クルス）の先駆者たちは、自分の眼で見るものを五歩以内に限定し、それを超えてものを見てはならないとしていたほどである。イメージには反道徳的なものがあると考えられていたのである。（モーセの十戒の第二戒の偶像崇拝禁止を想起させられる。）

これに対して、ルネッサンスの五感の階層秩序においては、聴覚と視覚の位置が逆転し、視覚が優位化したことは、自然な感性としての官能が解放されたことと結びついている。その反面、物や自然とのあいだに距離が生まれ、それらを対象化する方向を歩むことになった。近代透視画法における遠近法や近代物理学の機械的自然観、そして近代印刷術などがその方向の代表的なものである。遠近法にもとづく錯覚が利用され、そこに収斂するように描きだされたものこそ眼に見える、秩序立った、永続的なものであるというもう一つの幻影が生み出されたのである。

視覚重視の近代文明によって多くのものが人間にもたらされた。科学や技術の発達はもとより、自然物の活用や、知識、思想の伝播もこれほどまでに至らなかったであろうことは確実である。しかし、その反面では、視覚の独走した文明は、見るものから見られるものが引き離され、知られるものが知るものから、つまり対象を主体から引き離す結果になった。見ること、知ることが他の人間を支配する権力であることが明らかになり、人間と自然、人間と人間の関係は冷ややかな分裂、対立を生みだしたのである。

このような視覚の独走、専制の反省から、聴覚をもう一度呼び戻そうという意図はわからないわけではない。ベーレントのような議論をする論者は、ほかにも多くいる。

英国聖公会の司祭にして、ケンブリッジ大学神学教授でもあるドン・キューピッドの『最後の哲学』という著作によれば、ギリシャ思想は視覚を重視し、ヘブライ思想は聴覚を重視したのであり、ヘレニズムにおいては、眼（EYE）は自己（I）と同じものと見なされるほどであったとして、ヘレニズム偏重のキリスト教から、ヘブライ思想への回帰を主張している。

こうして、キューピッドは、眼の形而上学から耳の形而上学へと移行しなければならないとして、次のように結論づけている。

「世界はふたたび〈大宇宙〉の様相を呈しはじめたからである。世界は私たちにむかって、主として散文で、――しかし、時には純粋な韻文で――〈語りかけて〉いるのである。」（『最後の哲学』山口菜生子訳、青土社）

「大宇宙の様相」という表現はわかりにくいが、イデオロギーや思想に捉われず、世界をあるがままに受けとめる時代が来たということであろう。このような認識は鋭いと言えるかもしれない。

しかしながら、キューピッドにしてもベーレントにしてもそうだが、これらの主張は一種のアナクロニズムであるだけでなく、現代文明のなかにある視覚重視の弊害を乗り越える視点も、未来を拓く展望も失わせるものでしかないのではなかろうか。

視覚の独走、視覚の専制がどのような弊害と問題を抱えているかについて、これらの主張からは、聴覚の復権と言いながら、あまり深い声が聴こえてこないような気がするのはどうしたことだろう。視覚と聴覚の、どちらの知覚が優れているかを比較するだけの議論からは、現代文明の危機的な状況を切り開く鍵は与えられないように思えて仕方がない。

何故なら、視覚の専制支配というのは、これらの論者が主張する以上にもっと深刻な害悪を現代社会にもたらしているように思われるからである。

新しい視覚の理論

1　錯視と感覚麻痺

視覚の独走が人間社会に与えた弊害はすでに述べて来たように、大きく分けて次の三点を挙げることができるだろう。

一つには、見る・見られるという関係のなかに権力が介入してきたこと。二つめは、人間と自然の関係が疎遠になり、距離がもたらされたこと。そして、三つめに、視覚のなかにふくまれる錯視、感覚麻痺ということが、現実の問題として深刻化したことである。権力の介入と人間対自然の関係はすでに言及したので、ここでは三番目の錯視と感覚麻痺という問題を取り上げてみたい。

『共通感覚論』という著作のなかで、この問題を精密に、徹底的に論じているのは、我が国の著名な哲学者、中村雄二郎（なかむら・ゆうじろう、1925~2017）である。

視覚芸術の代表と言える絵画のなかで、セザンヌが触覚的感覚を生かす技法を用いた作品を残していることに中村は注目している。セザンヌ（Paul Cézanne, 1839~1906）はあたかも盲目の人のように描くことを始めたのであり、彼の天才の何たるかをよく示している静物画のデッサンは、あたかも両の手で探りまわされた物体のようであった。また、彼の描く風景画は、その視覚性の痕跡をほとんど失っており、人が眼を閉じたまま出会い、モノにぶつかったときに感じられる樹木であり、木々の梢なのである。

そのような意味で、美術史的な見方からすると、セザンヌは印象派をこえて、視点の多様化とフォルムの単純化をとおして、抽象絵画風（アブストラクト）の境地に達した作家として知られているが、むしろ彼の手法は、運動する触覚（タッチ）にもとづいていると中村は言っている。

さらに、近代世界での視覚の独走と専制支配に対して、触覚の回復をはかることをとおして、五感のくみかえを行うことが必要であるとして、マクルーハン（Herbert Marshall McLuhan, 1911~1980）の説である「感覚麻痺」について中村は、詳細に論じている。

マクルーハンのいう感覚麻痺とは、ギリシャ神話のなかにあるナルシソスの物語に原型がある。水面に映った自分の姿に見とれたナルシソスの名前は、一般には死んで化したという水仙の花と結びつけて考えられている。ナルシストというのは自己愛者の別名であるのは周知のことである。けれども、じつはこの名前は、それに先立って、ギリシャ語のナルシコス（麻痺）に由来しているという。

ナルシソスの話は、なによりも、鏡を用いてなされた自己自身の拡張が、彼の感覚を麻痺させたことを示している。われわれの身体の拡張がしばしば感覚麻痺を引き起こすことについては、現代生理学が多くの例証によって明らかにしている。現代生理学では、われわれの身体の拡張は感覚麻痺だけでなく、自己切断と見なされている。自己切断と言うのは、知覚が苛立ちの原因を確認できず、除去できないときに、身体が行うものと考えられている。

何かの原因で、身心が過度に刺激された場合、中枢神経は損なわれている器官の感覚や機能を切り離して自己を防衛するというのである。つまり、身体的な自己欺瞞である。たとえば、愛する人を突然失ったり、高所から不意に落ちたりした人は、衝撃を受けると同時に、一種の自己切断を行うことで感覚麻痺、感覚遮断に陥る。自己切断がすべての知覚の識閾を上昇させ、そのために被害者は苦悩や痛みを感じないで済むのである。

この感覚麻痺ということは、時代を超えていつでも人間社会に見られる現象であるが、とりわけ近・現代における人々の間で著しい。印刷術の発明からエレクトロニクス媒体の出現にいたる文明の発達のなかで、われわれ人間は、甚だしい自己拡張やそれにもとづく自己切断によって、中枢神経がほとんど耐えられないほど強い刺激を受けるに至ったからである。

このような事態のなかで、いっそう必要となったのが五感のくみかえであり、諸感覚の新しい配分比率の発見であるとマクルーハンは言っている。

五感のくみかえと新しい配分比率の発見は、ある程度まで自然発生的に行われるが、いまや現代芸術の先駆的試みをとおして、とくに抽象芸術によって、綜合感覚としての触覚に注目することで、促進されるのではないかとして、中村はマクルーハン説の説き明かしとその理論的詰めを精密に論じている。

これが『共通感覚論』における「視覚の神話をこえて」という章のテーマであるが、ガチガチのお堅い哲学書にもかかわらず、この章はまことに楽しく、わかりやすい。

感覚麻痺とは別のもう一つの問題、視覚に含まれる錯視ということについて、騙し絵として有名なエッシャーの版画やルネ・マグリットのシュールレアリスム絵画の図版を多く用いて、われわれの視覚がいかにあてにならない錯視をふくんでいるかを〈視覚の逆理〉という言葉で示している。楽しいのは、これらの版画や図版の解説がじつに的を得ているからでもあるだろう。

エッシャー（Maurits Cornelis Escher, 1898~1972）の版画、「物見の塔」「滝」などの作品を見たことのある人は多いはずである。一見したところ見事な遠近法的な手法によって描かれたリアルな建物のように見える。しかし、よく見るとまったくおかしな擬空間がそこに存在している。「物見の塔」では1階にある展望台と2階にある展望台が直角によじれている。1階では建物の内側にある梯子が2階では外側にかかっている。

「滝」では水車を動かすための人工の滝が2階の高さから落下したにもかかわらず、いつのまにか水平の水路をたどってふたたびもとの高さまで上っている。これらの視覚の逆理が成り立つためのもっとも基礎的な前提は、三次元の実在空間を二次元の虚構の空間に描き出したところにある。

「滝」ではさらにこれに加えて、イギリスの物理学者R・ペンローズ（Sir Roger Penrose, 1931~）の考案した逆理図形である〈ペンローズの立法三角形〉の原理が取り入れられている。

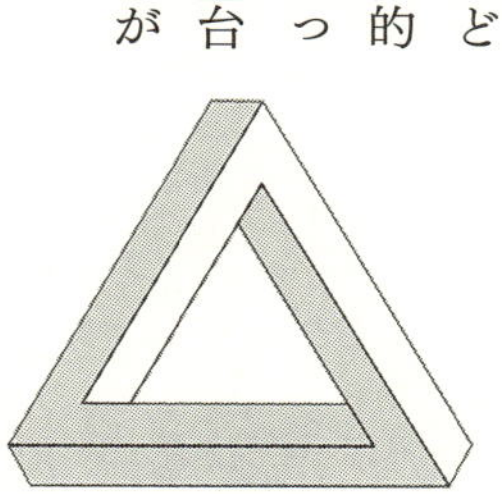

この立法三角形の図は、部分を一つずつ辿って行っても、そこに何らの異常も見出し得ないが、現実に全体としては成り立たない図形であるために、逆理三角形と呼ばれている。エッシャーのこれらの騙し絵は、笑いの対象であると同時に一種の不気味さをも感じさせるであろう。

成り立たないにもかかわらず、視覚がそれを可能であるかのように許容するところに、通常考えられているのとはちがって、視覚は必ずしも全体を捉えるのに適した知覚ではないこと、他の諸感覚との結びつきを断って独走した感覚であることを証明している。とくに、幾何学的遠近法は、視覚をその種の独走的な感覚に追いやる働きをもっているのであるという。

中世世界からルネッサンスへの移行のなかで、自然的感性としての官能が解放され、視覚と聴覚の位置付けが逆転したわけだが、近代文明においては、触覚と結びついたかたちでの視覚優位の方向にはいかず、むしろ触覚と切り離されたかたちでの視覚専制が支配的になった。その結果、遠近法に騙されてしまう視覚という問題が生じたのである。

エッシャーの版画は、三次元の対象を二次元のキャンバスに描き出したところに、平面上の視覚の逆理が生まれることを巧みに表現した作品であったが、二次元の平面上のイリュージョン（幻影）とデペイズマン（位置のずらし）という手法を用いたのが、ルネ・マグリット（René François Ghislain Magritte, 1898~1967）のシュールレアリスム絵画である。

それは絵画のなかの絵画、メタ絵画ともいうべき、ユニークなもので、開け放した窓の前にキャンバスが置かれ、窓外の景色が描かれているという作品である。それが絵のなかの画架上のキャンヴァスに描かれた風景なのか、実際の景色なのか、絵の前に立たされた者は途惑わされ、宙吊りにされるであろう。キャンバスに隠れて見えない窓外の実際の風景はキャンバスに描かれた絵とは違うかもしれないからである。

そして、絵画がリアリティをもったイメージであるとともに、キャンヴァスという二次元平面上のイリュージョンでもあるという二重性、両義性に気づかされることになる。

もう一つ、マグリットの作品に特異なものがある。画面いっぱいに大きな刻みタバコのパイプが描かれているのだが、なんとその下に〈これはパイプではない〉と書かれているのである。見る者は、「何だこれは」と思わず叫びたくなるにちがいない。だが、奇をてらっているのではない。マグリットは大真面目である。

中村雄二郎は「イメージとしてのパイプを指示作用から解放し、その自由な戯れを可能にした」とむずかしい解説をしてみせる。また、ミシェル・フーコー（Michel Foucault, 1926~1984）のマグリット論『これはパイプではない』を紹介し、イメージと言語表象の分離という、これまたむずかしいことを言っている。つまり、造形表象と言語表象を区別し、卵を描いてアカシア、ハイヒールを描いて月、コップを描いてオレンジという具合に文字を書き込み、絵と文字をわざとずらしていく。

何故このような手のこんだことをするかと言うと、イメージとしての造形表象は、言語表象とどのような関係があり、どこまでイメージとして自立できるのかを模索することによってマグリットは新しい絵画表現を行ったというのである。マグリットという人も独特である。

このように、エッシャーの版画とマグリットの絵画を手がかりに、視覚はかならずしも優位な知覚ではないことを中村雄二郎は明らかにしていく。以下、しばらく中村の議論を紹介してみよう。

２　触覚にもとづく体性感覚

視覚と他の諸感覚との関係を考える時、感覚の分類は伝統的な五感に尽きるものではなく、その分類も名称も、従来のもので充分というわけにいかない。五感について、近代生理学の成果にもとづいて明らかになった分類や名称と突き合わせることが必要になってくるわけであるが、これがかなりまちまちで、かならずしも一定していない。

中村が紹介しているのは、いずれも著名な生理学者であるシェリントン（Sir Charles Scott Sherrington, 1857~1952）と勝木保次（かつき・やすじ、1905~1994）の分類である。シェリントンの分類は受容器別に分けるもので、外受容感覚、自己受容感覚、内受容感覚という分類である。

ここで、外受容感覚とは身体の外からの刺激を受け取る感覚であり、自己受容感覚とは、自己自身の動きがもたらす刺激を受け取る感覚である。そして、内受容感覚とは、身体の内部（内臓）からの刺激を受け取る感覚のことである。

また、もう一人の勝木保次の分類は、特殊感覚（視覚、聴覚、臭覚、味覚、平衡感覚）、体性感覚（触覚、圧覚、温覚、冷覚、痛覚、運動感覚）、内臓感覚（臓器感覚、内臓痛覚）というものである。特殊感覚とは脳神経によって信号が伝達されるものであり、体性感覚は脊髄神経によって伝達されるものであり、内臓感覚は臓器に張り巡らされた神経（自律神経）によって伝達されるものである。

ここで体性感覚という言葉が出て来たが、これは重要な概念と思われる。体性感覚というのは狭義の触覚だけでなく、筋肉感覚や運動感覚をも含んだ感覚の総称である。この体性感覚こそ視覚と触覚を統合し、また五感を統合する基体（当然そこには聴覚も含まれることは言うまでもない。）となると中村は考えているのである。

私たちの身体的な経験に即して視覚と他の諸感覚の関係をこのように整理してみると自然人類学や実験心理学の教える視覚の絶対的優位に疑いを抱かせるだけでなく、真っ向から対立してしまうのではないかとさえ思われて来る。

何故、このような事態になっているのか。その一つの原因は、視覚の働きについて、他の感覚とくに触覚との協働によるものを、純粋な視覚、たんなる視覚の働きととりちがえていることによる。それがあたりまえになってしまい、経験にもとづく一つの習慣にすぎないことを納得するのはきわめて難しいのである。偏見とはまさにこういうことを指しているのだ。

もう一つの大きな理由は、諸感覚の統合がもっぱら求心的に視覚の側だけで考えられていることである。しかしながら、実はその反対にいわば遠心的方向において体性感覚による諸感覚の統合があるのである。

じつに興味深いことに、体性感覚の異常が統合失調症という精神疾患に顕われ、それに陥ると患者は「自分の身体がバラバラになる」とか「身体が電気でこわされて、空っぽになった」という具合に自己喪失や自己解体を訴えるにいたるという注目すべきことを中村は指摘している。

このことからも体性感覚が、明晰さを求める意識と結びついた視覚が行う諸感覚の求心的な統合とは反対の統合、つまり無意識のまとまりと結びつく諸感覚の遠心的統合の働きをもっているものと考えることができるのである。まわりくどい言い方になってしまったが、つまりわかりやすく言えば、体性感覚とは昼行燈《ひるあんどん》のような感覚ということになるだろうか。

なんと昼行燈とは！　これはじつに楽しい考察である。昼行燈というのは暗愚の代名詞だが、このような暗愚的な感覚こそが知のくみかえによってこれからの新しい時代に必要とされるということになる。それが本当ならどういうことになっていくのか。剃刀のような切れすぎる知性は邪魔になることはあっても知のくみかえの対象とはなりえないということであろう。

であるがゆえに諸感覚の体性感覚的な統合とは、現象的にこれを捉えなおせば、明晰とは言い難いかもしれないが活動的で、遠心的な、身体による統合にほかならない。現代生理学が示す諸感覚の分類と働きからも、体性感覚の統合は説明することができる。先にすでに触れたように、現在最も広く用いられていると言われる感覚の分類（勝木保次）によれば諸感覚は特殊感覚、体性感覚、内臓感覚という三つに分けられる。

これらの諸感覚の伝達・連絡経路をみると、特殊感覚（視覚、聴覚など）は直接的に大脳に伝えられるのに対して、体性感覚は四肢へと拡がる脊髄神経をとおして大脳に伝えられることが示されている。そして、内臓感覚は、体性感覚が脊髄神経系の内部知覚であるのに対して、自律神経系の内部知覚であるということになる。

昼行燈と言ったが、体性感覚がその働きを充分に発揮するためには、このもっと無意識的で暗い内臓感覚に根を下ろす必要があるというのである。昼間に灯された行燈はかえって暗い！

このように体性感覚は、触覚をはじめとする皮膚感覚としては表面的な感覚であるが、筋肉、髄、関節による感覚としては深部の感覚であり、視覚、聴覚、臭覚、味覚などと結びついて外部世界に開かれているとともに、他方では内臓感覚と結びついて暗い内部世界へも通路をもっている。この皮膚感覚と内臓感覚の両方が重視されなければならないという指摘も大変重要であると思われる。

『共通感覚論』の第二章「視覚の神話をこえて」の大略を紹介したが、緻密で精細な議論であり、現代哲学の焦点とも言うべき問題を知ることが出来る。読者にはなんとも面倒臭い議論につき合わせてしまって恐縮である。

中村が明らかにしたことは、視覚の陥穽《かんせい》（動物などを落ち込ませる、おとしあな。「陥穽にはまる」。人をおとしいれる策略。わな。「詐欺師の仕掛けた陥穽に陥る」）と、にもかかわらずわれわれの視覚を信ずることがいかに篤《あつ》いか、リアリティという言葉自体、視覚によるイリュージョン（幻影）と取り違えられることがすくなくないほどであるという。

このような視覚優位の知覚の統合にたいして、触覚にもとづく体性感覚的統合を打ち出したこと、そしてこの体性感覚的統合が述語的統合であり、視覚的統合が主語的統合であるとしている。

これまた難解な言い回しであるが、ようするに視覚的統合と体性感覚的統合は主語と述語のような相互的な結びつきがあるということである。視覚的統合が表層的であるのにたいして、体性感覚的統合は潜在的で捉えにくく、視覚的統合によって捉えかえされることになるが、この体性感覚が、深部感覚である内臓感覚と結びつけば、潜在的ではあってもきわめて具体的で捉えやすいものとなるはずである。

このように、触覚にもとづく体性感覚的統合を見出したことが、中村雄二郎の功績ということになるだろう。

ここには、聴覚と視覚を比較して、どちらの知覚がすぐれているか、どちらを重視するかという古典的で不毛な議論を乗りこえる現代的な視点が与えられているように思われる。とくに触覚に注目したところに新しさがあり、それは長い射程をもつ議論であるとはいえ、いままで主軸とならなかった点である。

触覚にもとづく体性感覚的統合が重要だとすると、これからの時代の人間は昆虫的存在になれとでも言うのかと突っ込みたくなる人もいるかも知れない。動物的勘、カンピューターを誇った往年のカリスマ、長嶋茂雄が思い出される。

また、昆虫的存在ということで言えば、手塚治虫が「鉄腕アトム」を構想したとき、彼が子供時代から慣れ親しんできた昆虫採集によって生命の奥深い世界からインスパイアされてきたことはよく知られている。（中沢新一『神の発明』カイエ・ソヴァージュⅣ　講談社選書メチエ）

未来イメージとしての「鉄腕アトム」の世界には何か清新で爽やかな風が吹き渡っていくような趣きがある。アニメの世界とはいえ、そこに込められた思想は閉塞的な時代を打ち破るヒントが隠されているように思われるのである。

さらに昆虫的存在ということで言えば、このことに関連して、「虫けら」のような生命種という捉え方が、新しい人間観を啓く鍵になるのではないかとの注目すべき洞察を、加藤典洋が語っている。歴史的存在（類）としての人間に対置して「生命種としての人間」が自然と共存していける存在であり、人間を人間中心に考える捉え方よりも広くて深いというのである。

環境汚染、自然破壊を繰り返して来た近代社会の限界を、加藤は「有限性」という言葉で表現し、自然は征服の対象ではなく、共存の対象であるとの新しいエコロジーの可能性を語り、人間だけを大事にするという思想はそれを超える思想によってしか支えられないと言っている。（『人類が永遠に続くのではないとしたら』加藤典洋　新潮社）

このように、触覚をフルに稼働させて生きることは、サヴァイバルの現代においては、生き残りをかけた生命維持に不可欠の要素であるだけでなく、新しい時代を拓く人間観につながる可能性があると言えるのである。

すくなくとも聴覚を復権させ、聴くことのみがわれわれを解脱に導くという偏向したアナクロニズムに陥ることだけは避けられるように思われる。

もちろん聴くことはわれわれの知覚にとって大事なことに変わりがない。しかし、聴くことは受け身であり、受容的であり、一方的である。見る・見られるという視覚のダイナミズムとは区別されるべきものではないだろうか。

すでに詳しく見て来たように、聴覚にかわって視覚が優位な知覚とされてきたことは、歴史的経緯があったのであり、それを逆戻りさせることはできない。

むしろ、視覚の述語的統合である触覚にもとづく体性感覚に生きるのが現代的で、センスがよいのではないだろうか。たとえ昼行燈と言われようとも。

そして、それはたんに見るということではなく、〈視る〉という言い方があてはまるような、視覚の独走ではない新しい感覚、体性感覚にもとづいた新しい視覚の理論がもとめられているということであろう。このことは哲学の課題であるだけでなく、神学的イシューとしても重要である。第五章で自然神学について考えるときにあらためてこの問題を取りあげることにしたい。

〈視覚の述語的統合である触覚にもとづく体性感覚〉。きわめて難解な言い回しながら、これが知のくみかえの目指すべき結論ということになる。

ひとつだけ懸念されることは、このように五感のくみかえを図っても、エレクトロニクス媒体の飛躍的な発達による自己拡張にともなう感覚麻痺と自己切断という現代的な宿痾《しゅくあ》（長い間治らない病気。）が解決されるだろうかという疑念が完全には払拭されないことである。最後は各自の知に信頼するほかはないということになろう。言わば「面々の御計らい」（親鸞「念仏をとりて信じたてまつらんとも、またすてんとも、面々の御はからいなり。」『歎異抄』）ということである。

このことをもうすこし別の言い方で言えば、頭脳知、観念知ではなく、身体知、体験知が重んじられなければならないということでもあるだろう。すでに見てきたように知覚のくみかえとしては皮膚感覚のような表層感覚だけでなく、深部感覚が重視されなければならないのであり、深部感覚とはとりもなおさず内臓感覚ということであり、体性感覚ということである。これが身体知、体験知という言葉の深い内容ということになるだろう。（1章の最後に掲げた知の3段階説、「分別知」「身体知」「光明知」をあらためて想起してみよう。）

このような知の地殻変動は二〇世紀の後半から始まっていたが、我が国においては、より具体的に70年代に急カーブを切って、そのまま二一世紀になだれ込んだのであり、もはや後戻りすることはないであろう。

第三章　身体《からだ》は笑いの器

名優と大根役者を見分ける方法というのを御存知だろうか。

名優は科白《せりふ》を身体言語《しんたい》で語るが、大根役者は脳内言語で語るというのである。脳内言語で語られた科白は、役者が熱演すればするほど、観衆の反応は、ふんふん、ああそうなの、それでどうしたの、という具合になり、しらけていくばかり。ところが身体言語で語られた科白は、観衆がおもわず我を忘れ、身体《からだ》を前に乗り出して聞くようになるという。

きわめて含蓄のある話で、なるほどなあと思わされる。不条理劇を得意とする我が国の劇作家、別役実（べっちゃく・みのる、べつやく・みのる 1937～）の説である。身体言語と脳内言語の区別を言葉で説明するのは難しいが、目と耳で接すれば一目瞭然ということだろう。

身体論として考える

身体論というのは、すぐれて現代的な課題の一つである。一九七〇年代から、八〇年にかけて、とくにその後半に、我が国において身体論がちょっとしたブームになったことを御記憶の方もいるだろう。哲学、演劇、教育などの分野で、多くの身体論がこの一〇年ほどの間に集中的に現われたのは偶然とは言えない。（筆者の観測では哲学者の市川浩が七六年に上梓した『精神としての身体』がその代表であると思う。）

この背景には、七〇年前後に世界的な規模で起こった学生革命の後遺症が影響していたと思われる。人間の身体が有する暴力性、集団としての身体が発する告発性などに対する恐れから、身体の問題を等閑視してきた近代的理性に対する疑いが知識層を中心に拡がったという事情があったと思われる。

その後、身体論ブームは、徒花《あだばな》的な知的流行として下火になったが、底流としてあった近代的理性に対する問いはさまざまな分野で、近代の見直しからポスト・モダンへの思想的潮流を準備していったように見える。構造主義（仏：structuralisme おもにフランスにおいて、現代科学の多くの分野に共通する思想運動の一般的傾向。人文現象を全体的、有機的な構造との関連でとらえ、かつ模型（モデル）を援用してこの構造の解明を目指し、歴史的、時間的な経過を記述するよりもそれらの生起を可能ならしめる構造もしくはシステムの分析を重んじた。）、およびポスト構造主義（Post-structuralism は1960年後半から1970年後半頃までにフランスで誕生した思想運動の総称。）の台頭は、その代表的な現れであろう。

本書が扱う「笑い」は「はじめに」で触れたように、人間の情緒、感情にかかわるものであるが、それ以上に身体論の対象として考えるべきものである。これが本書の基本的な立場である。なにやら限定的な言い方をして、これからの叙述を不自由なものにしそうな予感がしないでもないが、これはやはり最初に言っておきたい。

人間の脳に左脳と右脳があることはよく知られている。左脳は言語活動や数学的能力をつかさどり、右脳は感情や情緒をつかさどると言われている。笑いも右脳の働きによるものだと考えることができるが、たんなる右脳の働きだけで笑いのメカニズムを説明することは到底できない。

笑いに襲われたり、不意に笑いが起こったりするとき、人間の顔の筋肉は突発的に拡張し、笑い声が咽頭から漏れる。爆発的に破裂音が生じ、さらには胸郭と腹部の律動的振動を経験する。笑い過ぎるとお腹が痛くなるという経験はお持ちの方もいるだろう。笑いは脳にかかわる働きだけでなく、このように身体的な反応を誘発するものであることをフランスの哲学者バタイユが言っている。（『非知』西谷修、哲学書房）バタイユの笑いについての所説は後に詳しく紹介する。

笑いが健康によい影響を与えることは昔から知られているが、笑いの治癒力について医学的に証明されつつあるのが、現代という時代である。笑いのメカニズムが身体的なものだとすれば、不思議でもなんでもない。人間の臓器を支配しているのは自律神経という、意志や判断がほとんど及ばない独立的な神経組織であり、身体組織である。笑いはこの自律神経に作用して、交感神経と副交感神経のバランスを整えるものと思われる。緊張と弛緩のバランスをとることによって、体調にも影響をあたえるのである。

笑いが自律神経に作用すると言ったが、まさに笑いは自律的なものであり、神的領域に属している言うことができる。同じギャグやユーモアが時と場合によって、大受けしたり、いっこうに受けないこともあり、コメディアン泣かせのものとなる。そういう意味で、笑いの専門家であるコメディアンや道化役者ほど悲しい存在はない。

自律神経の中心は太陽神経叢（ソーラープレクサス）という、腹部にある放射状に分布する神経の集まりである。武道では、臍下丹田と言う言葉で表現される場所にある。丹田を鍛えることが武道の上達の極意と言われる。丹田はまた「腹脳」と呼ばれることもある。腹脳とは聞き慣れない言葉だと思われる方もおられようが、このような言葉から連想されるのは、頭脳とはべつに自律神経をつかさどる働きが人間の身体機能に備わっていると考えることができるのである。

脳科学の知見によれば、自律神経の総元締めは、大脳辺縁系の間脳に属する視床下部にあり、そこから脊髄に沿って全身の自律神経に指令が下されるが、太陽神経叢もこの視床下部の管轄を受けながら、同時に独立した機能も併せ持つのではなかろうか。したがって、笑いを引き起こすものが、脳か肚かというのは一概には決められない難しい議論となる。

丹田とか肚というのは、日本語特有の言葉で、翻訳するのが困難である。「肚ができている」「肚が据わっている」などの表現も、外国語にはない言葉であろう。日本の伝統的な身体文化は「腰肚文化」であり、このような「からだ言葉」（身体言語）が急速に失われ、死語になりつつあるのは、文化によって

身体感覚が養われなくなったことの証明ではないかと指摘されている。（斎藤孝『身体感覚を取り戻す』NHKブックス）

笑いと身体の関係を考えるつもりでいながら、いささか堅苦しい導入になってしまったが、身体論として考えるというのは、基本的な立場なので、もうすこしこの堅い話題を続けよう。ポスト構造主義の主要な概念である「器官なき身体」という言葉がある。このいささか難解で面倒くさい言葉を取りあげてみよう。

1　「器官なき身体」について

ポスト構造主義の哲学者ドゥルーズ（Gilles Deleuze, 1925~1995）と精神医学者ガタリの共著『アンチ・オイデプス』と『千のプラトー』という浩瀚な著作があるが、そこに「器官なき身体」という魅力的な言葉が出て来る。この言葉自体が、笑いの対象となりうるものである。「何それ、そんなのあり？」というのが一般的な反応であろう。

ドゥルーズ＝ガタリは、そういう反応を知悉《ちしつ》していて、さらに韜晦《とうかい》（自分の才能・地位などを隠し、くらますこと。また、姿を隠すこと。行くえをくらますこと。）を深めるような説明をしている。

「それは油断ならないものだ。捉えそこなうことが大いにありうるからだ。ときにはまた恐るべきものであり、きみたちを死に導くこともある。それは欲望であり、しかも非欲望である。それは観念や概念ではなく、むしろ実践であり、実践の総体なのだ。〈器官なき身体〉に人は到達することがない。到達はもともと不可能なのだ」（ジル・ドゥルーズ＝フェリックス・ガタリ著『千のプラトー』宇野邦一他訳、河出書房新社）

ポスト構造主義を特徴づける主要な概念のひとつが、この「器官なき身体」であることはよく知られているが、きわめて難解な言葉だけに、納得のいく説明がなされたことがない。謎々のような言葉で、実際にはありえない概念なので、継承性がなく、誰もまともに取り上げない。たまに取り上げる奇特な人の言説に接することがあるが、見当はずれの議論ばかりが横行しているように思われる。「器官なき身体」は逆説的な言葉であり、見えない身体、超身体である。

しかし、こういう言葉が出て来ること自体、さすが西欧の伝統の奥深さを感じさせると言ってもよいだろう。世俗化されたプラトン主義という言い方があるが、「器官なき身体」は、まさにイデア説の現代版と言ってよい。

だが、この「器官なき身体」をまったく別の方向から照明をあてることが可能だと思う。日本の伝統芸能の一つである落語から説明するという方法である。とんでもなく奇をてらう奴だと思われるかもしれないが本気である。どういう演目かと言うと、「粗忽長屋《そこつながや》」という噺である。

とびきり粗忽な二人が、同じ長屋の隣どうしに住んでいる。仮に名前を八五郎と熊五郎とする。八五郎、浅草の観音さまにお参りに行った帰り道、雷門で黒山の人だかりに出くわす。面白い見世物でもやっているのかと人垣を掻き分け、前に出て見ると、筵《むしろ》を被せた死体がある。筵をめくってもらうと、そこには友達の熊五郎にそっくりの死体が横たわっている。生来の粗忽者である八五郎、すっかり死体は熊五郎に違いないと思いこみ、本人に知らせなければと言う。倹死の役人は呆れて、おまえさん落ち着けよと言い聞かせようとするが、制止の声を聞く閑もなく、脱兎のごとく駆け出して、長屋にとって返し、いやがる熊五郎を無理やり引き連れてくる。熊五郎は死体と対面し、確かに自分に違いないと証言する。そして、涙ぐみながら死体をかき抱く。

「どうだ、熊！　確かにてめえだろう」
「確かに俺だ。やい、このオレ。なんという浅ましい姿になっちまったんだ。だけど兄貴よ、何だか訳がわからなくなっちまった」
「何故だ」
「この死体は確かに俺だが、それを抱いている俺はどこの誰だろう」

（京須偕充『ガイド落語名作百選』弘文出版）

超現実的なサゲだが、このシュールな笑いのなかに、「器官なき身体」を解明する鍵が潜んでいる。むしろ、説明するほど野暮《やぼ》ったくなってしまう恐れがあるが、野暮を承知で解説を試みてみる。これはトランスパーソナル心理学の手法を拝借しての説明であることをお断りしておく。

誰もが習慣的に、体験、感情、思考の主体は、自らの自我であり、この主観的自己が何らかのかたちで外界を認識し、知覚すると考えている。たとえば、いま現在、「わたし」がここにある著作のこのページの文字を読んでいると感じている。ということは、さらに言えば「わたしは文字を読んでいる自分を自覚している」ということになる。

ここまでは誰でもよくわかる。このあとが肝心だが、ややこしい話になる。すなわち、わたしの中の何かが、自分の主観的自己を見つめ得るという事実、つまり文字を読んでいる自己についての自覚が、わたしのなかに存在しているという事実は、わたしが主観的自己だと思ったものが、じつは自覚の対象でもあることを明確に示していることになるのではないか。だが、客観的に知覚されうるとしたら、それは決して真の主体ではないだろう。では、いったい「わたし」のなかにあって、文字を読んでいる自己を自覚する真の主体とは何か。さあて、お立合い。如何であろうか。「粗忽長屋」の熊五郎のような気分になってこなかったであろうか。

もうすこし、言いかえると、わたしのなかにあって、眺めたり、見たり、聞いたり、考えたりしていることを自覚するものは誰か。これはきわめて哲学的な問いであると同時に、分別知の限界をも示す問いであると思う。トランスパーソナル心理学という新しい知見を援用しなければならない所以である。

見ているのは、主観的自己であるはずがない。なぜなら、それは見られうるものだからだ。わたしの「自己」は知覚されうるゆえに、知覚している当体ではありえないのである。

（ケン・ウィルバー『意識のスペクトル』I　吉福伸逸・菅靖彦訳、春秋社）

うーん、なにやら七面倒くさい話になってしまったが、この絶対的主体とでも言うべきものが、ひとたび認識されたなら、この心は万物を包容し、無知のいましめから解き放たれ、無限の自由と明知を獲得するであろうと言われている。

これが「器官なき身体」であると言っても、あながち見当外れではないだろう。何故なら、『千のプラトー』には次のような指摘がある。

「精神分析が立ち止まれ、君の自我を再発見せよ、というところで、われわれはこう言おう。もっと遠くへ行こう。われわれはまだ〈器官なき身体〉を見つけていない。われわれの自我を解体していない」

「器官なき身体」はドゥルーズ＝ガタリという二人の合作による言葉であるが、この二人に示唆を与えたのが、アントナン・アルトー（Antonin Artaud, 1896~1948）という詩人であったことは、一部ではよく知られている。（アルトーは詩人であると同時に俳優でもあった。）つまり、現代フランスの三人の知性が集まって、ああでもない、こうでもないとつくりあげたのが「器官なき身体」という謎めいた言葉なのだ。

いや、そんなことではあるまい。アルトーが一瞬の閃きのうちにものした詩的言語に、他の二人が感応したということであるだろう。

面白いことに、この三人は「器官なき身体」を三者三様に考えていた。ようするに同じ言葉で、まったく別のことを考えていたらしい。だから落語のような話であると言ったでしょう。だが、共通することが一つだけある。それは権力を見据える視点である。ここに「器官なき身体」のもう一つの側面、政治的意味という厄介な問題が現われるのである。

ますます堅苦しくなって来た。書いているこちらまで息苦しくなって来た。深呼吸をして、もうすこし先まで行ってみよう。

身体と権力の関係はきわめて重要である。身体も一個の社会制度であり、権力は身体を操作しようと図る。たとえば、麻薬を禁止する法律を施行する国家は、同時に戦争時には苦痛を感じさせない兵士を養成するために麻薬を使用したり、死刑囚には死刑執行の時刻が近づくと、精神安定剤が処方されるという具合である。

このように、ポスト構造主義の身体論の著しい特徴は、社会制度、政治権力との関係がきわめて濃厚なことである。

ドゥルーズ＝ガタリの『アンチ・オイデプス』と『千のプラトー』は、哲学書としては特異なスタイルをとっており、どこまでが哲学者ドゥルーズの所説であり、どこからが精神医学者ガタリの主張であるかわからない。妄想的なまでに難解な著作である。

しかし、よく言えば、詩的、文学的な叙述の背後に、まぎれもなく先進的な高度資本主義の時代に生きる欧米知識人の誠実な哲学的思惟の足跡を窺うことができる。ドゥルーズ＝ガタリは、人間を「欲望する諸機械」として捉えている。このような考え方そのものが、特異なものであるが、資本主義が人間の欲望を肥大化させ、高邁な志しとか、倫理的な向上心のような古典的な徳目とは別次元のところで、身体の欲望を生み出してきたという認識を踏まえれば、ある程度、理解の筋道がたどれるようになるだろう。

2　権力と身体

さて、このような「器官なき身体」であるが、ドゥルーズに影響をあたえたミシェル・フーコー（Michel Foucault, 1926~1984）の権力についての視点のなかにも「器官なき身体」につうじるものがあるのでそれを一瞥しておこう。もうほんのしばらくだけこの話題にお付き合いいただきたい。

「身体」についての考察は、フーコーにとっても切実なものであった。そこには性的少数者（同性愛者）としての彼の個人的関心も含まれていた。フーコーはエイズで亡くなったと言われているが、現在の医学は日進月歩、ＨＩＶ感染者であっても、薬で発症をおさえ、健常者とかわらない生涯を終えることができるところまで来ている。国家の援助で医療費がまかなわれ、税金によって治療を受けるのは申し訳ないと告白する誠実な患者もいる。フーコーはそういう恩恵を受ける前に、寿命がつきてしまった。

かえすがえすも残念である。

話が脱線した。フーコーはそういう意味で、ドゥルーズ＝ガタリやアントナン・アルトーとは別様ではあるけれども、権力にたいして特別な視点を持っていた。

フーコーは身体にかんする考察を、監獄の歴史を辿るという、独創的な着想から展開し、監視と処罰を行使する権力が、肉体を虐待する中世的な刑罰から、魂を罰する刑、精神に加えられる懲らしめという、近代的な刑罰に移行したことを指摘している。

笑いとは無縁の、陰気な話題であるがすぐに終わるので、どうか御辛抱あれ。

断頭、鞭打ち、などの野蛮な罰は、19世紀に入ると姿を消し、政治犯や反逆罪に対する刑は、ほかのどんな犯罪者よりも苛酷な身体刑が課せられるのが常であったのに、英国やフランスではいかなる謀反に対しても、極刑を完全な形で実施しようという意欲が権力の側に失われ、遠慮深い処罰に切り替えられるようになったという。唯一、鞭打ちの刑だけはロシア、プロシア（プロイセン）など、若干の国の刑罰制度のなかに残された。

このサディスティックな刑が、制度として残されたということは、人間の嗜好だけは近代化の波に抗して、いつまでも古いまま残存するという証明であろうか。それにしても鞭打ちの刑だけが残されるというのはおぞましいとしか言いようがない。

遠慮深い処罰に切り替わったという事実は、刑罰制度の近代化を意味しているわけであるが、別の言い方をすれば、肉体的苦痛、身体にくわえられる苦しみは、もはや刑罰の構成要素ではなく、懲罰は耐えがたい感覚の苦痛についての技術から、諸権利停止の政策へと移行したのである。つまり、苦しませないですべての権利を剥奪しようというわけである。当然、目をそむけたくなるような見せしめのための刑は行われなくなった。近代化というのはこのように、すべての事象をスマートに、見栄えよく営もうとするところに特徴があるようである。

刑罰の歴史をたどるフーコーのまなざしの鋭さは、いわゆる「精神」という言葉の誕生をも、身体刑からの移行との関連で考えられていることにあらわれている。ここで、フーコー自身に語ってもらおう。

「一般的には、処罰の実施は遠慮深くなっていた。以後、受刑者の身体には触れるな、触れる場合でも最低限にとどめよ、しかもそれは、身体自身ではない何ものかに身体において到達するためだ、という事態になっている。」

「対象がもはや身体ではない以上、それは精神だというわけである。身体に猛威をふるった罪ほろぼしの後に続くべきは、心・思考・意志・素質などにたいして深く作用すべき懲罰なのだ。」

「重要な契機だ。処罰の派手な見世物の古くからのパートナーたる、身体と血が場所を譲る。仮面をつけての、新しい人物の登場である。一種の悲劇が終わって、一つの喜劇が始まっている、黒っぽい輪郭を浮かび上がらせ、顔を隠したまま声を出して、手は触れぬ本体を見せながら。処罰中心の司法機構は、今やこの身体なき現実を捕捉《ほそく》しなければならない。」

（『監獄の誕生』田村俶訳　新潮社）

こうして、陰気な監獄の話にも、ある種の息抜きが用意されている。「一種の悲劇が終わって、一つの喜劇が始まっている」と。もっともフーコーの叙述をよく読んでもこれはレトリックであり、笑いの要素はあまり見受けられない。残念！

「精神」という言葉や概念はそれ以前からあったことは自明だが、フーコーによれば、近代的な人間中心主義の権利要求は、こうして権力との関連の中から生み出されたというのである。ここには、すでに「器官なき身体」というポスト構造主義の考え方の萌芽をみることができるであろう。

しかも、『監獄の誕生』の中で、もっとも興味深い知見の一つは、絶対王政期の「国王二体論」（日本語版エルンスト・H・カントロヴィッチ『王の二つの身体』中世政治神学研究　小林公訳　ちくま学芸文庫）を引用し、国王には二つの身体があったとして、自然的身体と政治的身体を区別していることである。国王の自然的身体は、可死的身体であるが、彼の政治的身体は目で見たり、触れたりすることのできない身体であって、統治機構や政治組織からなり、またそれらの象徴でもあり、公共の福祉を図り、人民を指導する神聖不可侵の身体であるという。

この政治的身体こそが、王権の正統性と永続性を保証するものである。この「政治的身体」が、「器官なき身体」と同種同根であることは見やすい道理であろう。そして、この考え方は我が国のかつてのキナ臭い「国体」を連想させるものがある。権力者というのはどこの国でも同じようなことを考えるものである。

王の自然的身体と政治的身体という、このような二重性は、キリストがモデルになっていることをフーコーは示唆している。キリスト教神学における「からだ」(新約聖書コリント前書12章およびエペソ書4章)は、たんなるキリストの肉体ではなく、「キリストを頭《かしら》とする体」という教会論のテーマなのである。これは聖パウロの神学の主要な論件として教会ではお馴染のものである。

そして、政治的謀反や反逆を犯した者に加えられる身体刑もまた、弱く傷つきやすい自然的身体ではなく、神聖な身体を犯そうとした政治的身体に対して執行されるのである。これが、前近代の身体刑の残忍さの理由であり、自然的身体を破壊する何倍もの暴力を、権力が行使した理由である。

国王の権力をより確かな、絶対的なものとするために、王の身体の二重化が引き起こされたとすれば、死刑囚の身体に行使される過剰な権力は、別の二重化を誘い出したのではないか、とフーコーは指摘している。これが身体不関与の二重化であり、身体なき現実、すなわち精神の誕生である。精神は一つの幻影であり、観念形態の一つの結果であるなどと言ってはならないのであり、精神は実在性を有しているのである。身体のまわりで、その表面で、その内部で、権力の働きによって生み出されたという実在性を。

あっと驚くような観察であり、洞察である。フーコーという人も独特である。このように、フーコーは身体刑が監獄から消滅しないまでも、除々に緩和され、身体以外に加えられる諸権利停止の政策への移行というところに、近代精神の系譜を見出しているわけである。

さて、ずいぶんむずかしい議論まで踏み込んでしまったが御容赦ねがいたい。「身体は笑いの器」として身体論的に笑いを考えるべく、その出足に加速をかけようと力が入りすぎてしまった。もうすこし肩の力を抜かないと笑うこともできない。「力は入れるものではなく出すものである」とは、わが気功の師匠、西野晧三の超名言である。つい教えにそむいてしまった。

笑いの諸説

笑いを定義づけることはきわめて難しい。笑いの拠ってきたる原因や、笑いが引き起こされた状況は千差万別と言ってよい。ある場面で笑いをもたらした言葉や行いが、別の場面ではまったく笑いを起こさないということはありがちなことである。したがって、人間生活のもっとも身近な情緒である笑いを探求することは人間そのものを知ることであり、人間という存在の不思議さ、その深奥に迫ることである。

ここでは幾つかの代表的な説を紹介し、筆者自身の立場をも明らかにしていこう。プラトンやアリストテレス以来、哲学者や賢人と呼ばれる人々が笑いについて考察してきたが、「はじめに」でも言及したベルクソン（Henri-Louis Bergson , 1859~1941）の『笑い』を逸することはできない。ベルクソンの分析の妙を楽しみながら、その所説を見ていこうというわけだが、その前にプラトンが対話篇『テアイテトス』のなかで、ソクラテスに語らせている面白い逸話を紹介しておこう。

タレスが星空を見上げていて穴に落ちてしまったとき、トラキア出身の賢く機知にとんだ小間使いはこう言って冷やかしたそうだ。「あなたさまは天上で何が起きているのかを知ろうとすることに熱心なあまり、ご自分の足元に何があるかお気づきにならないのですね」

プラトンは、哲学なるものがいかに滑稽な営みであるかを言いたいのである。だが、滑稽そのものを考察の対象とするときはどうなるのであろうか。

1　機械的なこわばり

ベルクソンはフランス古典喜劇に素材をもとめて、人間特有の笑いについて考えた。笑いを喚起するおかしみを「生きているものの上に貼りつけられた機械的なこわばり」であるとして、微に入り細にわたって分析を加えている。たとえば、往来を走っている男がよろめいて倒れたのを見た人々が、それを笑うのは次のような事情による。

しなやかさに欠けていたせいか、うっかりしていたせいか、それともからだが強情を張っていたせいか、こわばり、もしくは惰力のせいで、事情はほかのことを要求していたのに、筋肉が依然として同じ運動を行うことを続けていたのである。それゆえ彼は転んだのであり、そのことを通

行人が笑うのである。(『笑い』、林達夫訳、岩波文庫)

このようにベルクソンは、笑いをもたらすおかしみが生じる原因を「機械的なこわばり」に求める。演説している人がある身振りをする。それはそのままでは滑稽でもなんでもないが、何度も繰り返されると、演説者の意志とは無関係に自動的に生じたように感じられて、状況は滑稽なものとなる。また、別々にはどちらも特におかしくない二つの顔も、一緒にするとただ似ているだけでおかしくなる。生きるということは驚きに満ちたものであり、しなやかに適応することが求められる。したがって、繰り返しやこわばり、無反応に出会うと、私たちは否応なく機械的なものを想像してしまうのであり、それがおかしみを誘引する結果をもたらすというのである。

たしかに、これは笑いについての有力な解き明かしの一つと言えるだろう。そして、彼の分析が輝かしいのは、それをもってすべての笑いを説明しようとしないことである。「機械的なこわばり」はベルクソンにとってけっして万能の公式などではなく、分析のための中心テーマ、ライトモチーフなのである。ベルクソン自身が「機械的なこわばり」からまぬがれていたのは慶賀すべきことである。彼は笑いの複雑さと一筋縄ではいかない難しさを次のように言っている。

単純なひとつの方式から、あらゆる滑稽な効果を引き出そうとするのは、とんでもない話である。ある意味では、方式は確かに存在する。しかし、その方式が一様に展開されるというようなことはない。（中略）そして、それらの効果はそれぞれそれを中心として、それに似た新しい効果が輪を描いて配列されるモデルのようなものだということである。それらの新しい効果は、方式から演繹されるものと血縁関係にあるから滑稽なのだ。（前掲書）

ベルクソンの分析が優れているのは具体から抽象、個別的な事象から普遍的な法則へと次々に変換されていくことである。街で友人に久しぶりに出会ってもすこしもおかしくない。しかし、その友人に別れた後すぐ続いてまた出会ったら、そしてそれが3度重なったら、あるいはその友人に似ていたり、友人を思い起こさせる人物に何度も出会ったら、その出来事は繰り返しによって滑稽なものとなる。そして、滑稽さをうみだすおかしみは一転して不条理なもの、グロテスクなものに転化する。鏡に写したもののように、あるいはネガとポジのように、容易にどちらにも傾いて行くのである。たとえば、主人と召使、先生と生徒、知者と愚者が役割を交換して滑稽な状況を生み出すバネとなる。また、もっと極端な例を持ち出せば、悪魔の世界が聖なる世界の二重否定として現れる黒ミサや魔女集会のようなサタンの行いにも等しく見出される。悪魔の尻に接吻するというある種の儀礼は、それに対する恐怖心が消えるや否や、たちまち滑稽なものに転化するというわけである。

現代演劇や文学のジャンルの一つである不条理劇はしばしば滑稽さとグロテスク（ブラック・ユーモア）に彩られているが、ベルクソンの理論を地で行くものであろう。

例を挙げれば、現在ではいささか古臭くなってしまったが、実存主義の哲学を文学として結晶化したサルトルの『嘔吐』やカミュの『異邦人』は、不条理を徹底的に追求した作品として知られている。これらの作品は、そのままでは滑稽でもグロテスクでもない。それはリアリズムに根ざしているので、滑稽さが抑制されているからである。滑稽どころかきわめて深刻で、現代的な刻印を押された作品であると言えるだろう。『嘔吐』の主人公ロカンタンが公園でベンチの下に突き刺さっているマロニエの木の根っこを見て、言葉が脱落し、意識も混濁したようになって黒い塊と呆然と対峙しながら激しい嘔吐感に襲われるのは有名な場面であるが、それだけでは滑稽でもなんでもない。むしろ、生きることの中にある深刻な不条理性を際立たせるために作者はその場面を描いている。また『異邦人』のムルソーは友人の喧嘩に巻き込まれ、海岸で真夏の直射日光に射すくめられるように「太陽のせいで」で、アラブ人を射殺し、逮捕され、裁判の結果、死刑判決を受ける。教誨師の自信満々な態度に怒りを催し、激しい言葉で喰ってかかり、そのあと獄中のベッドに身を投げ出し、部屋の窓から夜空の星を見上げながら、処刑のときには大勢の人が憎悪の叫び声をあげて自分を迎えてくれることだけが望みであると嘯《うそぶ》くのである。このいずれの小説もきわめて現代的な不条理性が描かれた作品であると言えるが、そのままでは滑稽でもグロテスクでもない。

滑稽な不条理というのは、特別な不条理であり、夢のなかの不条理と相通じるものであると、ベルクソンは言っている。

夢のなかでひとつの特殊なクレシェンドに出会うこと、つまり進行するにつれて調子の高まる奇怪事に立ち会うことは稀ではない。条理から何かが一つ外れると、二つ目の踏み外しが引き起こされ、それがさらにもっと大きな踏み外しを引き起こし、そのようにしてとうとう最後の不条理まで進んでいく。（前掲書）

ベルクソンは、具体的な例としてモリエールの喜劇『町人貴族』や『気で病む男』などを紹介し、冗談好きなパリっ子たちがお上りさんの田舎貴族を散々にいたぶって侮辱し、挙句の果ては拷問にまで至り、観客を混乱させる。おかしみはここでは別の領域に逸脱し、決して滑稽であることをやめることなく、劇の進行に伴い、観客はまったく別の世界に連れ去られる。

ここで、ベルクソンが笑いと夢の関係について論じているのは、われわれが実際の人生のなかで経験するさまざまな不条理な出来事が、夢に似ているというだけでなく、もしかすると人生が夢そのものであるかもしれないという洞察が含まれている。ベルグソンはいみじくもこう言っている。「(実人生の)滑稽な不条理は夢のなかの不条理と同じ性質のものである。」

不条理性を文学によって表現した作品として、サルトルの『嘔吐』とカミュの『異邦人』を例に挙げたが、同じ実存主義の文学としてフランツ・カフカ（Franz Kafka, 1883~1924）の作品は、いずれも人生の不条理をさまざまな趣向をこらして描いた小説として独特な世界をつくりあげている。『変身』『城』『審判』などの小説は現実の人生をあるがままに描いたものではなく、作者の特異な視点によってデフォルメされた生の諸相を鋭く抉るものである。ストーリーの奇抜さはすぐにでも滑稽さに転化されうる要素に満ちている。

サルトル（Jean-Paul Charles Aymard Sartre, 1905~1980）とカミュ（Albert Camus, 1913~1960）と同じようにここでもリアリズムの味付けが作品の世界を深刻なものにとどめ、滑稽さに転落することから免れているが、カフカの作品群が滑稽なものとならないのはリアリズムのためだけではない。

とくに、『変身』は一介のサラリーマンが朝起きると一匹の毒虫に変身していたという物語であり、それだけをとってみれば滑稽以外の何物でもない。だが、読者はこの小説を読んで、滑稽さは感じないであろう。むしろ、われわれが日常経験する悪夢のような出来事、実際の出来事であれ、夢のなかの出来事であれ、そのような不条理性に満ちた人生の現実に即した経験を描いたものとして深刻な共感をもって読むのである。

このように、笑いと不条理性は同根であると考えられるが、二つを区別する明確な指標があるとベルクソンは言っている。滑稽さを生むおかしみが生じるためには、ある「枠」が必要であるというのである。

喜劇的人物なるものはひとつのタイプである。これを逆に言えば、あるタイプに類似しているものは多少とも喜劇味を有する。（中略）しかも、その小説の人物が滑稽でなくても差しつかえないのだ。ただその人物と似ていることだけでおかしくなるのだ。彼が自分の自我からうかうかと飛び出してくるのでおかしいのだ。彼がいわば設えられてある枠のなかに嵌まりにやってくるのでおかしいのだ。(前掲書)

ベルクソンは他の箇所でも「枠」という言い方を何度も繰り返しているが、このような「枠」が喜劇の本質をなすものであるとしている。物事はそれ自体において滑稽なのではない。ある特別な機能、つまりある話や行為や状況を枠に入れるという機能を果たすがゆえに滑稽になるのだというのである。この「枠」というのは、笑いについてのベルクソン説の核となる重要な考え方である。

この「枠」については、人類学者グレゴリー・ベイトソン(Gregory Bateson, 1904~1980)の説を援用して、説明することができる。

ベイトソンの説明は一緒に遊ぶ二匹の若い猿を観察することから始まっている。二匹の猿は闘うふりをする。二匹の猿の行動は攻撃性を帯びた現実の闘いに似ているが、むろん、それはほんとうの闘いではない。したがって、その状況はどこかでなんらかの形で発せられた「これは遊びだ」というメッセージを含んでいる。つまり、ここでは枠が一種のメタ・メッセージとして働いているのであり、枠の内部で生ずるすべてのメッセージとシグナルに影響を及ぼしている。

また、枠同士が対立して、遊び／真剣、仕事／余暇などのペアをなすことがある。また、枠による枠の内部に入る要素の価値決定が、その要素自体の経験的な内容にまで影響して、それを転倒してしまうことがある。苦痛を快楽に、恐怖を喜びに、という具合である。これによって、ホラー映画のように、怖がるのを好むという心理的な謎も解けて来る。

枠があまりに厳格になり過ぎて、枠に入るものから離れてしまい、枠だけが発達して独立し、枠に入るものの内容と無関係になる場合もある。そのとき、世界は幻想的なものになり、物語の全要素が、自らは求めない枠に関係づけられてしまうことになる。枠はそこに勝手にやって来て重なり、奇妙で強烈な力をふるう。

先に触れたカフカの小説を思い起こしてほしい。明らかに不適切な枠の強制、それがカフカ的宇宙の本質的な特徴なのである。カフカの作品には厳格な枠が見られるが、ここでは逆に枠の存在が滑稽さから作品を免れさせていることになる。

ベイトソンは〈枠の病理学〉という表現をしているが、枠が枠化されるべき一要素によって不具合にされるのである。枠が自律化するのではなく、枠の外に何かが現われ、枠はそれを捉えることができず、枠に穴を開けることになる。こうして、枠は自律するかわりに、弱体化して消滅し、別の枠に取って代わられるか、あるいはわれわれが枠のない領域で宙づりにされるか、そのどちらかになる。

この枠のない領域で宙づりになった状態が、極めつきの〈不気味なもの〉の領域である。それは、言わばなにかしらの突起か、あるいは泡立ちのようなものであり、詩の破片、つまり〈笑いのようなもの〉である。この場合の笑いは健全な笑いではなく、ブラック・ユーモア、グロテスク・ユーモアとしての笑いであろう。

宙づりになって視界から消えた枠の代わりに現われた外部は、我々を限りなく不安に陥れる。したがって、〈不気味なもの〉の完成には二つの要素が必要である。一つは枠の機能不全、もう一つは修正枠でも別枠でもない何か、つまり絶対的な外部が開いた穴から出現してくることである。カフカの世界に読者が感じる不気味さの由来はここにある。

〈不気味なもの〉というのは、不条理性ということと同義語であると考えることが出来るが、ではこうした不気味さと不条理性は滑稽さと、どこがどう違うのだろうか。滑稽なシーンには、健全な枠がつねに参照軸として維持されている。たとえそれが歪められたり、固定化されていたり、傷ついていても、その枠は行き過ぎや狂気、あるいは不条理な自動現象を計る物差しとして、あくまでも存在している。すなわち、滑稽さにおいて、わたしたちは別の世界に入るのではなく、自分たちの世界の内部にとどまっている。

これとは逆に、不気味なものにおいては、現実の変質がたとえ同じ形で現われようとも、その運動はもう何によっても押しとどめることができない。枠に穴が開き、観客はそこから舞台に引きづり込まれる。私たちは主役とともに問い、狼狽し、不安におびえ、ついに主役と一体化して恐怖を味わうことになる。

言いかえれば、枠に穴が開くということは、私たちの自我が侵されるということなのである。

そもそも枠は、いったい何を囲うのだろうか。枠のなかに何があるのか。枠のなかにあるものこそが、枠を撹乱したり宙づりにするのではなかろうか。

この問いを探求するのに言語は適していないとベルクソンは言っている。彼の有名な〈エラン・ヴィタール〉（生への飛躍）という哲学は、生への深いヴィジョンに基づいているが、現実の生は、生を説明しようとする思想や言語と、本質的に違う展開をするというのである。思想や言葉は、生の動きに対応しようとするが、粗雑で肌理《きめ》が荒く、生き生きとした生の動きやその光沢を表現するにはあまりにも貧しく、適切さを欠いているというのである。

言語のなかにわたしたちは、わたしたちの生命をもって生きている何かを感じている。もし、この言語の生命が完全無欠であり、そのうちに何らのこわばりもなく、統一された有機体であるならば、それは静かな水面のように調和よく渾然とひとつに溶けている生命を持った精神と同じである。だから決して滑稽に陥ることはないだろう。しかし、「水面に落ち葉を浮かべていない池はないのである」と、ベルクソンはまことに詩的な比喩を語っている。

枠のもとにある領域の豊かさと複雑さを、ベルクソンは確実に見ている。必然的に不完全であらざるを得ない言語の記述を、その領域が鼓舞して活気づけるものであることをも彼は、よく知っているのである。

〈不条理なもの〉すなわち〈不気味なもの〉は、狂気の世界へとわたしたちを誘い込むのであるが、正常な人間にとっても無縁なものではありえない。事物が親しみを失うとき、世界の秩序は解体し、不気味な感覚が生じて来る。方向感覚が失われ、世界は突如として意味をなくして崩壊していく。意味は事物の内部に消去不可能なかたちで書き込まれていたのではない。意味は事物そのものではなく、事物のたんなる枠に過ぎず、その枠はいつ宙づりにされ、穴が開くかわからないのである。

しかしながら、そうした意味消失の別のヴァージョンも存在する。それはもうすこしわたしたちに安心感を与えてくれる。そこでは、主体が呑みこまれることはもはやありえない。何故なら、主体は不安の潜在する情景の外に退いているからである。おかしみの生まれる状況がそれである。健全な笑いがそこでは生まれている。枠はそのとき消失せず、遠い水平線のようにそこにとどまっている。枠はその本質も機能も否定されていない。

滑稽さと不気味なものが同じ様相を呈していることは不思議でもなんでもない。どちらも同じ領域に関係するのだが、ただその領域を異なる光景として見せているだけである。すなわち、枠の有無がそれを左右するのであるという。

このように、ベルクソンの分析は精緻をきわめたものであり、きわめて説得力のあるものである。そして、フランスのモラリストの伝統につらなる哲学者らしく、笑いは裁きでもあり、矯正でもあるという考えを示している。

笑いは絶対的に正しいものでもないし、いつも正鵠を射ているというわけではない。また、それが親切または公平さから出たものでもない。笑いは何よりもまず裁きであり、矯正であるから、笑いの的となる人間につらい思いをさせる。こうして、自然は善のために悪を利用したのであるとさえ言っている。陽気な笑いのなかにもこのような一抹の苦みが込められていることを哲学者は見逃してはならないと言いたいのである。

2　非知としての笑い

ベルクソンの次に紹介するのは、同じフランスの哲学者バタイユ（Georges Albert Maurice Victor Bataille, 1897~1962）である。ベルクソンの笑いについての分析が理知的なものであるとするならば、バタイユのそれはもっと八方破れである。具体的な症例についての言及はあまりなく、アウトラインだけのような叙述であるが、これも非常に本質的と言うか、的を射た省察である。ベルクソンよりも現代的であり、笑いと笑いが惹き起こされるときの主体との関係のあり方についての研究である。

もっと別の言い方をすれば、バタイユの分析は笑いを反省や省察の対象とすることができるかどうか、その可能性の如何についての哲学なのである。

バタイユが笑いについて考察を加えているのは『非知』（西谷修訳、哲学書房）というタイトルの著作であるが、これは講演集と草稿から成るもので、まとまった哲学書の体裁をとったものとは言い難い。だが、内容は非常に示唆に富んでいる。タイトルからも窺い知れるようにバタイユの分析は、人間の認識作用ということにかかわっている。

バタイユが〈非知〉というとき、そこには二つの意味が含まれている。すなわち、未知と不可知である。この〈非知〉という言葉はバタイユの思想においては核となるもので、有名な蕩尽《とうじん》理論もエロティシズムについての関心もすべてそこから出ている。未知と不可知の二つの意味が含まれると言ったが、もっとわかりやすく言えば、〈非知〉とは体験と知との関係のあり方を示す言葉である。

訳者の西谷修の解説によれば、それは次のような巧みな言い方になる。「避けがたく〈知〉であってしまう宿命をも甘受しながら、なお言葉を駆ることでバタイユの伝えようとしたものは、体験であり、知的な言葉が生まれることによって覆われてゆく言語の他者である」これは笑いについてだけでなく、バタイユの哲学の基本的な佇《たたず》まいをよくあらわしたものと言えるだろう。

バタイユが〈非知〉という言葉で具体的に考えていた内容は次のとおりである。笑い、涙、エロティシズム、詩的感動、聖なるものの感情、恍惚、供犠、死である。（このなかで、エロティシズムと恍惚の二つが挙げられているが、両者は同じものではなく、恍惚はバタイユが一時期傾倒していた神秘主義の範疇で考えるべきものと思われる。）

笑いと涙について考察した文章の冒頭に、認識というものは、認識された事物のある程度の安定性を必要としていると指摘されている。知られたもの（既知）の領域は少なくても、ある意味で安定した領域であって、人はそこで自分を認知し、自分を取り戻すことになる。

これに対して、知らないもの（未知）のなかでは安定の保証はなく、起こり得る動きの限界については保障すらない。知らないものとは、このようにつねに予知しえない未知の不測のものである。この領域こそ、笑いのタネ、笑いの効果、つまり内奥からの転覆、あるいは息を詰まらせる不意打ちの効果のような笑いが惹き起こされることになるとバタイユは言っている。

彼はベルクソンの著作についても触れており、これまで展開されたもののうちではもっとも奥深いものであるが、謎の解決にはほど遠く、出会い頭の笑いとか、くすぐったときの笑いとか、子供の直接的な笑いなどは検討の埒外に置かれていると言っている。

私たちが笑うのは、ただ情報や検討が不十分なために私たちが知るにいたらないといった性質のもつ何らかの理由のためではなく、端的に未知と不可知そのものが笑いを惹き起こすからこそ笑うのであるという。これが笑いについてのバタイユの基本的なスタンスである。

笑うときは何時でも、私たちは知っているもの、予測可能なものの領域から、知らないもの、予測不可能なものの領域に移行しているのだというのは、たとえば街で不意に知り合いの人に出会うときがその例である。それは爆笑をもたらすことはないにしても、たいていの場合、私たちを笑わせる。

しかし、だからといって平穏で期待どおりの光景が、どんでん返しでそれとはまったく反対の光景に入れ替われば、いつでも私たちが笑うかというとそうではない。地震が起きて足下の床が揺れ出しても、誰も笑おうなどとは思わないだろう。にもかかわらず、笑いと未知のものとの間には相対的に測定可能な要素があるというのも確かである。突然現れるものが知らないものであればあるほど、それが予想外のものであればあるほど、私たちは派手に笑うわけである。

バタイユの笑いについての見解をひとことで言えば、きわめて骨太な分析であるということになるだろう。さらに彼は笑いの根底にある〈非知〉についての省察をもっと深めていく。笑いの哲学を語ろうとした人々の主要な誤りは、笑いのタネをそれだけ切り離してしまったところにあるが、バタイユによれば笑いとは同じひとつの事態を前にして起こり得るひとまとまりの反応の一つではないかと言っている。

つまり知られているという事態の消失は、互いに異なるいくつかの反応を惹き起こすというのである。知らないものの突然の侵入が生み出す反応は、場合によって笑いであったり、涙であったりするし、またもっとほかの反応であったりすることもある。たとえば詩的な感情や聖なるものの感情を惹き起こすこともあれば、激しい不安ないし恍惚、もしくは恐怖を惹き起こすこともある。

このあたりはベルクソンの枠の消失、枠の機能不全（または逆に枠の強制）という考え方に相通じるものと思われる。ベルクソンの場合には枠に「穴が開く」という表現で、絶対的な外部が、開いた穴から出現することと役割を果たす枠が働かなくなる（機能不全）が、〈不気味なもの〉の装置の完成に必要な二つの要素であるとされていた。そして、このことが自我が侵され、自我が解体することにつながると考えられていた。

バタイユの場合には知らないものの突然の侵入は、笑いや涙、詩的な感情や聖なるものの感情だけでなく、エロティシズムや死の恐怖、また神秘主義的恍惚を惹き起こすとされているのであり、これはすなわち、自我が侵されることであり、その解体にまでおよぶのである。

ベルクソンの場合にもバタイユの場合にも、きわめて宗教的な色彩が背景にあることが前提となる洞察であり、具体的に言えば西欧キリスト教の影響が色濃く感じ取られる。バタイユの場合には、その哲学はアンチ・キリストの体裁をとり、「無神学」という草稿をも残している。またエロティシズムの探求は背徳的なまでの徹底性を感じさせる。だが、やはりその思想は西欧キリスト教の深い影響下にあると言わざるを得ないのである。

もうひとつ、重要な指摘は、笑いも涙も〈非知〉ということに結びついているのであるが、笑いの場合にはある支配的な位置と関係しているのに対して、涙して泣くときに起こる体験は支配的な位置に身を置くのではなく、そこでは人ははっきりと感情的に凌駕されている。笑いの中で起こる凌駕はこれとは対照的に、自分のいる支配的な位置が笑いには翻弄されないという条件つきで笑うのであり、支配的な状況を失う危険を冒さないということが必要なのである。

言い換えれば、笑いが〈非知〉の効果だとしても、笑いは原則的に、知らないという事態を対象にしているのではなく、笑うということからして、人は自分が何も知らないという考えを受け入れていないのである。笑う者の立場は内心の奥深くで、じつは私たちが知っているものを受け入れることに対する拒絶をふくんでいるのである。このへんは錯綜した叙述であるが、きわめて重要なので、バタイユ自身に語ってもらおう。

たしかに笑う者は自分の知識を放棄しはしないけれど、いっとき限られた時間、それを受け入れるのを拒否して、笑いの運動に凌駕されるに任せるのであって、したがって彼の知っているものは破壊されるのですが、彼の奥深いところでは、それでもそれは破壊されたわけではないという

確信を保持しているのです。(前掲書)

こうして、笑いのなかにあるもっとも不可解な謎は、生の均衡を危険にさらすような何かを人が喜ぶという事態に関係している。そのような場合、人は最も強烈に喜びさえするという。これは重要な指摘である。

バタイユは卑小な笑いと大いなる笑いというのがあると言っているが、自分が語っているのは大いなる笑いであるとしている。たしかに人間にとっての〈非知〉の捉え方の振幅が大きく、錯綜しているようにも感じられるが、彼の分析はきわめて明晰で冴えわたったものであり、生々しい現代性を感じさせると言えるだろう。

だが一方では、あるところからすこし首をかしげたくなる病的な兆候をも示し始める。笑いの陽気さに見出される悲劇的感情を指摘するだけでなく、馬鹿笑いや気違いじみた笑いを容認するようになるのである。そして、バタイユ自ら言うように、かれがヘーゲル(Georg Wilhelm Friedrich Hegel, 1770~1831)とともに最大の影響を受けたニーチェ(Friedrich Wilhelm Nietzsche, 1844~1900)の思想との共通性を自覚的に語るようになる。

バタイユとニーチェの共通性は、巨大さと人間的凄みという言葉で言い表すことができるが、もっと言えばその思想が狂気にまでいたることでも共通している。ここではバタイユ自身が自らの病的な笑いの体験を記している箇所を紹介しよう。

私は夜おそく、どこからか帰るところだった。レンヌ通りには人影はなかった。サンジェルマン大通りの方から来て、私はフール通りを横切った。私は片手に雨傘を開いて差していたが、雨は降っていなかったと思う。(中略)フール通りを横切りつつ、私はこの「虚無」のなかで、突如として未知の存在となった。私は私を閉じ込めていた灰色の壁を否認し、ある種の法悦状態に突入して行った。私は神のように笑っていた。傘が私の頭に落ちかかってきて私を包んだ。(私は故意にこの黒い屍衣をかぶったのだ)。かつてなんぴとも笑ったことのない笑いを私は笑い、いっさいの事物の底の底が口を開け、裸形にされ、私はまるで死人のようだった。(中略)道のまんなかでおのれの錯乱を傘の下に隠して、私がそのとき立ち止まったかどうか私は覚えていない。たぶん私は飛び跳ねたにちがいない(錯覚かもしれないが)。私は痙攣しつつ天啓の照射に顔を輝かせ、走りながら笑っていたように思う。

(『内的体験』無神学大全Ⅰ　出口裕弘訳　平凡社ライブラリー)

バタイユの生涯に何度か訪れているこの種の体験は、結果的に判断するならば、進行性麻痺による病的な神秘体験の症例とみなすほかないものであると指摘されている。(吉本隆明『書物の解体学』中央公論社)

しかし、バタイユはあくまでも明晰であり、自らの錯乱を直視している。「笑いのなかでまるで死人のようだった」と記しながら、すぐそのあとで「天啓の照射に顔を輝かせ、走りながら笑っていた」というのは錯乱と狂乱以外のなにものでもない。

彼が病的な笑いを容認しているからと言って、笑いについての省察と分析の価値が減ずるとはとても言えない。バタイユの見解は笑いについて考えるときに、逸することの出来ない深みに到達しているということであると思う。

バタイユに言わせれば、人は知っているつもりで、じつは何も知らないのであり、唯一疑い得ないものは、〈私〉が自分自身を知っているということだけである。丁度それは鍵をかけたトランクの中に何があるか知らない、その鍵を開けることもできない者の立場であり、世界の中にある〈私〉は、その世界が気の遠くなるほど近づきがたいものであり、〈私〉が世界と結ぼうとしたあらゆる絆の中に、なにか克服できないものが残っているからである。

つまり、本当には自分自身のこともわからないということであり、わからないことを知っているだけのことである。そのことが〈私〉をある種の絶望のなかに取り残すのであり、トランクの中味がわからないのは、死が不可解な余所者であるのと同じようなものであるとバタイユは、洒落たことを言っている。フランス的なエスプリとはこういうことを言うのだろう。

このようにバタイユの論は信頼するに足る深さと大きさを備えたものであり、笑いについての分析は狂気と笑いの関係ということも含めて、参照するに足るものであると言えるだろう。

3　メタ認知とアハ体験

最後に紹介するのは我が国の脳科学者、茂木健一郎（もぎ・けんいちろう、1962〜）の説である。茂木はクオリア（質感 qualia）という概念を駆使し、人間の脳と心の関係を追及する気鋭の学者であるが、笑いについても興味深い説を唱えている。

茂木健一郎の『笑う脳』は新書版であり、何人かとの短い対談をも収録しているが、笑いについて二つの創見を披露している。一つはメタ認知、もう一つはアハ体験である。いずれも聴き慣れない言葉だが、笑いについての深い洞察であると思われる。

メタ認知とアハ体験はいずれも心理学もしくは認知科学の用語である。まず、メタ認知だが、認知を認知する能力という意味であり、自分自身のことを他者の視点から観察できるかどうかにかかっている。知覚情報を解析し、文脈全体を俯瞰して、笑いへと通じる道筋をつくる脳の高度で知的な活動がメタ認知であると茂木健一郎は言っている。

このメタ認知の具体的な例はミラーテストによって測ることができる。人間以外にはチンパンジー、オランウータン、イルカ、アジア象、カササギなどごく限られた数種の高等動物だけがこのメタ認知の能力を有しているという。一章でもちょっとだけ触れたが、たとえばチンパンジーの前に鏡を置く。最初は、その鏡に写っている姿が自分だとわからずに、別のチンパンジーが潜入してきたと勘違いして、威嚇したり、慎重に様子をうかがったりしている。

鏡に写った自分の姿を興味深げに観察しているうちに、自分の動きと鏡のなかの像の動きが一致していることがわかってくる。手を挙げると、鏡のなかの手も挙がる。歯を剥き出すと、鏡像も歯を剥き出す。この運動と感覚の同調性のために、目の前の鏡像が、「なんだ、これは自分の姿だったのか」と認知されるようになる。

チンパンジーが鏡に写った自分の姿を、潜入してきた敵と勘違いして威嚇するところからスタートして、観察を繰り返し、ついに自己認識にいたる過程を想像してみると、いささか感動的ではないだろうか。そこでチンパンジーがもし大声で笑いでもしたら、『猿の惑星』の世界に入ってしまうが、ここでは一応、動物は笑わないというのが原則である。

この自分の運動と知覚が一致していることがわかるのは、まるで他人が自分を外側から観察しているような視点＝メタ認知があるからである。つまり、鏡を見ている自分と、鏡に写っている自分の両方を外側から照合して、この二つは一致しているぞと認知することができる能力がメタ認知ということである。これが笑いを生み出す原因になるというのである。茂木は次のように言っている。


笑いの対象となる原因があって、その一方に笑いの参照データーとなる膨大な情報のアーカイブがある。双方を外側から照合することで、おかしみを見いだすことができるのである。

（『笑う脳』、角川グループパブリッシング）

ミラーテストに合格した動物には、共通して仲間と気持ちを通わせることのできる能力、すなわちコミュニケーション能力が備わっているといわれている。アジア象は知能が高いだけでなく、困った状況、たとえば仲間のアジア象が足を怪我したような場合、仲間を助けようとする習性があることが知られている。つまり、相手の気持ちを察するコミュニケーション能力があるのである。

このコミュニケーション能力とメタ認知能力とは深く関係している。相手の状況を推し量るコミュニケーション能力を支えている脳の神経細胞はミラーニューロン（Mirror neuron）と呼ばれている。最初はサルの脳から発見されたが、人間の大脳皮質の前頭葉でも同じ部位が発見された。ミラーニューロンは言わば「心の写し鏡」のような神経細胞であり、他人の気持ちを推し量るだけでなく、自分の気持ちを認識するときにも活動する。他人の気持ちも自分の気持ちも鏡に写して見るように外側から見ることのできる能力がメタ認知に関わってる脳神経である。

笑いと対人コミュニケーションはこのように深い関わりがあるが、このことは笑いの起源についてチャールズ・ダーウィン（Charles Robert Darwin, 1809~1882）が提出した「偽の警告仮説」という興味深い説とも関連すると茂木健一郎は言っている。

「偽の警告仮説」というのは、動物が群れをなして生活するなかで外敵が攻めて来たとき、外敵を発見した一匹が危険を知らせる警告の叫びを挙げる。外敵が去ったり、危機が錯覚であったときには、仲間の緊張を解くために、ニヤッと顔の筋肉を弛緩させた表情をつくる。一瞬にしてもう敵はいなくなったぞと知らせ、緊張と不安を和らげるサインを示すのである。それが笑いの起源であるとダーウィンは考えたわけである。このように笑いの起源は集団生活や社会性と不可分である。ひとりよがりな笑いというものは存在しないというのである。

もう一つのアハ体験という言葉は、ドイツの心理学者ビューラー（Charlotte Bühler, 1893~1974）がひらめきや気づきの瞬間に「あっ！」と感じる体験を指して名付けた言葉であると茂木は紹介している。アハ体験の瞬間、わずか0・1秒の間に脳内の神経細胞が一斉に活性化するという。茂木健一郎は「誤解を恐れずに言えば、アハ体験とは、わかった瞬間に頭がよくなる体験である」（前掲書）としている。

笑いを起こすメカニズムのひとつに、洞察の問題があり、このアハ体験が笑いを惹き起こす洞見や発見、ひらめきをもたらすという。さまざまな要素がパズルのようにカチカチとはまっていき、「あ！そうか」とわかった瞬間に笑いが起こるのである。

日本のお笑いの古典的な手法として「三段オチ」というのがあるが、フリ、小オチ、大オチというように畳みかけて最後になかば予想通りだが、サプライズをもうけて笑いの山、大ウケを狙うわけである。なかば予想できて、なかば予想できないといった「ルールとサプライズ」の法則は脳科学の主要なテーマである偶有性の問題につながると茂木健一郎は言っている。笑いのメカニズムは人間の脳をもっとも活性化させる偶有性のよきサンプルであり、不確実性に満ちた世界の法則にかなっているというのである。

人間の脳のもっとも優れた機能のひとつはバランスをとることである。危険やストレスばかりを感じていると、負のエネルギーが増大して、脳内のバランスが崩れてしまう。鬱状態のような症例にまで至らなくても、心身のバランスを損なう事例に事欠かない。そのようなとき、緊張を解く「脱抑制」の作用が働いて、脳をマッサージし、バランスの回復をつとめる機能が脳には備わっている。そのマッサージに最も有効なのは笑いである。笑いには緊張状態を緩和させ、脳を脱抑制させる効果があるというのである。

オーケストラが指揮者の一振りで、一斉に各パートの楽器が鳴り始めるように、ひらめきを得た脳は即座に、脳細胞の緊張を解き、神経回路のつなぎ替えが始まる。このとき、ひらめきの報償として、嬉しさを伝える脳内分泌物のドーパミンがタイミングよく放出される。

緊張、脱抑制、回路のつなぎ替え、ドーパミンの放出、この一連のプロセスが脳の活性化をうながすわけである。

この一瞬で驚くほど集中的に神経回路が結びついていくさまは、サッカーに譬えると、パスをつなぎながら最後は華麗なキラーパスが通って、シュートを決めたときの快感、それがまさに爆笑によって得られた快感、ドーパミンの放出ということになる。（前掲書）

このように、茂木健一郎は、メタ認知とアハ体験という二つの言葉によって笑いのメカニズムを説明している。脳科学者としての興味深い洞察である。

さて、ベルクソン、バタイユ、茂木健一郎の諸説を紹介してきたが、笑いの多様な性質からして、これですべての笑いを説明できたとはもちろん言えないであろう。笑いの定義はまことに困難であるが、これら諸説を俯瞰して言えることは何か。


ベルクソンの「枠」という説、バタイユの「非知」という考え方、また茂木の脳科学の二つの知見、「メタ認知」と「アハ体験」はいずれも人間が通常の意識活動、精神活動から逸脱して、理性や知性の範囲のおよばない洞察や発見、またひらめきに導かれたときに起こる認識の破れを示唆している。この認識の破れはやがて新しい認識の統合へと結び直されるべきものであるが、そのままでは宙づりにされたものである。ベルクソン流に言えば、機械的なこわばりであり、不条理なものでもあるが、それが笑いをもたらし、ブラック・ユーモアにつながったり、また健全な笑いをもたらすことにもなるのである。

さらに、認識の破れをもたらす笑いの体験には自我への侵入、自我の崩壊と解体につながる何らかの出来事が起こっているという事実を想定することが出来るのではないだろうか。一章でも指摘したが、この認識の破れと自我の解体は笑いを読み解くときの有力な手がかりになることがここで確認できたわけである。

認識の破れと自我の解体だって！なんとまあ大袈裟な、と眉をひそめる向きもあろうかと思われるが、笑いのメカニズムのなかに働いている意識作用をよく観察するとこのような言葉で表現するしかない事態が起こっているのである。

4　悟りのなかの笑い

このことを示す格好の具体例があるので、それを最後に紹介しておこう。山田耕雲（やまだ・こううん、1907~1989）という禅僧の解脱体験である。これはいままでの諸説にあてはめてみると「非知」であり、「アハ体験」に属する笑いであり、じつに完璧な悟達の体験である。

誤解がないように言っておくが、座禅の修行を何十年と続けても、なかなかこれだけの体験をする人は限られていることだろう。希有の例と言ってよい。山田耕雲という人物の人柄と僥倖があいまってこのような体験が生み出された。これはきわめて派手な悟り体験である。もちろん、本人が意図したものではないことは言うまでもない。

複数の著作に引用されているので、斯界ではかなり有名なものであるらしいが、禅の修行における悟りとか解脱と呼ばれる経験が、〈呵々大笑〉を引き起こすものだとわかって楽しく、愉快であり、また痛快でもある。

筆者が参照したのは、窪田慈雲『悟りなき「悟り」への道』（春秋社）とトーマス・G・ハンド『〈空〉と〈神〉のダイナミズム』（春秋社）の二著である。ほかにもフィリップ・カプロー『禅の三本の柱――教え・実践・悟り』（The Three Pillars of Zen, 1980）に引用されてるというが、これは未見である。

原文は書簡のかたちで書かれたらしいが、細部が引用者によって微妙な差異が含まれているので、校閲が必要かと思われる。ここでは自由にアレンジして紹介することにして、差異についてはその後で検討することにしよう。

山田耕雲は印可を受けた後の、僧侶としての名前だが、俗名は山田匡蔵という実業家であった。一高・東大を卒業後、満州鉱山株式会社に入社し、満州に渡った。戦争中から参禅し、戦後日本に帰国してからは、鎌倉円覚寺の朝比奈宗源老師に参禅していたが、一九五三年からは安谷白雲老師に師事するようになる。

悟りの体験記は一高・東大の同期生であった三島龍沢寺の中川宋淵（なかがわ・そうえん、1907~1984）という禅僧に宛てた手紙である。

実業家山田匡蔵は鎌倉に居を構えていたが、ある日の帰途、奥さんと一緒に横須賀行きの電車に乗り、読みかけの本を読んでいた。大船の少し手前あたりで、書中に「明らかに知りぬ、心とは山河大地なり、日月星辰なり」という道元の『正法眼蔵』（即心是仏の巻）の言葉に逢着した。

この言葉は以前から知ってはいたが、何故かハッと胸をつかれる思いがした。「七、八年も座禅を続けて来たが、やっとこの言葉の本当の意味がわかったぞ」そう思うと急に涙の込みあげて来るのを抑えきれず、電車の中だったが人目も憚らず、ハンケチで両目をぬぐった。鎌倉に到着し、裏道を帰る途中、山田は奥さんに言った。「こんなに高揚した気分だと、何だか偉くなりそうな気がするよ」すると奥さんは笑いながら「では、そのときはわたしはどうなるんでしょうね」と応じた。山田は家に着くまで

「明らかに知りぬ、心とは山河大地なり、日月星辰なり」と心の中で繰り返し、唱えていたという。丁度、その日は山田の弟夫婦が泊まっており、夕食後、四方山話に花を咲かせて、一二時近くに就寝した。

夜中に突如眼が覚めた。初めは何か意識がはっきりしなかったが、ふっと「明らかに知りぬ、心は山河大地なり、日月星辰なり」という昼間の言葉が浮かんできた。その言葉が何度も心をよぎった。それをもう一度、反芻したとき、まるで雷に打たれたような衝撃があり、次の瞬間、ガラガラと天地が崩壊した。それと同時に大波が押し寄せるように、大歓喜が湧き上がり、呵々大笑した。あとはただ口いっぱい、声いっぱいに哄笑する。「考えることなど何もなかった、何もなかった」と大声で叫んだ。それから、虚空は真っ二つに裂け、巨大な口を開き、狂ったように大笑した。家族の話ではとても人間の笑い声とは思えなかったという。最初は寝ていたのだが、途中から起き上がるなり、両腕の折れるほど力いっぱい布団を叩きつけ、両膝で床が破れるほど踏み鳴らし、果ては立ち上がって天にのけぞり、地に伏し、大笑、哄笑、爆笑の連続。

側に寝ていた奥さんはこの騒ぎにびっくり仰天。山田の口を押さえつけながら「どうなさいました。どうなさいました」と連呼した。家族はみな山田が突如、発狂したかと思ってゾッとしたという。

「やっとわかった。釈迦も仏祖も嘘は言っていない。騙してはいない」としばらくしてから山田は叫んだ。その間、自分では二〇分位の感じがしたが、奥さんの話では二、三分のことだろうという。やや、落ち着いて、家族みなに謝ったという。何事かと起き出して階下に降りて来た弟夫婦にも、どうもお騒がせしてと弁明する余裕も出て来た。

その後、山田は中川宋淵師からもらった観音像の写真と金剛経と安谷白雲老師の著書の前に線香を灯し、半時ほど端座した。線香一本、燃え尽きるまで二、三分の感じしかしなかったという。（座禅をする場合、線香一本が燃え尽きるまで約四〇分と言われているが、そのあいだ座禅するのが一般的な礼法である。この時の山田は端座とあるから座禅したのではなく、正座黙考したのであろう。二、三分にしか感じなかったというのは、時間感覚が通常ではなかったことを示している。）

翌朝未明、まだ暗いうちに安谷老師のところに出かけ、突然の天地崩壊の次第を報告した。一生懸命、体験の有り様を話そうとするのだが、口がもつれてほとんど言葉にならず、ただ「うれしくて、うれしくて」と言うだけであった。涙を止めることが出来ず、拳をあげて膝を叩き、身もだえしながら大声で慟哭した。ついには老師の膝に顔を埋めて泣きむせんだ。安谷老師は静かに背をなで、「うん、それでよい、それでよい。そこまで痛快にわかるとは滅多にないことだ。これを真空三昧という。よかった、よかった」

山田は「おかげさまで、おかげさまで」と言いながら、うれし泣きに泣いた。その後で、老師は諄々《じゅんじゅん》と懇切に今後の修行の心得などを説き聞かせ、山田の耳に口を寄せ「おめでとう」と繰り返した。そして、暗い道を懐中電灯をもって山の麓まで送ってくれたという。

これが中川宋淵師に宛てた書簡の内容なのだが、これに対して、宋淵師は次の電報を打ったという。

「涙、涙を知る」

ここで何が起こっているのだろう。呵々大笑したというが、家族はあまりに唐突な真夜中の哄笑に随分と驚かされたことであろう。発狂してしまったのではないかとか「とても人間の笑い声と思えなかった」という印象を受けたのだから、前述のバタイユの病的な笑いと大差ないのではないかとの比較も可能であろう。だが、ここには病的な要因は何もなく、またその後の山田耕雲の生涯にも身体麻痺とか精神的病歴は現れていない。禅僧としての輝かしい業績と名声があるだけだ。

真夜中の解脱の体験を、師事していた安谷白雲老師に報告するときの慟哭は、笑いと涙が密接に結びつけられた表裏一体のものであることを指摘したバタイユの考えと一致するが、なによりもきわめて感動的である。それを全身で受けとめる老師の、同学の後輩にたいする配慮は、禅の修養のなかに一子相伝という伝統がまだ生きていることを窺わせる。

表現は悪いが一種異様な高揚感がある。夜中に狂ったように笑い転げる山田耕雲の体験も異様であるが、その体験を親のように受けとめる老師の対応も異様である。安谷白雲の膝に顔を埋める山田に対して、それを抱きとめ、耳に口を寄せ、おめでとうと繰り返すに至ってはまるで恋人同士の睦言《むつごと》みたいではないか。

同期生の中川宋淵師の「涙、涙を知る」という電報もこれまた異様と言えば異様である。琴線に触れたと言えばそれまでだが、なにか門外漢には窺い知れない体験の共有のようなものがあり、悟りとか解脱というのはそれほどの深さを秘めた内的なものなのかという感慨が浮かんでくる。そして、「涙、涙を知る」というのは言いかえれば「笑い、笑いを知る」と同じことになるが、前者の表現の方が残念ながら、ぐっと深みが出て来る。だが、これは表面的な感じ方で、本書の立場からすればまったく逆である。笑いのほうが悲しみより深く、喜劇の方が悲劇よりもずっと深遠であると考えるべきであろう。

次に、解脱の中身の吟味に入りたい。まず、山田が昼間の電車のなかで道元の『正法眼蔵』の「明らかに知りぬ、心とは山河大地なり、日月星辰なり」との件《くだ》りに逢着し、胸を衝かれる思いがして、人目も憚らず涙を拭うという伏線があったことが注目される。しかも、帰途の道でも山田は何回もこの言葉を繰り返し唱えているのであり、真夜中に目覚めたときも、この言葉が胸をよぎるのである。そして、これを何回も反芻しているうちに突如として解脱がやって来る。

「まるで雷に打たれたような衝撃があり、ガラガラと天地が崩壊した」というのは大袈裟な表現のようにも感じられるが、文学的、詩的なレトリックではなく、文字通りに受けとめるべきかと思う。

禅の修行というのはそうしたものであり、生理学的に、また脳科学的に詳しいことは不明であるものの、座禅中に廊下から庭先に転げ落ちたり、仏陀の幻覚が現れたので、手を伸ばして掴もうと思ったら気を失ったという類の経験はこの世界では珍しくないらしいのである。つまり、これは一時的な自律神経失調の症状であるように思われる。夜中に突如目覚めるというのも、このことを裏書きしている。

そして、このような症状を引き起こした原因が「明らかに知りぬ、心とは山河大地なり、日月星辰なり」という道元の言葉であったところが味噌である。

この言葉の専門的な解釈がどういうものであるか、浅学にして詳らかではないが、素人考えとしても、心という目に見えない内面的なものが、眼前に展開される山河大地であり、日月星辰そのものであるというのは、われわれの常識的な認識を打ち破る新鮮な思想であり、一種のコペルニクス的転回をもたらすものと言ってもよいだろう。内面的なものから、最も具体的、即物的なものへの認識の転換だからである。まさに認識の破れそのものである。

道元が『正法眼蔵』によって伝えようとしたものと、山田が解脱体験をとうして把握したものが同じであるかどうかという吟味も必要であろう。だが、それはあまりにも専門的にわたるので、筆者の手に負えない。『正法眼蔵』の解釈などと言ったら権威者が何人もいて、さぞうるさいことだろう。

山田自身は後年、悟りについて次のように解説している。

一口に言うと、禅の悟りとは、人空、法空の二空を悟ることである。人とは主観あるいは主体のこと、法とは客観ないし客体のことと思って支障はない。人空、法空というのは主観も客観もともに空である、ということである。だが、思想的に、〈空〉を明らめることは千万言を費やしても不可能であって、最終的には〈空〉の世界を体験する以外に方法はない。

〈空〉という字はカラッポという意味である。と言っても、このカラッポは、いわゆる虚無とか、虚空とかいう、まったく何もないということではない。(中略)強いて言うならば、我々の五官にかからない、われわれの五官を超越しているということである。(『禅の正門』山田耕雲、春秋社)

きわめて明快な、わかりやすい説明である。山田は真夜中の解脱体験をこのように把握し、自己理解を深めて行ったんだなと納得することができる。禅学の専門家や道元の研究者はこれをどのように評価するか、興味あるところである。もちろん、悟りの説明としてこれが唯一のものなどとは言えないであろう。

残る問題は、最初に指摘したように、体験記である中川宋淵師宛ての書簡の細部が引用者によって若干の差異があることである。安谷白雲老師は山田に向かって「そこまで痛快にわかるとは滅多にないことだ。これを真空三昧という」と言ったとされている。これは米国人神父であるトーマス・G・ハンドの『〈空〉と〈神〉のダイナミズム』という著書に引用されている。

ところが、窪田慈雲という禅僧の著書『悟りなき〈悟り〉への道』によれば、安谷老師は「それでよい、それでよい。そこまで痛快にいくことは珍しいことなのだ。これを心空及第という」と言ったというのである。

「真空三昧」も「心空及第」も同じ意味で使われる言葉なのかどうか、禅宗の用語についての知識がないのでわからないが、真空三昧の方がわかりやすい気がする。（本当に知りたければ「禅学大辞典」でも当たるか、禅僧の大家にお伺いをたてればよろしいのだが、こちらもいささか先を急ぐ身である。）

専門家の校閲を待ちたいところである。原典である書簡がどちらの言葉を使っておられるかを調べることがまず先決であることは言を待たない。そして、引用者によってこのような異動がなぜ生じたかということがもっとも問題であろう。そこには引用者の解釈という問題が含まれてくるからである。意地悪な皮肉を言えば、カラッポではなかったということになりかねない。もちろん、これは引用者の責任であって、山田の責任ではない。

山田の解脱体験はあくまでも秋天のように澄み切った、曇りない大笑であり、大悟である。最初に言ったように、何十年と座禅をしても、誰でもこのような痛快な悟りに導かれるものではないだろう。

第二部　神学という知の可能性

第四章　仏教とキリスト教の対話

二〇世紀は、戦争と革命の世紀であったと総括されるのは誰しも異論のないところであろう。また、無差別大量殺人も二〇世紀の特徴である。ナチスのホロコースト、共産主義国家による数々の粛清、アフリカの部族同士のジェノサイド、そしてヒロシマ・ナガサキの原爆投下。ロシア革命によって発足したソ連邦が完全に終焉したことも二〇世紀を特徴づける大事件であったろう。いきなり大袈裟な話になってしまったが、真面目な歴史家なら世紀の総括など、もっと慎重になってしかるべきであるかもしれない。

「戦争と革命の世紀」と言ったが、もうすこし別の見方もある。欧米的自由主義と、革命を可能にした共産主義の対立よりも、もっと人類の将来にとって重要な意義をもつのは、ユダヤ・キリスト教と東洋的な諸宗教との出会いであり、一千年後の歴史家が、二〇世紀について書くときには、民主主義と共産主義のあいだの対立抗争よりも、キリスト教と仏教が初めて出会ったことに興味を示すに違いない。

こういうことを言ったのは、歴史家のアーノルド・J・トインビー（Arnold. J. Toynbee, 1889~1975）である。きわめて息の長い話であるが、このような視点を持った歴史家は、それまでの欧米にはいなかった。

トインビーの発言は、いわゆる冷戦時代に出てきたものである。異文化交流と宗教間の対話が問題とされるときには、かならず引き合いに出されるトインビーであるが、一千年後の歴史からふりかえるのではなく、逆に歴史をさかのぼってユダヤ教を母体とするキリスト教の初期と比較する説もある。二〇世紀における仏教とキリスト教の出会いは、一世紀のユダヤ・キリスト教とギリシャ文化の遭遇よりももっと大きな歴史的出来事であるというのである。

イエズス会の修道士で、三〇年以上日本に住み、禅を中心とした東洋的瞑想法を取り入れているウィリアム・ジョンストン神父（William Johnston S. J., 1925~2010）は、遠藤周作『沈黙』の英訳者であり、日本よりも海外でよく名前の知られた方であるが、ヘレニズム偏重のキリスト教を浄化し、聖書の根源に戻ろうとする運動が現れているとし、これはユダヤとヘレニズムとの出会いよりも、もっと衝撃的で有益なことである。その行方はだれにもわからない。だが、それはすでに始まっており、何ものもこれを引き戻すことはできないと言っている。（J・ニードルマン編『聖なる伝統と現代の欲求』１９７５年所収のウィリアム・ジョンストン『禅と対話するキリスト教』）

キリスト教は、言うまでもなく地中海を東西から挟んだヘブライズムとヘレニズムが、ローマ世界で邂逅し、融合した結果、生み出された宗教であり、その最も強力な担い手は、聖パウロであったというのが宗教史における定説である。

これよりも、もっと重要な事件が、二〇世紀における仏教とキリスト教の出会いだというのだから聞き捨てにならないであろう。真偽はともかく、スケールの大きな話ではないか。さしずめ、鈴木大拙（すずき・だいせつ、1870~1966）あたりが二〇世紀の聖パウロということになるのだろう。

大風呂敷を拡げる結果になったが、いずれにしても仏教とキリスト教の対話を考えるとき、このような文明史的背景があることは、とりあえず押さえておくべきだろう。

戦後、日本が敗戦の痛手を抱えたまま、まだ混乱の極みにあった一九四六年に、『神の痛みの神学』によって神学者としてデヴューした北森嘉蔵（きたもり・かぞう、1916~1998）は、仏教について注目すべきことを述べている。

十字架において具体化された神の痛みは、自己と対立するものをも自己の内に包む神であり、このような神の痛みの立場に立つものとしては、キリスト教にとって他者である諸宗教との対話を要請されている。とりわけ仏教的思惟は、日本のキリスト教にとって回避することのできない重荷であると同時に積極的な意味をもつものである。

このように述べたあと北森は、仏教のことをキリスト教にとって〈手ごわい相手〉(Fomidable opponents)と言っている。英語の方はオランダの宗教学者ヘンドリック・クレーマー(Hendrik kraemer, 1888~1965)が東洋の諸宗教について言った言葉でもあるが、北森は次のように仏教を〈手ごわい相手〉と規定している。

キリスト教は仏教のように手ごわい相手にこれまで会ったことはないと言えるが、今や日本において始めてこの相手と出会うことによって、いまだかつてなかったほどの実力を発揮すべきことを要求されているからである。宣教百年記念の年を迎えて、日本のキリスト教はその使命と課題とを自覚すべく迫られているが、おそらくその一つの課題は仏教との対決であろう。

(北森嘉蔵『日本の心とキリスト教』、読売新聞社、1973年)

以後、日本のキリスト教が「いまだかつてなかったほどの実力を発揮した」のかどうかはまったく覚束ない。むしろ、党派的なゲットーのなかで眠り込んでしまったという方が当たっているのではないか。その証拠に日本のプロテスタント教会は、二〇〇九年に宣教一五〇周年を迎えたが、各教派とも仏教との対決など、薬にしたくてもできないほど内向きの姿勢に終始しており、宣教方針のなかに仏教を学ぶなどということが挙げられたことは一度もない。

これはキリスト教が、日本文化のなかでまだ十分に受肉化されていないことの証明のような話であるが、このことに関連して仏教にかぎらず、日本のクリスチャンが自国の文化に、関心も知識もないということは寒心に堪えない。いままではそれでもよかった。日本人クリスチャンの目はもっぱら西欧に向けられていたからであり、西欧キリスト教の絶対性がかろうじて保たれていたからである。

仏教とキリスト教の対話を考えるとき、その歴史的背景としては一九六〇年代のカトリックの第二バチカン公会議と八〇年代の宗教多元主義の出現の二つが大きな要素としてあったと考えることができる。

第二バチカン公会議を主導したのは教皇ヨハネ二三世であるが、五大陸すべての司教、枢機卿を招集して教会会議を開くというアイディアは熟慮の末にではなく、「予期しないところにふと訪れた春の木々の芽生えのように生まれた」と、のどかな述懐をされているが、これはとても文字通りには受け取れない難産の大事業であった。カトリック教会は準備に二年を費やし、会議そのものは六二年から六五年まで四年間、時期を区切って継続的に行われた。

ヨハネ二三世はユーモアのある教皇として知られていたが、ヨーロッパのある国の外交官からインタヴューを受け、「バチカンでは何人位の人が働いているのですか」と質問されたとき、しばらく考え込んでからやおら「そうですね、全体の半分位でしょうか」と答えたという。やるな、この人。

多くの反対を乗り越えて開催された公会議は、カトリック教会を現代世界に開かれたものにするための数多くの革新的な決議を採択したが、その一つが「キリスト教以外の諸宗教に対する教会の態度についての宣言」であった。以後、カトリック教会は他宗教との対話を積極的に推進するように方向転換していったのである。

仏教との対話という時、何故、とくに禅仏教かと言えば、禅には神仏のような人格的な絶対者が存在しないということが、西欧キリスト教にとって対話しやすいと言うか、対話の障害となるものがないということが挙げられるであろう。阿弥陀仏や大日如来のような絶対者をもった仏教ではなく、禅仏教をもって仏教の代表とみなすところにキリスト教の選択肢がはたらく所以はそこにある。

そして、一九八〇年代から始まった宗教多元主義の出現（これはジョン・ヒックという英国の神学者が提唱したものであり、『神は多くの名前を持つ』との魅力的なタイトルの著作を彼は八〇年に発表したが、多くの論議を巻き起こした。）は、キリスト教の絶対性についてチャレンジを与えるものであり、北森嘉蔵やヘンドリック・クレーマーが預言したように、〈手ごわい相手〉である仏教をはじめとする東洋の諸宗教との出会いを可能にする契機となったのである。

中世のようなキリスト教支配の単一的世界ではなく、初期キリスト教を取り巻いて、多くの宗教が乱立したローマ時代に逆戻りしたという言い方もできる。つまり、コンスタンチヌス帝が回心して、キリスト教は国教となったわけであるが、それ以前の状況に戻ったということである。ローマ帝国の国教になったことが、キリスト教の堕落の始まりであるという見方も可能なので、多元化の時代の到来（もしくは回帰）は、積極的に受けとめるべきものと考えられるのである。

宗教の多元化は、これからますます拍車がかけられていくであろう時代の趨勢であることは否定できない事実である以上、そのような時代にキリスト教徒として生きて行く心構えと姿勢についてもあらかじめ腹を据えてよく考えておくべきであろう。そして、これはキリスト者だけでなく、すべての宗教者に相通じるものであると信ずる。

キリスト教が、世界の宗教の盟主であるという宗教支配の時代は、すでにとうの昔に終わったのであるから、世界にある諸宗教、仏教、イスラム教、ユダヤ教、ヒンズー教、シーク教、儒教、道教などの仲間として、いや世界の宗教の一員として、自らを相対的な存在として認識することを徹底的に学ばなければならないのが、まず第一に要請されることであろう。

そのうえで、だが個人的な〈私〉自身のキリストに対する崇敬と傾倒は絶対的であり、この私的事実は覆すことはできない。この二つの区別をはっきりさせることが必要である。筆者はこの区別を、これからの時代、キリスト教徒を含む、すべての宗教者の生き方のモットーとすべきであると考えている。この区別が出来ない場合には、語る言葉もイデオロギーのそれと変わらなくなり、極端な場合には原理主義者として聖戦の先頭に立つようなことになりかねないであろう。

このあたりまえのことがわからなくなっている宗教者がいまだに多いのは嘆かわしいかぎりである。もちろん、事はこれだけで終わらない。多元主義に対して個人主義を主張しようというわけではない。キリスト教は個人的救済の宗教とは言えないからである。(日本のキリスト教はどうもそのような傾向を免れないのであるが。)

このふたつの事柄の区別・峻別は、憲法で保障されている信教の自由に謳われている内面の自由・良心の自由とも重なるが、宗教という営みはそれだけで終わるものではないことは自明である。つまり、真理を獲得したと信ずる宗教者がそれをどのように伝えるかという課題が残される。それがなければ宗教の存在理由もまたなくなるからである。

二つの事柄の区別・峻別を果たした場合、宣教のモチーフが失われるのではないかと疑問を持たれる方もあるだろう。たしかに従来のような教勢拡大、囲い込み運動としての宣教は意味のないものになるであろう。しかし、聖書の言葉を借りれば、「道であり、真理であり、命である」（ヨハネ福音書14章）ところのキリストを伝えるという喜びは残るのではないだろうか。

この場合のキリストは主権者としての神というより、どこまでも自らを隠匿する神であり、その存在を際立たせることのない神である。その名を名乗り出て、人々を一定の価値観や理念に導くのではなく、ただ人々の心の奥底に灯火を灯し続けるような存在である。風にそよぐ葦のように世の荒波や強風に押しつぶされそうになる人間の心を手折ることなく、人格の親しい相関者としてわれわれのなかに内在し、生涯をともに伴走してくれるような存在であり、権威とか栄光とは無縁であるような神である。つまりは、排他的絶対性とは対極にいるようなキリストであり、伝統的な教会が信奉するキリストより、もっと広い地平に立っているキリストである。

禅キリスト教の可能性

1　超越神から内在神へ

二〇〇七年に『禅キリスト教の誕生』（岩波書店）という著作が公刊された。著者は、佐藤研《みがく》（1948〜）という新約学者である。

筆者自身の関心と重なるところがあるので、雑誌『福音と世界』（2008年3月号）というプロテスタントの超教派の評論誌に書評を載せてもらった。（同誌には筆者以外にも、大阪府立大学の花岡永子教授が書評を寄せておられる。）

『禅キリスト教の誕生』が、類書と著しく異なるユニークな点は著者が、新約学者として多数の著作をもつ学究でありながら、同時に座禅の実践者であるということである。新約聖書学を専門とするアカデミズムの世界に身を置きつつ、禅を深く学んできたという著者の経歴は、このような著作を世に問うのにふさわしい資格があると言うべきだろう。

この著作は、その題名からもうかがえるとおり、たんに禅とキリスト教の比較研究をめざしたものではない。新約学の考究のかたわらの禅瞑想を契機とするキリスト教再定義の試みであり、キリスト教教理の見直しである。

禅体験が、キリスト教信仰の深化をもたらすだけでなく、ラディカルな変革を要請することを「禅キリスト教」という呼び方がよくあらわしている。のみならず、この著作にはもう一つの貪欲とも言える意図がある。

装丁裏にある表現を借りると、「キリスト教の歴史的ダイナミクスを参照することで、禅の言葉が獲得する新しい文脈と構造とは何か」ということである。要するに座禅の実践によって聖書学者として見えてきた新しいキリスト教信仰の可能性と、そこから禅思想そのものも逆照射しようという、はなはだ野心的な試みなのである。

この二つの意図はかなりの程度に達成されていると言えるのではないかと書評には書いたのであるが、そこに問題がないわけではない。つまり、佐藤研教授のキリスト教理解と禅仏教の理解の仕方が、筆者のそれといささか異なる点があるので、そのことを明確にしたいと思う。

「草の根的宗教運動としての座禅運動」と佐藤が名づけている動きが、ヨーロッパ、とくにドイツにおいて現われ、それは一九七〇年代にはわずかな数に過ぎなかったが、八〇年代になると爆発的な隆盛をみるようになった。

「接心」と呼ばれる集中的なプログラム、禅寺で行われるような泊まり込みの座禅のコースに参加する老若男女のキリスト教徒の数が急激に増えて来たという。カトリックの修道院が建てた禅道場も各地に出来るようになった。

指導者は、本書の第三章で紹介した山田耕雲師のもとで参禅修行を長年積んだエノミヤ・ラサール神父、ヴィリギス・イェーガー神父ほか、山田耕雲師の薫陶を受けた師家たちである。プロテスタントの女性牧師の師家もいる。禅宗には大別して只管打座（ただひたすら座る）の曹洞宗と公案を用いる臨済宗の二つの流れがあるが、山田耕雲はそのどちらにもとらわれず、あるいはどちらをも採って指導にあたった。

このような宗教現象、すなわち、座禅運動の勃興とキリスト教会の凋落とはあたかも相関関係にあるかのように見えると佐藤は指摘している。キリスト教的言語の無力化、形骸化は、欧米文化の退潮とともに顕著になり、それまでのヨーロッパ的人間観の根底にあった「個」の確立への信頼も緩慢な解体へと向かい出したというのである。

こうして、キリスト教の救済体系は、機能不全に陥ったとして、著者はキリスト教の古典的な信仰箇条である、ニケヤ信経、カルケドン信経、使徒信経までさかのぼって、その現代的意義に疑問を投げかけている。

キリストの教会はプロテスタント、カトリックを問わず、また東方教会もふくめて、これらの信経を礼拝のなかで唱え、自らの信仰を確認するわけであるが、佐藤は、教会のこれらの基本的文言がどれだけ現代人に理解可能かと問題提起している。

たしかに、ニケヤ信経は紀元三二五年のニケア教会会議を経て、コンスタンティノポリス教会会議（381年）で批准、カルケドン信経は四五一年のカルケドン教会会議で採択、そして、使徒信経は初期からあった信経だと思われるが、最終的には八世紀に正式に成立したもので、いずれも教会が、教会としての自己の存在証明を確立し、異端や他宗教との論争と角逐《かくちく》（おたがいに競争すること。）のなかから生み出されて来た歴史的文書である。したがって、これら古代の共同的な信仰告白が、二一世紀に生きる現代人の心にストレートに訴えるものと言えないのはある意味で、当然のことであろう。

内容的に言えば、父なる神と子なる神と聖霊なる神の三位一体の神への信仰を、聖書の神話的表象によって表現したものであるから、その表現が現代的でないからと言って、「キリスト教的救済言語の形骸化、無力化」と結びつけるのは如何なものであろうか。

教会会議によって採択された、これらの信経は、聖書(新・旧約もふくめて)の記述を生み出した伝承としての各文書から、そこに読み込まれた初代教会の信仰をコンパクトに定式化、文書化したものである。したがって、聖書の表現が現代的でないからと言って、救済言語の形骸化、無力化とは誰も言わないはずであり、聖書を読む現代人の多くは、意識的にも、無意識的にもそこに描かれている内容を非神話化して読んでいるのであるから、信経を唱える場合も同じではないだろうか。

むしろ、福音書に記されているイエスの教えの言葉、十字架刑に至る生涯、それを彩る神話的表象を素直に受けとめるならば、ニケヤ信経、カルケドン信経、使徒信経は、それらの内容を過不足なく、簡潔に宣言したものと読めるのではないだろうか。

佐藤が、西欧キリスト教の凋落を憂えるあまり、その根拠として、古典的な教会信経にまでさかのぼって、その現代的意義に疑問を呈するのは、わからぬでもないが、賛成できない。

そして、賛成できないもう一つの大きな理由は、教会会議で採択されたこれらの信経は、使徒継承の信仰を象徴的に示すという点にある。

プロテスタント信仰は、ルター・カルヴァンの宗教改革によって成立したものであるから、改革以前の教会史を重要視しないところがある。教会史は、宗教改革に始まるとみなしているのではないかとさえ思われる。ところが、カトリック、聖公会（アングリカン）、東方教会は、初代教会以来の使徒継承の教会を標榜するのである。つまり、ペテロ、パウロの初代の使徒たちによって立てられた教会を、現代まで受け継いでいると自己認識するのが、使徒継承の教会である。主教・司祭・執事の三聖職位は、この使徒継承の教会のシンボリカルな職制である。

ただ、著者が「キリスト教的救済言語の形骸化、無力化」を主張し、「キリスト教の救済体系が機能不全に陥った」とする論拠として次のようなことを言っているのは注目に値する。

二〇世紀前半でヨーロッパの政治的・軍事的・経済的世界支配は名目的にも実質的にも終焉し、その後ヨーロッパ文化自体がヴィジョンのないあからさまな老衰期に突入していった。いわゆる「ポスト・モダン」期の到来である。以上のような、現代ヨーロッパの状況を踏まえながら、彼はこういうことを言っている。

> こうした中で多くの人々が求めるのは、もはや救済の言語ではない。いくら深遠な本を読み、いくらよい講演を聴いても、知的あるいは感情的レベル以上に訴える力を持たないことを、そうした人々は知っている。むしろ、言説を越えたリアリティの実体験が希求される（同書9頁）

これはじつに鋭い洞察であり、彼の宗教的感性が的確であることを示している。ルターの宗教改革の原理は、「聖書のみ」「信仰のみ」というものであったが、このような改革原理は、現代においてはもはや有効性を持ち得ず、それこそ機能不全に陥っていることは、言葉の権威の失効という現代の風潮をみるだけで、誰の目にも明らかであろう。教会だけが例外であるはずがない。

神の言葉は、聖書以外のところでも語られる可能性があり、聖書の逐語霊感説というのは、原理主義的な蒙昧であることは自明のように思われる。筆者は、「言葉の信仰」のかわりに「身体の信仰」を対置すべきではないかと考えており、そのような意味からも、この佐藤の指摘は、『禅キリスト教の誕生』のなかでも最も重要なものの一つではあるまいか。

このような現代ヨーロッパの精神的状況に対して、禅が与えるものは観念知、頭脳知ではなく、体験知、身体知であり、身体を使って体験的に「思い知る」悟りであるところに特徴がある。また、この体験知は一回的なものではなく、一生深まり続け、肉化され続ける持続的なものである。

こうした体験知の道を主旨として掲げる座禅に、キリスト教的救済言語の形骸化に絶望した人びとが惹きつけられるのは理由のないことではない。そうした体験知こそが、存在論的不安を克服する道であることを、かつてドイツ神秘主義を生んだ国の人々はどこか予感するのではないか。座禅は、こうした彼らの心の中に、砂漠の砂に吸い込まれる水のように、浸透していったように思われるというのである。

ヨーロッパの人々が座禅に参じるようになるもう一つの理由は、座禅は特定の宗教体制、ないしは宗教イデオロギーに密着したものではなく、どの宗教を信奉しようが、また無宗教の人であっても誰でも、言わば「在家のまま」、俗世間と日常生活の只中で継続実行することが可能であるという事実である。このことが決定的な門戸開放と受けとられたのではないか。この点の発見は、ほとんど宗教史的意義を持つのではないか、と佐藤は言っている。

さらに、このようなヨーロッパの座禅運動を底辺から動機づけているものとして、一つの時代精神としての潮流があるのではないか。すなわち、それは新しい「普遍」を模索する動きであり、事物を二元論的に分断して捉え、敵と味方、善と悪、主体と客体というように自己をその一方と同定し、それに対する他方の征服によって自らの立場を普遍化するのではなく、自他共に生かしつつその背後の生きた「普遍」を求める成熟した発想に変化しつつあるという事実である。

このような動きが現実世界のなかでどのように展開されているかと言えば、政治的には「ヨーロッパ共同体」（EU）の発足、そして思想的には、国際トランスパーソナル学会の発足などを挙げることができるという。

このような現代ヨーロッパの時代思潮に対する認識は、正確なものであり、深いところまで見とおしたものであるから信頼を置くことが出来よう。さらに、佐藤は、座禅運動がヨーロッパ世界に定着して行った場合、そこからキリスト教がどのような影響を受けるかというところまで論を進めていく。

座禅をとおして、キリスト教をいままでよりいっそう深く理解することが出来たとか、祈りが一層深くなったという体験談もよく聞かれるのであるが、禅の影響はたんにそういう次元に留まるものではない。キリスト教の言辞そのものまで変えさせ、根幹から変貌させてしまう可能性を持っているのではないか、と佐藤は言っている。すなわち、これが禅キリスト教の誕生ということである。

ここから、禅体験の根幹、つまり解脱《げだつ》（俗世間の束縛・迷い・苦しみからぬけ出し、悟りを開くこと。また、死者の霊が修羅の妄執をのがれて浮かばれること。）とか悟りという言葉で表されている経験が、キリスト教の内容にどのような影響をおよぼすかということを想定していくわけであるが、ここが新約学者としての佐藤の教会観、キリスト教観が露わになるところであり、またもっとも問題になるところであろう。

まず、禅体験の核心として引用されるのが、ドイツにおける指導者たちに薫陶を与えた師家である山田耕雲の著作『禅の正門』である。これについては三章で紹介したので、ここでは直文を引用することはせず、主旨だけを挙げておく。

禅の悟りとは、人空、法空の二空を悟ることであり、つまり言い換えれば主観も客観も、ともに空であるということを認識することである。認識すると言っても、思想的に捉えるのではなく、体験的に思い知ることである。つまり、自他ともに「カラッポ」であり、「ゼロ」であることを知識として理解するのではなく、体験的事実として捉えるということである。

この山田耕雲の見解は、禅の悟りをもっともわかりやすく、現代的に説き明したものであり、ここまで明快に、日常的な表現で説明した禅の師家は、残念ながらほかに見当たらない。

佐藤はここからキリスト教信仰のラディカルな変貌を予測していくのであるが、それは神観の変化、キリスト論の変化、罪責観の変化の三つに集約される。

まず、神観の変化であるが、自己をはじめとして一切が空であるということは、その次元からは自他の区別は見えず、したがって自己に対して質的に隔絶した絶対他者として神を定立する神学は支持されなくなることを意味する。それだけでなく、神を自己から離れた実体として想定する思考自体が放棄されることになるという。

禅体験における空は、あらゆる相対を絶しており、そこからほとんど必然的に、神とは「空」の世界につけられた別名であると理解されるに至るであろう。事実、ヨーロッパの見性体験者（悟りとか解脱という言葉で言い表わされる経験。）の中には、自らの体験を言語化するのに、「私は神に出会った」などの表現をする者が少なくないという。

この点から、従来異端として退けられていたキリスト教神秘主義が標榜してきた「神秘なる一致」はあらためて評価され直す可能性がある。神秘の世界で初めて神と一つになるというのではなく、本来的に「空」「ゼロ」である事実においてそもそも不可分に一致しているのである。正統派教会からは異端とされてきたグノーシス派における、至高者と自己との本質的一致という救済テーゼも、あらためて評価されることになる。

この「空」にして「ゼロ」の世界は、人格的に捉えられるものであるか、そうでないかという問題がここで生じる。キリスト教の神は「人格神」とされているからである。

「ゼロ」「カラッポ」の世界自体からするならば、そのどちらでもない。そもそも人格・非人格の区別が立たない世界だということである。しかし、この世界が現象の世界と不可分に展開していく時は、一切を貫徹する無限の愛として、慈悲として、感得される。「愛」は優れて人格的なものであるから、「空」は人格としても把握されるであろう。

いずれにしても、座禅の体験がキリスト教内部で展開するならば、ある「絶対人格」がどこか特別なところに実体として存在しており、それが人間を支配しているというような観念的発想は放棄されざるをえないであろう。そのかわりに、「神」をわれわれの最深の本来性と等しい、「空なる愛のエネルギー」として見るような理解が発生するであろうと思われる、としている。

このような神観の変化が禅体験において起こり得ると佐藤は主張しているのであるが、はたしてこれは妥当性を持ち得る見解であろうか。

本書の二章と三章で指摘したように、自己のなかにある他者性に目覚めることが身体知、体験知にとってのターニング・ポイントであるから、その次元においては「自他の区別は見えず」ということが確かに起こり得る。その限りにおいて、佐藤の指摘は事態の正確な把握であると一応は言うことが出来るであろう。だが、「自他の区別」が解消されても「絶対他者としての神」という神観が必要でなくなるとは到底思えない。何故なら、「自他の区別は見えず」という事態が起こっても、自意識までも完全消滅するわけではないからである。

むしろ、相手のなかに自分と同じ自意識を見出すことが、自他区別解消の本来の意味内容ではなかろうか。

その時点で、絶対他者としての神は、自己と隔絶した超越的な存在としてではなく、自己のなかの見知らぬ他者として内在する神が立ち現れるのではなかろうか。

本書三章で紹介したポスト構造主義の「器官なき身体」は、西欧哲学が見出した「見性」であると考えられる。また、ランボーが詩的な閃きによって紡ぎ出した「私とは他者である」という言葉は、多感な詩人だけに過剰すぎる自意識が他人のなかにまで入り込んだと解釈することができる。

「脱自的理性」という筆者が編み出した戯言も、生硬な表現ながらそのことを表そうとしたものである。他者性ということが見失われた神学はたんなる通俗的な神秘主義、自我が溶けて大海のなかに漂うかのごとき匿名の世界、神話的世界像に先祖帰りしていく結果におわるのではなかろうか。

さらにそのことは神を人格的存在として捉えるか否かという問題にもかかわる。人格・非人格の区別の立たない世界が禅体験であり、空なるエネルギーを神と呼び、それが慈悲として表出された時には優れて人格的な働きをするが、本来は「ゼロ」にして「カラッポ」なのであるから、人格として定立することはできないと佐藤は言っている。

だが、問題は神が人格的存在であるかないかよりも、人格としての人間が自己の人格性を否定せずに、信じることが出来る神であるかどうかである。他者性を見失った神学にそのような可能性があるとは思えない。

さらに言えば、三位一体の神はたんなる人格神という言葉では括れないキリスト教の基本的な神観であり、第三格の聖霊なる神はユダヤ教やイスラムとは違う過剰性と増殖性の神である。言わば、超人格的な神ということになるのではないか。（聖霊なる神については本章の後半で詳しく取り上げる。）神学論争のような堅苦しい話になったので、閑話休題として息抜きをしておきたい。

3人の禅僧が、池のほとりで座禅を組み、精神を集中させていた。するとー人が不意に立ち上がった。「寺の台所の火元を確かめて来る」そう言ったかと思うと、その僧は池の表面を苦も無く歩き始めた。僧は対岸の寺まで池の上を歩いていき、そしてまた池を歩いて戻って来た。

次に二人目の僧が言った。「寺の戸締りが心配だ」その僧も同じように、池の面を歩いて行き、歩いて戻って来た。残されたもう一人の若い僧も寺に急に用事を思い出した。彼は内心、動揺した。自分だけ奇跡が起こせないのではないか。しかし、日ごろの修行の成果を示す良い機会ではないか。彼は立ち上がり、池に向かって行き、果敢に歩き出した。彼の足は水に濡れ、膝まで沈み、とうとう転んで全身水浸しになった。彼はそれでもあきらめず、びしょぬれのまま立ち上がり、また転んだ。

その様子を見ていた二人の僧は囁き合った。「どうする？　石のある場所、教えてやったほうがいいかな」

（『世界ジョーク集』早坂隆）

『禅キリスト教の誕生』第一章「何故、ヨーロッパで禅か」という論文の最後には、逆にキリスト教から禅への影響についても言及されている。これも重要な問題を含んでいるので触れておかなければならない。

禅仏教は、その本来の「空」の世界の強調と、また現実界においては時の権力者の庇護のもとに伝播してきたという事実からして、現状維持、すなわち原状況の問題性が等閑視される傾向があったことは否定できない。

「空」の世界は、人格化されれば「慈悲」の世界以外の何物でもないにもかかわらず、その「慈悲」が社会的現実への批判的関わりに発展することがなかったのである。

これに対して、キリスト教と社会との関わりは、概して積極的、批判的、構築的であった。それはキリスト教は、ナザレのイエスが激しい社会的行動のなかで政治的・暴力的に抹殺された存在であることに起因していると思われる。その意味で、キリスト教は基本的に殉教的パトスを内に秘めている。

このようなキリスト教の影響が、禅仏教に及べば、「空」の世界の本来性を一貫して説きながら、現象世界では社会的な変革にきわめて活発な、新しい「禅」運動が誕生する可能性があるという。

これは重要な指摘であり、まさに〈キリスト教の歴史的ダイナミクスを参照することで、禅の言葉が獲得する、新しい文脈と構造〉の内容とはこういう事柄を意味していると言えよう。禅と社会との関わりは、その本来的な「空」の世界の強調と、現象面での己事究明、脚下照顧という禅のモットーからして、そもそも社会的視点の欠落という特徴があったと思われるからである。

日本仏教は、日蓮のように旧約の預言者を彷彿とさせる激しい社会意識に燃えた人物もいたが、おしなべて社会的現実への批判という点では現状維持、体制追従の傾向がみられる。その意味では、佐藤の仏教批判は正鵠を得ている。

とくに禅仏教においては、戦時中、名だたる高名な禅僧たちが、さんざん戦争賛美の大政翼賛的な言動を繰り返してきたにもかかわらず、戦後になると一様に口を閉ざしてしまっているのは、禅における負の遺産であるとする意見（『禅という名の日本丸』山田奨治、弘文堂）まであることを忘れるべきではないと思う。

だが、キリスト教にしてもたしかに殉教者的パトスを内に秘めているとは言え、近代のキリスト教はアジア・アフリカ・南米などの開発途上国に対して抑圧装置として機能してきたことも忘れるべきではない。その具体的な担い手は宣教師たちであった。彼らのほとんどは宣教意欲と犠牲的精神に富んだ人格者が多かったが、総体的に俯瞰すれば、欧米植民地主義の先兵としての役割を結果的に果たしてしまったということを指摘しておかないと公平を欠くことになるだろうと筆者は考える。

座禅の体験知は、以上のようにキリスト教信仰をラデイカルに変革する可能性があるとともに、また逆にキリスト教が持っている社会変革のエネルギーが、禅仏教そのものを変えていくことも充分考えられるとの主張は、総論としては受け入れられる。

キリスト教側から見れば、従来の伝統的信仰との軋轢は避けて通れないであろうが、これまでの異端的言説をも公平に俎上に載せ、教説を新たに言語化し、没落直前のこの世界に積極的に関わる新しいキリスト教が生まれ出る革命的な世紀となり得るかもしれないとの展望を佐藤は披瀝している。

「何故、ヨーロッパで禅か」という第一章に置かれた論文を紹介したが、論旨は明快であり、禅の理解には説得力があり、またキリスト教のラデイカルな変革を志向する情熱は、読む者の肺腑を抉るように伝わってくる。さすが現代に生きる新約学者の洞察は深いところまでおよんでいるというべきであろう。

禅とキリスト教のどちらにもイデオロギー的にコミットせず、互いの思想的、神学的交流による影響から将来の宗教文化、宗教哲学のあるべき姿を模索しようという姿勢には共感を禁じえない。仏教とキリスト教の対話を考えるうえでのテキストとして格好のものであると言えよう。

だが、禅体験というのはきわめて多様性があり、山田耕雲の大悟徹底のように個を圧倒する壮絶な悟達として起こることもあれば、まったくそうでなく、何事も起こらないかのように見えることもある。むしろ後者のケースが断然圧倒的に多いのである。

佐藤はだからここで看板だけ立てているのであり、座禅する者の内面の機微にまで考察がなされていない。公式的な説明で終わっているのである。

「座禅する者の内面の機微」といま言った。そのことを示す次のようなエピソードがある。鈴木俊隆（すずき・しゅんりゅう、1905~1971）という曹洞宗の師家がおられた。米国に一二年間、滞在して禅の指導にあたり、リチャード・ベイカーという米国人に法嗣（法の後継ぎ）の座をゆずって一九七一年に遷化《せんげ》（高僧が死ぬこと。）した。

鈴木俊隆の著した『Zen Mind, Beginner's Mind』（邦訳名『禅へのいざない』紀野一義訳、ＰＨＰ研究所）

という英文の著作は、鈴木大拙の著作の次に米国人によく読まれたという。

この本の序文に、マサチューセッツ工科大学の哲学教授であるヒューストン・スミス(Huston Cummings Smith, 1919~2016)という人が、興味深いことを書いておられる。悟りが鈴木大拙の禅の焦点となっており、それが大拙の著作の桁外れの魅力となっていたが、鈴木俊隆の本のなかには悟りという言葉や、それとほぼ同義語である見性という言葉は決して現れない。そのことを本人に訊く機会があった。

その時、傍らにいた鈴木の奥さんは、スミスの方に身を乗り出し、いたずらっぽく囁いた。「それはね、この人が悟りを得ていないからですよ。」

その途端、老師は驚いたふりをして、奥さんを扇子で叩きながら口に指を当て、「シー、それを言ってはだめだよ!」と言ったので、その場は笑いに包まれた。笑いがおさまってから、老師はただこう言った。「悟りが重要ではないというわけではありませんが、悟りは、禅において強調しなければならない部分ではないからです。」(前掲書)

この強烈にユーモラスなエピソードは、佐藤研の『禅キリスト教の誕生』に水を差すために紹介したのではない。座禅する者が何を目指して座るのかはそれぞれモチーフが異なるであろうが、前述のように派手な解脱体験に導かれる者もいれば、そうでない者もいるということである。

禅僧のなかにも悟り・解脱体験に至らない人はいくらでもいる。(作家としてデビューする前、関西で新聞記者として禅寺を取材した司馬遼太郎の見聞によれば、千対一くらいの割合ではないかという。それくらい悟りというのは希少であるらしい。)

だからと言って禅体験が意味がないなどとはまったく言えないのである。

素質によると言ってしまうと、俗世間と変わらない業績主義、能力主義が入り込んでしまうが、「啐啄同時の機」がなければ、悟り・解脱体験は起こらない。つまり、資質と僥倖《ぎょうこう》（恩寵）があいまっては じめて開けてくる世界である。「大悟数回、小悟にいたっては数知れず」というのが、この世界の指標なのであるが、本人の資質、気質、体質は千差万別であるから、「ゼロ」とか「カラッポ」などという境地が簡単に手に入るかのごとき錯覚を与えるのは如何なものかと思う。

この点に関して、エノミヤ・ラサール神父のバランスのとれた見解を紹介しよう。

「事実、全力を傾けて開悟を求めて努力しても、けっしてそれを得られない人びとがいる。ところで漸次的に起こることもある開悟ないし突破が生じないとすれば、これは次のことを意味する。すなわち、人によっては、他の人びとが到達する可能性をもっている境地に達しえないということ、たとい、より素質に恵まれた人びとが払わねばならない努力の何倍もの努力を傾注したとしても、だめだということである。それに反して、緩慢な移行があるとすれば、このような人でも突然の開悟を得た他の人とまったくおなじ程度にすすんでいくことが可能である。」

（『禅と神秘思想』柴田健策訳、春秋社）

ラサール神父はこのように悟りのむずかしさを指摘したうえで、さらに次のように続けている。

「結局、問題は開悟の体験自体ではなく、その人が、前述の神秘的死とともにはじまるあの新しい生にいたることだ。言葉をかえれば、頓悟する素質の乏しい人びともまた完徳に到達できるのであり、突然の開悟はそのためのスプリング・ボードであり、また当然そうであるはずだ。そうでなくても、座禅における辛苦が無駄でないことは確実である。」（前掲書）

これについてはコメントの必要はもはやないであろう。目配りの利いた、格調の高い叙述はさすが聖職者というべきであろうか。

蛇足ながら、「神を自己から離れた実体として想定する思考自体が放棄されるであろう」とか「ある絶対人格がどこか特別なところに実体として存在しており、それが人間を支配・制御しているというような観念的発想は放棄されざるを得ないであろう」と佐藤は言っているのであるが、このような神観にいまだに捉われているキリスト教徒が、現代にいるとはまったく思えない。「雲の上にいる白い髭をはやしたおじいさん」という神のイメージ（J・A・T・ロビンソン『神への誠実』）をいまだに抱いているキリスト教徒を寡聞にして筆者は知らないのである。

2 「空の墓」は復活の根拠ではない

さて、順序としては、キリスト論と罪観の変化についても言及すべきであるが、『禅キリスト教の誕生』のもう一つの焦点である復活の問題（第4章「復活」信仰の成立）を吟味することをとおしてそれに触れていきたいと思う。

復活はキリスト教信仰の成立にとってもっとも中心的なものであることは言うまでもないが、この復活信仰を解き明かすのに、佐藤は従来の新約聖書学がその意義をじゅうぶん反省してこなかった「空の墓」という事実の検証から始める。

「空の墓」は最古の福音書マルコをはじめ各福音書が一致して記述している。そして、この事実は、弟子たちが夜の間に遺体を盗み出したという憶測をユダヤ人たちに与え、また弟子たちには逆にユダヤ教当局者たちが遺体をどこかに隠したのではないかとの疑いをもたらした。つまり、どちらもイエスの死体消失を相手側の意図的遺棄と考えた。弟子たちの陥った恐れをともなった驚愕とユダヤ当局者側の憶測との両方が福音書に記録されていることは、伝承史的に見れば、最も早く成立したマルコ福音書よりもさらに古い段階の伝承の姿が想定され、当初の混乱が痕跡を残している可能性がある。つまり、「空の墓」という出来事の史実性は疑うことができないというのである。

遺体喪失という異様な出来事に接した弟子たちの困惑は想像を超えているが、弟子たちは師イエスの刑死に続いて、二重の衝撃を受けたことになる。この衝撃の最中、ある変化が起こる。死を超えてイエスが「現れた」と表現される事件である。この「顕現」体験を初めて持った人物はマグダラのマリヤであるという記事（ヨハネ福音書）とペテロであるという記事（Ｉコリント）の二つがあるが、時間的にはどちらが先かは歴史的に確認するすべはない。

このようなヌミノーゼ的体験の報告は他の弟子たちの心に異様なインパクトを与えた。「ヌミノーゼはある集団のなかで確認される時、その集団構成員たちの潜在意識に働くため、その力は集団内で伝染的効果を生む」と佐藤は言っている。こうしてペテロの顕現体験は他の弟子グループに広がり、やがて「五百人以上の弟子たち」の体験にもなったという。（Ⅰコリント15・5〜6）

このイエス顕現の体験は必然的に死の様態から「甦らされた」という表象が要請されることになる。その際、当時のユダヤ教では死は眠りに就くことと考えられたため、そこから生に転じることは「死の眠りから起こされる」という言い方になり、イエスの場合には「神はイエスを死人の中より起こした」（ロマ書10・9、使徒言行録2・24など多数）という定式が生まれた。

このような死からの「起こし」の表象に、さらにもう一つの新しい言辞が加わることになる。「われわれのため」あるいは「われわれの罪のため」という視点の導入であり、イエスのみに関する言明に関係論的次元が付加されたのである。

この背景を考えると、心理学的根拠としては直弟子たちが最後まで忘れることができなかったイエス惨死への負い目が「われわれのため」「われわれの罪のため」という言辞を生み出したのではないかと佐藤は推定している。つまり、イエスを十字架に置き去りにして殺してしまったことへの弟子たちの痛惜《つうせき》の意識がこのような言語化を生み出した根幹にあるというのである。

これらが復活信仰の成立をもたらした経過と要因であり、すべての要因の根底には「空の墓」という事実がある。イエスの死体が消失するという出来事がなければ、「イエスが現われた」というキリスト論的表象は生まれず、弟子たちの意識の地平が一変して開かれるような肯定的な認識、生と死を突き抜けた絶対的生命が覚醒することは起こらなかったであろうという。

以上が『禅キリスト教の誕生』第四章「復活」信仰の成立の主旨であるが、説得力ある論の展開で、「空の墓」という史実にもとづき、弟子たちが経験したイエス顕現の出来事から復活信仰がどのようなプロセスを経て、初代教会のなかに成立していったかを巧みに論証している。

さらにそれだけでなく、その体験を禅仏教における大悟、ヨガの究極体験、浄土真宗の阿弥陀仏体験、スーフィズムの絶対者認識、キリスト教神秘家たちの神体験などに共通して見出される絶対的生命の体験類型として位置づけている。

たしかに「空の墓」という歴史的事実がなければ、復活にかんする初代教会のすべての経験、表象、定式はたんなる霊的な復活に仕えるものとなり、ヘブライ的な人間観に反するものとなろう。ユダヤ教の人間理解の前提は人間というのは心と体を切り離すことはできないというものだからである。

この点はだから佐藤の言うとおりなのであるが、「空の墓」の伝承と「復活のイエスが現れた」という顕現伝承は歴史的にどちらが古いかというのは新約学の分野においても議論のあるところであり、決着はついていないのである。しかも、この二つの伝承は独立した別々のものであり、競合関係にあったという説まである。（コンツェルマン『新約聖書神学概論』田川健三訳　第9章「宣教の内容」の3、復活の解釈より）

この問題に筆者がこだわるのは、復活信仰は「空の墓」という史実にさかのぼるのではなく、「イエスが現われた」という顕現体験に依拠するという立場を支持するからである。たしかに遺体が墓のなかに安置されたままであったら、そもそも天使による復活の告知はありえず、弟子たちへのイエスの顕現体験も起こらなかったはずであるというのは一見すると妥当な説のように思われる。

しかし、それでもなお初代教会の復活信仰は「空の墓」に依存するのではない。復活は史的出来事として起こったことは確かであるが、その真理性は客観的証拠によって証明されるのではない。パウロの復活についての定式を見るとそのことがわかる。

キリストが、聖書に書いてあるとおりわたしたちの罪のために死んだこと、葬られたこと、また聖書にかいてあるとおり3日目に復活したこと、ケファに現われ、その後12人に現われたことです。次いで、5百人以上もの弟子たちに同時に現われました。（Iコリント15・3～6）

この定式はパウロ以前からエルサレム教会に伝わっていたものと言われているが、ここには「空の墓」への言及はない。パウロが「空の墓」の伝承を知らなかったという可能性は考えにくい。知りながら、あえてその伝承を採用しなかったのであろう。

パウロはイエスの身体が、われわれの有する肉体とは違ったものであることを示唆しているのだが、だからと言って霊的復活の支持者というわけではない。

死に限界づけられたわれわれの肉体を超えて、そこから解放され、心と体の一体性からも脱け出た「からだ」である。それは「朽ちないもの」と「死なないものを着て」いるのである。「自然的な命の体」ではなく、「栄光のからだ」である。（Iコリント15・53以下）

福音書の伝承もこのような考えを支持している。四つの福音書はいずれも「空の墓」に言及していることは前述のとおりであるが、イエスの復活のからだはわれわれの身体とは異なる別のものであるというのである。もちろん、栄光のからだと言っても、その栄光は一点の滲みのないからだではなく、十字架上の釘と槍で刺された傷跡を残していた。つまり、復活は苦難の相の下に理解するべきものである。復活のからだは触ることも見ることもできる現実的なからだであったが、明らかにわれわれの肉体とは違って、固く錠を閉ざした扉をもそれを閉め出すことはできなかったのである。（ヨハネ福音書20・19以下）

復活信仰がイエスの弟子たちへの顕現の伝承に依拠するという意味は、もう一つある。先に教会の信経について論じた際に触れた使徒継承の信仰に関わる問題である。使徒継承ということは血統主義でもなければ伝統主義でさえもない。

使徒が語り伝えた信仰に聴き従うという単純な一点にある。初代教会の使徒たちが伝えた信仰を教会は継承し、次の世代にバトンタッチすることによって、教会の二千年の歴史は支えられて来た。具体的には、定式化された信経を礼拝のなかで唱えることによってそれが行われてきたのは前にも触れたとおりである。繰り返して言うが、このことはキリスト教の内部事情ではなく、また党派的問題でもない。

禅の用語を借りるならば一子相伝という表現に相当する事柄である。真理の授受と伝達には欠かせない要素としてあることは言を俟たない。したがって教会が伝えてきた使徒継承の信仰以外にキリスト教信仰というのはあり得ない。この点ではプロテスタント教会も同じはずであると思う。現実的に見れば、佐藤も指摘するように現代における（使徒継承の）教会はそうとうあやしくなっており、その屋台骨は揺らいではいる。しかし、それは十字架を「抗殺柱」(同書187頁、189頁など)と言い換えることによってどうにかなるというような問題ではまったくないのである。

では、キリスト教信仰の核心であるイエス・キリストをどう捉えるかという肝心のキリスト論の問題についてはどうか。

「同等な者たちの第一の者」というのが佐藤のキリスト論ならぬイエス論である。イエスは神格化されず、禅の身体知・体験知からすれば、イエスも「カラ」であり、「ゼロ」であるから、ほかの人間と何らの差異もないというのである。

「神であり、人である」とのカルケドン信経の「人である」をイエスの現象的側面とすれば、それはイエスのみに該当する事態ではなく、すべての人間にもあてはまることになるはずだとの説を佐藤は主張している。イエスを釈迦と同等の存在と見て、「イエスの釈迦牟尼化《しゃかむにか》」という洒落たことまで言っている。

たしかに歴史上のイエスが我々人間と別次元の存在であったり、罪から免れていたというのは考えにくいことである。むしろ、イエスには人並み以上に鋭い罪意識があったというのは真実であろう。山上の垂訓における倫理的に鋭敏すぎる数々の教説(たとえば他人の目にある塵を見て、自分の目にある梁に気づかないとか、欲望をもって女を見る者は姦淫したのと同じであるというような教え)はイエスのなかにそれを告発する自分のもう一方の声があったに違いないという佐藤の指摘はまことに正しい。(このことはイエス論としてさらに戦慄的なところまで我々を導いていくのだが、それは六章で悪の問題に触れるときにとりあげる予定である。）

したがって、このようなイエス論は基本的には受け入れるべきであると思われるが、筆者が疑問に思うのは、ではイエスの「空の墓」という事件は何故起こったのであろうか。ユダヤ当局者が遺体を隠したのでもなく、弟子たちが遺体を盗んだのでもないとすれば、イエスの死体はどこに行ったのであろうか。

イエスの遺骸を引き取って自分の墓に埋葬したアリマタヤのヨセフが心変わりしたか、彼の行為に義憤を感じた大土地所有者階級の者がひそかに遺体遺棄を謀ったか、さまざまな可能性が挙げられているのだが、結局最終的には誰にも解けぬ謎として残るだろうとしている。

この謎を謎のまま残置し、弟子たちの心理面に過剰に着目してイエス惨死とそのイエスを見殺しにしたことの負い目が復活信仰を成立させたのだという説明はあまりいただけない。

「空の墓」という謎にイエスという人の存在の秘密のすべてがかかっている。歴史のミステリーというだけでなく、イエスとはいったい誰だったのか、何者だったのかという問いの前に立たされることになる。正体不明の人物として壁につきあたる思いにさせられるであろう。

ここからただちにイエスを神格化する従来の神学に安易に立ち戻るつもりはないが、イエスと初代教会の関係をもうすこし丁寧に探ることのなかに復活信仰を解く鍵が潜んでいるのではなかろうか。つまり、史的イエスと信仰のキリストの関係を弁証法的なものとして捉え、そのことによって常に世の終わりまで探求され続ける神学課題であると考えるべきであろう。

キリスト論に関連して、さらに言うべきことがある。それは『禅キリスト教の誕生』第三章「伝統の継承と革新」のなかに現代の新約聖書学に触れた部分があるのだが、ブルトマンの非神話化論以降、歴史上のイエスを探求する動きが先鋭化し、いわゆる「第三の探求」と呼ばれている新約聖書学の成果がイエスの「人間化」を徹底させ、果ては一種の「イエス批判」にまで至るのは時間の問題でしかないと指摘されている。

ここでの佐藤の論述のニュアンスは、そのような「イエス批判」に至ることに危惧を覚えているかのように読める。ところが、そういう佐藤自身が著書の第五章「キリスト教はどこまで寛容か」において、イエスの非寛容、非妥協的な教えを取り上げ、「キリスト教の傲慢さの濫觴《らんしょう》はやはりイエス自身にあるかもしれない」（同書124頁）とイエス批判をしているのである。

神格化されないイエスであるから、批判してはいけないなどと言うつもりはまったくない。しかし、キリスト教を再定義するための方法論としてナザレのイエスに遡源する道を避けることが出来ず、そのためには聖書学との対話が不可欠であるとしているにもかかわらず、対話よりも批判に傾くのは解せない。いや、もちろん対話のなかに批判もふくまれるわけだからそれもよしとすべきであろう。

問題は聖書学の場所であり、立ち位置である。現代の新約学はどのような場所に立っているのであろうか。新約聖書学のような相対的な人間の判断に頼るわけにはいかず、あれほど研究者が勝手に物を言っている自称学問はないなどの世間的な評価を紹介したうえで、それでもなおイエスを人間として追求する新約学のイエス研究がどうしても必要なのだと佐藤は主張している。「日本の教会は特に新約聖書学に対するアレルギーが強いような気がしますが、それでは前に進めないのです」（同書109頁）とまで仰っている。さらに保守的なカトリックにおいては、教義に触れるようなことを言っても、新約聖書学の中だということで、かなり大目に見てもらっているようだと羨むような言い方もしている。隣の芝生は青く見えるものだというのは本当である。

そもそも新約聖書学という学問は何のために存在するのであろうか。たんなる文献学、歴史学に解消されるというのであれば、人間イエスを追及する、このような学問の姿勢も許容されるであろう。歴史上のイエスの姿を徹底的に追求するのはおおいに奨励されなければならない。

しかし、現代の史的イエスの探求という、いわゆる「第三の探求」はすでに底をついたのではなかろうか。方法論をいくら研ぎ澄ませても、福音書から新しいイエス像はもう生まれて来ないのではなかろうか。方法論的隘路《あいろ》に陥っているのが現状ではなかろうか。だが、それでもなおイエス研究はあくまでも続けられねばならないと筆者も考える。

それ故にこそ、佐藤は禅学を参照して新しいキリスト論、新しいイエス論の構築を図ったのであろう。その意図はよくわかる。きわめて刺激的であることも事実である。しかし、禅の理解が説得力を持ちながら公式的なところにとどまっているような気がしてならない。非礼にわたることを承知で言わせていただくなら、優等生の禅理解というのが適切な評語であろう。

また、キリスト教理解に関して言えば、新約聖書学は神学の一分野であり、組織神学という円環の部分をなすのであるから、それは全体として教会に仕えるものであるはずである。もちろん教会そのものが存続を危ぶまれるような状況であってみれば、そのような危機を打ち破るためには神学的に思い切った打開策が必要になるであろう。そのための先駆的な試みという意味ではおおいに評価できる。

だが、イエス研究を押し進める新約聖書学はどこかでキリスト論に対して開かれていなければならないのではなかろうか。現況は歴史のイエス研究というかたちで、ありとあらゆる方法論を駆使し、さらに学際的研究、仏教との対話、自然科学との対話などに分け入り、その結果がたとえイエス批判に及ぼうとも恐れることなく突き進んでいくべきであるが、どこかで未来のキリスト論、将来の組織神学に場所を空けておかなければならないのではないだろうか。

3　否定神学としてのグノーシス主義

さて、最後に『禅キリスト教の誕生』のもう一つの焦点と言えるグノーシス主義を扱った第七章、第八章を取り上げたい。禅とグノーシス主義を比較検討したこれら二つの論文は、新約学者としての学識と座禅の実践者としての経験とが最上のかたちで合体した秀逸なもので、多くのことを教えられた。最後の一点を除いてはまったく隙のないすぐれた論考である。

グノーシス主義は初代教会が対峙した数々の異端のなかで最大のものであり、教会はこれとの論争によって大きく成長し、自己認識を深め、教会としての足場固めをしていった。教会教父として名高い聖アウグスティヌスが若い頃、熱中したのがグノーシス主義の発展したかたちのマニ教であったことはよく知られている。

グノーシス主義は紀元後一世紀頃ローマ帝国の周辺部に成立し、紀元四、五世紀まで帝国内で栄えた。その発展形であるマニ教は六世紀以降も各地に伝播して中国にまで至ったが、禅仏教との接触は確認されていないという。

グノーシス主義を定義すれば、至高者と自己の本質が同一であるとの覚知を救済の根拠とし、この世、現象世界の一切を強く否定するあり方であるということができる。このような宗教運動を展開する際の特徴的な思弁は「否定神学」あるいは「否定の道」と呼ばれるものである。たとえば次のごとくである。

物質もなく、実体もなく、非実体もなく、単純なものもなく、複合的なものもなく、思惟可能なものもなく、感知可能なものもなく、人間もなく、天使もなく、神もなく、名づけられたものや、感知されたものや知力的事柄などの何ものもなく、全て単純に描写されるものごとのうちで一層繊細な方法で描きうるものもなかった時、〈存在しない神〉は知力も用いず、感知不可能な方法で、意思を用いず、決断もせず、感情の動きもなく、欲望もない仕方で、宇宙を造ろうと思った。

以上は二世紀のグノーシス主義者バシリデス（85~145 アレクサンドリアのバシリデス）の言葉として伝えられているものであるが、このような否定辞を伴う語りがグノーシス主義に特有のものである。

否定神学そのものはグノーシス主義のオリジナルではなく、当時の中期プラトニズムのなかにすでに言語化されて見出されるのだが、グノーシス主義の場合には哲学的思弁とは違って、救いをめざす展開の切迫性と深さが感じられる。つまり、言い換えればそこには救済体験の裏打ちがあったということである。

ここから禅体験との比較という問題になるのであるが、ハンス・ヨナスの『グノーシスの宗教』（人文書院）を訳した秋山さと子の「訳者あとがき」が紹介されている。「悟りの瞬間に禅者は自己の中心にあり、なおかつこの世界のすべてを統合するなにものかを知るのである。それは二世紀のグノーシス派のバシリデスが説いたという〈存在しない神〉を見ることに近い。それを知るためには、自分の意識や、この宇宙の枠を超える飛躍が求められる。このような考え方は、たしかに禅とグノーシス主義の両者に通じるものと言えよう。」

このような次第であるから禅仏教のなかにも否定的言辞による語りを見出すことができる。有名な「般若心経」はその代表的なものである。

生ぜず、滅せず、垢つかず、浄からず、増さず、減らず、この故に、空の中には色もなく、受も想も行も識もなく、眼も耳も鼻も舌も身も意もなく、色も声も香りも味も触も法もなし。眼界もなく、ないし、意識界もなし。（中村元訳）

グノーシス文書の「否定神学」に酷似することは明白である。歴史的に影響し合ったことが確認できないならば、何よりも互いの事柄理解の相似性に起源をもとめなければならない。それはいわゆる二元論的・相対的世界把握が消滅する次元が体験的に現出したからであると言われる。二元論のない世界とは、自他の差別のない世界、「自己」というものが一元論的真実相のなかで滅している世界である。

言語的分節化がそのままで空無化してしまった世界であるから、それをあえて言語化すれば「あれでもない、これでもない」さらに「ないというのでもない」というような否定的言辞にならざるを得ないのである。こうした体験は人間一般に可能な生の実相把握であるから、禅やグノーシス主義以外にも、より広範に見出すことが可能であり、キリスト教神秘主義やイスラム教スーフィズムにも同等の言語表現があるという。

このようにグノーシス主義と禅の双方に否定辞を伴う一元的実相把握の体験が想定されるのであるが、それをどのように悟得・深化させていったかという実例として、面白い話が挙げられている。

曹洞宗の開祖道元から四代目の法嗣である螢山紹瑾（けいざん・じょうきん、1268~1325）は二七歳にして悟りに達したが、師匠の徹通義介和尚（てっつう・ぎかい、1219~1309）が「平常心是道」という公案を提唱するのを聞いて突如大悟した。師匠が「どのように会得したというのか」と問うたのに対して、紹瑾は「黒漆《こくしつ》の崑崙《こんろん》夜裏《やり》に奔《わしる》」と答えた。これは「黒うるしのコンロン産の真っ黒な玉が、真っ暗な夜の闇を疾走している」という意味である。一切のものがかき消え、見る者も見られる物も存在しない、純粋に空なるエネルギーだけの世界を見取ったということである。しかし、ここで師匠は許可せず、「まだ駄目だ。さらに言え」と迫った。紹瑾は星霜を経て参究を重ねた後、「茶に逢うては茶を喫し、飯に逢うては飯を喫す」と答えてようやく許された。

これはどういうことかと言うと「本分の世界」絶対一元的・非限定の世界と「現象の世界」日常的な営みの世界との両方が見えなくては本当の実相把握とは言えないということである。この両者は二つのものではなく、同一なのである。同じ現実の便宜的な裏表である。

ところがグノーシス主義においては「本分の世界」が現象の世界から切断されて定立されている。絶対一元的な世界把握の体験を現実の世界において貫徹することをせず、悪魔的な存在である造物主（デミウルゴス）の創造による世界・宇宙全体は悪しきもの以外の何ものでもないとして関係を持たないのである。現実世界は非妥協的な徹底否定の対象にしかならないのである。

禅ではこれを「空病」と呼び、実相の半面しか把握されていないと見る。一切の現象世界は空無の世界の現れであるから、般若心経の言葉で言えば「色即是空」の真理だけ把握して、「空即是色」の面が完全に欠落しているのである。

ここに禅とグノーシス主義の決定的な岐路が潜んでいる。なぜこのような差が生じたかと言えば、やはりグノーシス主義の歴史的背景が問われざるを得ない。グノーシス主義は、総じてローマ帝国の絶対的権力に搾取されるがままの属州地域に発生し、展開された。すなわち、この世界に対する修復不可能な絶望と憎悪が根底に横たわっているという。

一方で至高者の本質世界があり、他方において傲慢な造物主の造り上げた劣悪創造の世界があるわけであるが、なぜ前者があるにもかかわらず後者が現れたのか。これに答えようとするのがグノーシス主義の神話群である。

初めから善なる原理と悪なる原理が二元論的に定立されているところから説き起こす「イラン型」と、善なる一元論的原理の部分的劣化としてこの世界・宇宙の発生を説明する「シリア・エジプト型」が存在するが、いかにして本来の霊的本質に目覚め、この世的領域の一切を突破して本来の至高者界に帰還するかを壮大な神話体系で教示しようとする。

他方、禅はこのような形而上学的な神話を持たない。因果説的な説明以外には即物主義と言ってよいほどの非思弁性を保持している。

基本的に人間肯定的、性善説的な禅と現世否定的なグノーシス主義の相違は以上のようなものであるが、グノーシス主義は結局、この世との有機的な関係を構築できず、神話的言語のなかに思弁化抽象化してしまい、キリスト教正統派教会の激しい攻撃・弾圧のなかで徐々に衰退し、やがて歴史の表面からは滅び去ってしまった。その意味ではグノーシス主義は「失敗した禅」と呼ぶことができる。

以上が第七章の「禅とグノーシス主義」の主旨である。きわめて明快な比較論である。では、グノーシス主義には禅のような身体的な瞑想システムがあるだろうか。この問題を扱ったのが第八章「トマス福音書と禅」である。

トマス福音書はエジプトのナイル河上流にある、テーベの都近郊の地ナグ・ハマデイから一九四五年に発掘された、いわゆるナグ・ハマデイ文書に属する一書である。福音書とは呼ばれているが正典の福音書とは違い、物語的に構成された筋は一切ない。序文に続いて一一四個のイエスの語録が収められているだけである。

内容的には三つの言葉のグループに大別される。一つはすでに正典の共観福音書に並行記事のあるもの。二つは新約聖書には書かれていないが、未知のイエスの言葉として流布していたものと並行するもの。三つ目はこれまで知られていなかったイエスの言葉。とりわけ、この第三のグループの語録のなかにナザレのイエスにさかのぼる言葉があるのではないかとセンセーショナルな話題を呼んだが、その後の研究により正典福音書の文言より古いと確証されるものはごく僅かであることが判明した。（荒井献『トマスによる福音書』講談社学術文庫参照）

要するにトマス福音書のなかに地上のイエスの原像がそのまま保存されているかのような意見は錯覚以上のものではない。ではこのような福音書の用途は何であったのか。グノーシス主義の理論や神話体系を展開しようとしたものでないとすると、このイエスの語録の「生活の座」（聖書学の用語で、初代教会の伝承が洗礼準備とか異端への反論とか信徒教育などそれぞれ伝承〔口伝〕の用途が違っていたので、それを伝承の「生活の座」と呼んでいる。）は何であったのか。

一見すると無意味な並べ方をされている語録は、グノーシス主義の公案集だったのではないかという仮説が成り立ちうる。時代も場所も違うが中国で編纂された禅宗の公案集『無門関』『碧巌録』なども一貫した構成というものがない。むしろそれは意図的なもので、公案集の場合、知的・形式論理的に理解可能な構成上の意味はむしろあってはならないのである。一つひとつの公案が各々一切なのであって、その一点を突破すれば総てが開ける質のものだからである。

禅の公案は「片手の音を聞いてこい」とか「父母未生以前の汝の面目を問う」のように日常の論理では解決できないものばかりであるが、トマス福音書も、論理的には矛盾ないし不可解としか言えない発言が繰り返される。

イエスが言った。「成った前に在った者は幸いである」（語録19）イエスが言った。「死人たちは生きないであろう。そして、生ける者たちは死なないであろう」（語録11）イエスが言った。「木を割りなさい。私はそこにいる。石を持ち上げなさい。そうすればあなたがたは、私をそこに見いだすだろう」（語録77、以上荒井献訳）

このように一つひとつの語録を公案として瞑想的に取り組むことによって成熟をめざすグノーシス主義者は、その背後の至高者の真理にまで体験的に突入することが目されているのではないかと推定できるという。禅の根本認識は何度も触れてきたように「人法倶空」つまり自己も客観界もともに実体性ゼロの事実のことであり、これを人格的に表象すれば仏となる。この「人空・法空」の体験的発見が救いであり、「大安心」をもたらすものとなる。そこには排他的な救済者なるものが存在しない。釈迦牟尼は確かに圧倒的な存在ではあっても、その背後には「衆生本来仏なり」という大公理が控えているため、一般人も本質的には釈迦牟尼と同じ「仏」にほかならない。

トマス福音書におけるイエスはどうか。各語録の発話者としての磁場を形成する存在ではあるが、絶対排他的な超人格性が主張されているかと言うと、それは当たらない。トマス福音書のイエスは至高者から出てきた「光」そのものであるが（語録77）、その弟子たちも同じように「光からきた」（語録50）者であり、本質的にイエスと同等である。この点に正典のイエスの意味づけとの基本的な差が現れている。

禅とトマス福音書がともにめざしているところは「二つのものを一つにする」「二元論的な認識を超える一元的な真理」という統合の原理であるという言い方できるだろう。ただ「一つになる」という意味が、トマス福音書では「原初的統合の回復」すなわち「両性具有的資源の状態の回復」という神話的なものであるのに対して、禅では主体と客体の二元分裂を超えた一元の事実の世界に参入することを意味する点が両者の違いである。つまり、「人法倶空」の体験的認識によって、それゆえにこそ「一つ」という覚知が発生するというのが禅の立場であるが、そのような「法空」に当たるものがグノーシス主義には厳密には存在しない。

ここにグノーシス主義と禅との最大の差がある。つまり、グノーシス主義においては、宇宙論的とも言うべきラディカルな二元論が支配しており、その限りにおいてこの現象世界は第一義的には否定の対象でしかない。しかるに、禅において現象世界の「空」を認識することは、それを「否定」の対象とすることとは全く別物なのである。

禅では、既述のように現象世界をたんに否定の対象にしか見ることができないことを「空病」と呼びならわしているが、グノーシス主義は、まさに「空病」が支配している感がある。現実世界の有機的統合に致命的に失敗した試みのように映るであろう。

このようにグノーシス主義は「失敗した禅」「座礁した禅」「未完成の禅」であるというのが第七章と第八章にわたる結論である。

「トマス福音書」が公案集であったのではないかという佐藤の仮説はまことに大胆であり、新約聖書学の分野では認められないかもしれないが、筆者は支持したいと思う。

グノーシス主義探求としてもじつにわかりやすく、また禅との比較をとおしていっそうグノーシス主義の本質が浮き彫りにされていると言えるだろう。その実態と本質は必ずしもいままで明らかであったとは言えない。なぜ異端として批判と攻撃の対象にされなければならなかったかはわかったようでわからないところがあった。

神学校に入学したての神学生が、教理学・教義学の講義でまず教えられるのが初代教会にとっての克服すべき異端であるグノーシス主義ということなのだが、デミウルゴス（悪魔的造物主）がやれすべったの、ころんだのと説明されてもさっぱり腑に落ちないのである。禅との比較という視点からの検討はじつに明快である。明快すぎるほど明快であり、蒙を啓かれる思いがする。佐藤の功績というべきであろう。

螢山紹瑾禅師の「黒漆の崑崙夜裏に奔る」のエピソードは、わかりやすいだけでなく、おもわず笑いに誘われる。禅の悟りに不可欠の笑いの要素がここにも露呈されていると思われる。

明快で隙のない論述に一点だけ瑕疵があるとすれば、以下のことである。グノーシス主義の宿痾である空病についてはまったく異論がないが、空病と禅病を混同しているのは明らかに間違いであると思われる。

「本分の世界」すなわち絶対一元的・非限定の世界と、「現象の世界」すなわち日常的な二元的・限定の世界とは同一現実の便宜的な裏表であり、一つのものなのである。なるほど後者だけに執着すればたんなる凡夫の世界であるが、逆に前者しか見ないのであれば、それもまた不幸な一面観でしかない。禅ではそれを「空病」ないし「禅病」と言い、身動きのとれぬ穴のなかに落ち込んださまに譬える。（同書164頁）

このように空病と禅病を混同もしくは同一視しているが、禅にたいする見方が一面的な理解に陥っていると言うべきである。まさに「一面観」である。空病についての洞察はじつに正鵠を得ているにもかかわらず、禅病の何たるかがまったく把握されていないのは不思議で仕方がない。

禅病は中国気功における「偏差」と同じく、瞑想にともなう身体的チャレンジであり、座禅の実践を志す者がわきまえておかなければならない陥穽である。

これは瞑想行につきまとう本質的な問題であり、不可避であると言っても過言ではない。神学的に言えば、「ヴィジョンと傷つく可能性は相伴うものである。」（J・V・テイラー主教）ということになる。

4　禅病の克服

気功では、「偏差」のことを「走火入魔」という言葉で説明する。「走火」は身体的症状、「入魔」は精神的症状である。気功の「偏差」と「禅病」とは限りなく近似しているが、厳密に言えば「走火入魔」のうち、「走火」の身体的症状の方を仏教では禅病と呼び、「入魔」の精神的症状は「魔境」という言葉で表現している。

中国気功では自我の弱い者が「入魔」に陥ると教えている。依存的な性格とか精神的に自立してない人間が気功を試みると幻覚や幻聴が出て、日常生活が困難になる場合があるのである。しかし、禅の場合の「魔境」は悟りに近づく直前、幻覚症状や幻聴が出ることを指して言われている言葉である。

釈迦は菩提樹の下で悟りを開いたわけであるが、その直前、美女が現れて自分を誘惑するという幻覚を見たと言われている。イエスも宣教を開始する直前、荒野に導かれ、悪魔によって問答をしかけられるという「魔境」を経験している。

だから気功の「入魔」と禅の「魔境」は言葉のニュアンスが示しているように段階が異なり、まったく次元が異なると解釈することも可能である。

（因みにトランスパーソナル心理学の代表的理論家ケン・ウィルバーは、瞑想におけるマイナス反応を「逆火（バック・ファイアー）」という言葉で表現している。『意識のスペクトル』２「意識の深化」春秋社）

禅病の典型的な例として有名なのは我が国の白隠（白隠慧鶴：はくいん・えかく、1686~1769）である。臨済宗中興の祖と呼ばれる江戸時代の白隠禅師であるが、最近では独特の迫力ある禅画や書に関心が集まっており、各地で書画展が催されている。米国で凶弾に倒れたジョン・レノンのニューヨークの自宅には白隠の描いた達磨像の掛け軸が飾られていたことはよく知られている。

禅を世界中に広めた功労者である鈴木大拙《だいせつ》（1870~1966）は白隠について、現今の日本の臨済宗は白隠宗と言っても過言ではなく、臨済宗に集う人びとはみな白隠の子孫であると言っている。白隠以前は色々な流れがあったが、みな支那の思想に同化したもので、中国禅を学んでいるという感が抜けきらなかったが、白隠において禅は初めて日本化し、土着化したとまで言っている。

また、鈴木大拙の師匠である釈宗演は白隠について次のような評価をしている。

白隠禅師について第一の特色とも見るべきは、貴族的、形式的禅を、平民的素朴的の真禅に化せられた点であろうと思う。（雑誌『禅道』百号記念巻頭言より）

ここで白隠の禅病の次第を略述してみよう。白隠の生涯については鎌田茂雄の『白隠』（仏教シリーズ11巻、講談社）に多くを負っていることをお断りしておく。

白隠は富士山の麓、駿河の国は沼津の裕福な旅籠の息子として生を受けたが、子供時代から感受性が異様に鋭く、一五歳のとき三島の松陰寺に入り、出家して各地の寺を遍歴しながら座禅修行に励む。二四歳のときに越後高田の英巌寺の性徹和尚のもとに参禅し、始めて心身脱落の開悟を経験した。この心身脱落の悟りは伏線があってなかなか興味深い内容である。

英巌寺に来る前、行脚の旅のなかのことであると思われるが、一九歳の白隠を悩ましたのは唐の時代の禅僧、巌頭和尚の死に様であった。巌頭和尚は常々、「わしが死ぬ時は吽《うん》と一声唸るだけじゃ」と弟子たちや周囲の者に言い聞かせていたが、戦乱が起こり、賊の刃にかけられて殺された。その時、一声吽と唸っただけであった。しかし、その声は、数十里先まで聞こえたという。

白隠はこの伝記を読んで思い悩んだ。巌頭和尚は立派な禅僧であるのに、どうして賊の手で殺されたのか。これほど立派な人でも、このような死に方をするとは出家の功徳はどこにあるのかと白隠は懊悩した。

そして、なおも各地の寺を遍歴しながら、座禅の修行にあけくれるのであるが、名声の高い越後の性徹和尚の寺に辿りつき、連日、座りづめに座り、座ったまま徹夜した。暁の寺の鐘の音を聞いた時、忽然として大悟し、心身ともに脱落した。この時、白隠は大声で叫んだ。「やれやれ、巌頭和尚はまめ息災であったわい」つまり、賊の手によって殺されても、殺されるまでは無事息災に生きていたと閃いたのである。この白隠の悟りは次のような一口話で伝えられている。

白隠禅師は徹夜で座禅をした。早朝の静寂を破って、雲水に読経のときを告げる暁鐘の音が鳴り響いた。遠くで白隠はその鐘の音を聞いて思わず叫んだ。「おお、わしが鳴った」

（トーマス・G・ハンド「〈空〉と〈神〉のダイナミズム」）

白隠は閃きの内容を性徹和尚に話したが、師匠はよい顔をしなかった。認めてくれないのである。先輩や仲間に話してもどうも話が合わず、辻褄が合ったように思えなかった。しかし、それでも白隠は自分の悟りの境地が確かなものに思えたので、われこそはという奢り高ぶった思いになった。誰も認めてくれず、悶々としていたところへ、紹介してくれる人があり、信州飯山の正受慧端《しょうじゅえたん》（道鏡慧端：どうきょう・えたん、1642~1721）という和尚の指導を受けることになった。白隠は自分の考えを述べた偈文を和尚に呈した。すると正受老師は冷ややかに言い放った。

「これは学得底だ。見得底はどこか」

理屈は分かった。理屈を超えた体験から得た真理を語れと迫ったわけである。白隠と正受老師のあいだに禅問答が繰り返されるのであるが、問答のあげく、正受老師は白隠に向かって「この穴蔵の禅坊主め」と決めつけた。それから白隠を見るたびにことごとく「この穴蔵の禅坊主」と切って捨てるように罵るのである。ときには白隠の胸ぐらを掴んで、拳で何回も殴りつけ、廊下から庭に突き落とすこともあった。白隠が泥んこになって息も絶え絶えになっているというのに殴った本人の老師の方はそれを見て呵々大笑しているという有様である。禅というのはまことに荒っぽい修行である。現代ならパワーハラスメントということで糾弾されるところである。

八か月の間、白隠は正受老師のもとで研鑽を積み、打ち叩かれながらも公案の工夫を深め、ついに「汝、徹せり」という印可を受ける。白隠が飯山を去るとき、正受老師は「必ず多く求むるなかれ。多く求むるときは則ち大器成じ難し」と別れを惜しんだという。

この後も、白隠は各地の寺を遍歴して修養を続けるのであるが、それからまもなく、二六歳のときに深刻な身体的不調に見舞われる。それは自律神経失調症とも肺結核とも言われ、諸説が飛び交って白隠の研究者を悩ませている問題である。たんなる心身の不調と片づけられない原因不明、謎の症状である。『夜船閑話《やせんかんわ》』によると、それは次のような具合であった。「頭はのぼせ上り、肺は火のように熱く感じ、枯れ果てたようになり、両脚はまるで氷か雪にでも浸しているように冷たく、両耳は鳴ってまるで川音を聞いているようであった。肝臓も胆嚢も著しく衰弱し、何かしようとすると恐怖が先立ち、神経が疲れ果て、寝ても醒めても種々の幻覚に襲われる。両腋の下にはつねに汗が流れ、両眼にはいつも涙がたまるという有り様であった。」

これはまさに究極の禅病と言ってよいだろう。日常生活がまったく不可能になる凄絶な症状であり、精神科医であれば病理現象の一種と見なすであろうと思われる。

ほとんど生命の危機に瀕するほどの状態となり、漢方薬、鍼灸など当時で考えられる限りの治療を施されるのであるが一向に回復しないどころかますます悪化の道を辿るばかり。そこで白隠は最後の気力を振りしぼって、伝え聞いた京都の比叡山に独居する白幽子という道教の仙人のもとへ行き、教えを乞うことになる。白幽子は白隠の脈をとり、修行が過ぎてこのような結果になったから治療の道はないと匙を投げるが、白隠は助かりたい一心でなおも必死に白幽子に食い下がり、「内観の法」と「軟酥観《なんそ》」という二つの方法を伝授される。白隠は教えられたこの二つの養生法を懸命に実践する。そして重篤な禅病が薄皮を剥がすように、徐々にその症状から脱していくのである。そして、後進の教化と指導に明け暮れ、八六歳の長寿を全うしたと言われている。

これが白隠の禅病の次第であるが、その生涯は謎が多く、正受老師も白幽子仙人も白隠との関係が明確な輪郭を描けない。フィクションとする説もあるが、正受老師も白幽子も架空の人物というわけではなく、実在は確かめられているものの、白隠の生きた時代との並行関係が曖昧なのである。（これについては文芸評論家で仏教研究者でもある栗田勇の仮説が最も説得力をもったものだと思われる。巻末の参考文献Ⅰ参照。）

いずれにしても白隠が罹患した禅病は大悟徹底した後に発病したものであるから、前述の「魔境」のように悟り・解脱の直前に経験するものとは異質であると思われる。

重要なことは、二四歳のときに心身脱落の悟りを経験し、「われこそは」という慢心した状態にいたるのであるが、正受老師によって散々打ち叩かれ、大悟徹底する。その直後と言ってもよい二六歳のときに禅病に陥っているのである。したがって、これは偶然ではなく、心身脱落の悟りと何らかの関連があると見るべきであろう。

晩年の白隠はよく「南無地獄大菩薩」と揮毫《きごう》したと言われている。三島の松陰寺にその迫力ある書が残されている。本来なら「南無阿弥陀仏」とか「南無妙法蓮華経」と書くのが普通であるが、白隠は地獄を必定と見、人間は自分も他人もふくめて地獄そのものの世界のなかで活路を見出していくしかないと思い定めていたのではないかと思われる。つまり、白隠において禅病は克服されたものとしてではあったが、晩年にまで影響をおよぼしていたと見ることが出来るのである。因みに仏文学者にして有名な評論家でもあった寺田透は、白隠の書画を見て、「地獄のにおいがする」との名言を吐いたと言われている。

白隠ゆかりの松陰寺を訪れる者は白隠が葬られている墓石のまわりを取り囲むように建てられている卵塔、つまり卵型の墓が何十個もあることに気づかされるが、これは白隠の名声を慕って全国から集まり、志し半ばで倒れた若い修行僧たちのものである。その卵塔の姿が、涙の雫に見えるという。(『白隠の読み方』栗田勇、祥伝社)

禅病はこのように座禅修行に過度にたずさわると罹患する可能性が高まるのであるが、一説によると公案の工夫を行じる臨済禅に多く見られ、只管打座を旨とする曹洞禅ではそれほどでもないとも言われている。わけのわからない論理矛盾の公案によって、自己をとことんまで追い詰めれば確かに心身のストレスが高じるであろうからそれはうなずける。しかし、前述のようにこの問題は公案を用いるか否かにかかわらず瞑想行に不可避のものであり、これが解決されない限り、解脱の境地が深まることもなければ、真の意味での菩提心(慈悲)が養われることもないのである。

世界的な座禅運動が、ドイツを中心に起こっているということであるが、白隠が『夜船閑話』のなかで説いている禅病の対処法である「内観の法」と「軟酥観」は、そういう意味できわめて具体的なメソッドとして注目に値する。ここではその内容については詳述をしないでおくが、いずれこれらの方法は座禅運動のなかで正当な評価を受けるようになる日が来ると思われる。欧米の座禅運動が一時的ブームに終わらず正当に継続発展すれば、という条件付きであるが。

ドイツではあまり取り上げられていないようだが、米国では前述のジョン・レノンの例のように、白隠は大変人気があると言われている。

禅病というと禅仏教の範囲内だけのものと思われるかもしれないが、トランスパーソナル心理学では「スピリチュアル・エマージェンシー」（霊的危機、魂の危機）という概念が打ち出されており、白隠の経験した禅病もそのなかに位置づけられる。初代の国際トランスパーソナル学会の会長を務めた脳科学者であり、精神科医でもあるスタニスラフ・グロフはこういうことを言っている。

従来の精神医学が精神病とみなして対応してきた劇的な体験や並外れた意識状態のなかには、じつは個人にとっての変容の危機、つまり「魂の危機」と呼びうるものがある。実際、この種の発現例はあらゆる時代の聖典に、瞑想修行の結果起こるものとして、あるいは神秘的な道の道標として記されているのである。（スタニスラフ・グロフ、クリスティーナ・グロフ共編『スピリチュアル・エマージェンシー』高岡よし子、大口康子訳　春秋社）

このようにグロフは、瞑想行に不可避の「霊的危機」（エマージェンシー）は、同時に「霊的顕現」（エマージェンス）でもあり、新しい意識レベルへ浮上する機会となり得るから肯定的な可能性あるものとして受けとめるべきで、回避されたり、精神医学の標準的な処方によって抑圧されてはならないと言っている。

もっとも一方で、精神病をスピリチュアルなものとして病状を美化し、さらにひどい場合は、器質的問題まで見過ごしてしまうという逆の危険性も指摘されている。

グロフ夫妻の編集した同書には心理学者、精神科医、人類学者、仏教学者、カウンセラーなどの論文や報告が収められ、従来、精神疾患として片づけられてきた神秘的・幻視的体験を病理学的判断にまかせることによって、人間経験の豊かで活力ある側面を手放してきてしまったという反省と気づきがようやくわれわれの身近になったことを窺わせてくれる。

つまり、大きく言えば近代の時代的な流れのなかで、無視と抑圧の対象であった心的エネルギーの豊かな力を拒絶し、放棄してしまったことに対して、われわれはいまその代償を払わされているのかもしれないのである。

同書のなかで、ジャック・コーンフィールドというアメリカの仏教研究家で心理学者であり、また得度した僧侶でもある人の講演録が掲載されているが、そこに白隠の『夜船閑話』が取り上げられている。白隠が道教の仙人から伝授された「内観の法」と「軟酥観」を内的エネルギーのグラウンディング（着地）という言葉で評価し、さらに「アクセス・コンセントレーション」という一段と深い洞察の領域にアクセスできる段階にすすむ過程として位置づけているのである。

白隠はこのようにたんなる臨済宗中興の祖という禅僧にとどまらず、国際的な位置づけがなされうる逸材である。白隠の評価はしたがってこれから日本仏教の枠を破って、世界的に高まっていくであろうと予想されるが、この瞑想行に伴う危機的段階については、ほかならない西欧キリスト教の神秘主義の伝統のなかにもよく知られているのである。

その代表的なものは中世スペインの十字架のヨハネ（ファン・デ・ラ・クルス）であろう。『カルメル山登攀』その他の著作の中で、彼は「魂の暗夜」という言葉でそれを表現しているが、「感覚の暗夜」と「精神の暗夜」という二つの段階があるとの注目すべき洞察を明らかにしている。

そして、「精神の暗夜」は「感覚の暗夜」にくらべると比較にならないほど苦痛が大きく、闇の度合いも深いという。多くの実践者が「感覚の暗夜」に入るが、「精神の暗夜」に入る者は稀であるとしている。どんなに苦痛が大きく、激しくとも最後の完成のためにはその過程がどうしても必要であるとも言っている。（エノミヤ・ラサール「十字架のヨハネと禅」『禅とキリスト教』所収、春秋社）

『禅キリスト教の誕生』にはこのような瞑想行に不可避の側面がすっぽりと抜け落ちているが、禅キリスト教の将来を展望するとき、懸念材料のように思われてならない。佐藤の真摯な姿勢を疑うものではないが、そしてことさら禅仏教とキリスト教を性急に結びつけようとするあまりのことだとは思うが、最も重要な核心的部分についての目配りが不足していると言わざるを得ないのである。

5　未来的キリスト教

さて、いろいろと注文をつけたり、批判的言辞を弄してきたが、『禅キリスト教の誕生』という著作にたいする敬意と、著者の蛮勇を奮う努力にたいする驚嘆の念は変わらない。創見と鋭い洞察に満ちており、学ぶところが多い著作であることを言っておかないと誤解をまねくことになる。

その意味で、最後に『禅キリスト教の誕生』のなかから筆者が共感し、重要だと思われるポイントを二つ取り出し、それについてコメントすることによって、禅キリスト教の今後の可能性について資することにしたいと思う。

信仰型宗教よりも覚知型宗教へ（同書130頁）

このような主張がなされる背景には、前述のようにプロテスタント教会が拠り所としてきた言葉の権威が失われ、生きる力としての生命を持ちえなくなってしまったことによって、「信」と「不信」のあいだを右往左往しなければならなくなったという現状が踏まえられている。その結果として世俗化、つまり霊的な空洞化に陥り、発信力を喪失しているのが現代の教会である。言いかえれば、「信」と「知」が乖離してしまっているのである。そこから前進していくために覚知型宗教をめざすべきことが主張されているわけであるが、これは耳を傾けるべき指摘である。

このイエスに学ぶということは、たんに彼を「信ずる」という次元に留まるのではなく、彼が覚知したものを私たちも同じように覚知するという課題を鮮明にするのです。（中略）それは「信仰」するだけでは不十分なのです。（同書131頁）

信仰というのは人間以上の力と権能をそなえた超越的な存在に依り頼むことを意味しており、それによって生きる拠り所と活力を与えられることをめざしたものであると言うことが出来るであろう。しかし、同時にそれは教えの言葉をイデオロギー的に鸚鵡返しに信じこみ、人間精神を眠りこませるというネガテイヴな反作用を引き起こすこともあり得る。そういう意味では信仰は自覚的生き方とは似ても似つかぬ正反対のものになってしまう危険をつねに孕んでいると言えるだろう。阿片に譬えられるのはこのような宗教的営みを指しているのである。

イエスはそのような人間の性向と弱さをよく知悉していた。福音書のいたるところにそのような場面を窺うことができるが、とくに一〇人のライ病人の癒しの物語（新共同訳聖書では「重い皮膚病」と訳されている。もともと聖書の「ライ病」はいわゆる「ハンセン病」とは同一ではないというのが現在の聖書学の定説となりつつある。）が代表的である。イエスによって癒された一〇人のうち、神を賛美するために帰って来たのはたった一人であった。その一人に向かってイエスは言う。「立ち上がって行きなさい。あなたの信仰があなたを救った」（ルカ福音書17・11〜19）

このイエスの言葉には次のようなニュアンスがこめられている。「帰って来たのはお前一人なのか。ほかの九人は何処に行ってしまったのか。ほかの九人に比べれば、おまえの態度は見上げたものだ。だが、私に依存するのはやめなさい。お前を癒したのは私でもなければ、神さまでさえもない。お前のなかに生きて働いている自然の治癒力、本来の回復力であり、その力はお前を活かす原動力となるだろう。それこそがお前のなかに生きて働く神的な力であり、霊的な恵みである」

イエスは癒された病者のなかにまだわずかにイエスに依存し、寄りかかろうとする性向と弱さが残っているのを見抜いた。人間として自立し、何ものにも縋らずに成人した大人としてこの世の真只中で生き抜いていくことを願ってあえて突き放すように、立ち上がって生きていくことを奨励したのであろうと思われる。このような自立を促すものこそ覚知であり、キリスト教信仰はこの覚知をめざすべきなのである。言ってみれば、身体的覚知をめざすということになるだろう。

「人間」はその生来の罪性のまま、その究極の本質において、すでに「人間」をはみ出しており、すでに人間の底が抜けている何ものかなのである。（同書２１１頁）

これも大変鋭い洞察であり、佐藤の人間観が深いところまで及んでいる証明であると思う。のみならず、彼自身が言っているように「将来の人間学が長きにわたって論じ、言語化するのではないか」という事柄であり、すでにそのような潮流が見え始めている。

ルネサンスに花開き、一九世紀から二〇世紀の前半まで隆盛をみた近代的なヒューマニズムが破産したことはすでにいろいろなところで明らかにされている知のパラダイム変換である。

このことを身近な例を挙げて言えば、一九六〇年代に米国で起こった「神の死の神学」の日本版と言われた赤岩栄の『キリスト教脱出記』は牧師の家庭に生まれ、二代目の牧師として代々木上原教会という名門教会の司牧を務めながら、キリスト教入門書の執筆を出版社から依頼され、書いているうちに入門ではなく脱出記になってしまったといういわくつきの著作である。

神の権威、聖書の権威、教会の権威にたいして次々に疑問を投げかけ、ついに最後は「イエスのヒューマニズム」というところに落ち着かざるを得なくなった赤岩は、その神学的結論の当然の帰結として所属する日本基督教団から除名処分を受けることになった。

赤岩のイエス論は、どのように贔屓目《ひいきめ》に見ても時代遅れの感を否めない。シモーヌ・ヴェイユの生き方とイエスの生き方を比較参照するところなどはセンスのよさを発揮しているが、依拠する近代ヒューマニズムそのものがいかにも古びてしまっている。

ここで思想的に召喚すべき名前は、ニーチェとミシェル・フーコーとテイヤール・ド・シャルダンの三名であり、三人をつなぐ共通点は「超人間」という将来の人間学なのであるが、そこまで大風呂敷を拡げなくても、「人間というのは底の抜けた何ものかなのである」という指摘だけで今は充分であると思う。

佐藤はこのような人間観を禅の体験から得たと言っているのであるが、彼がどのような意味合いでこういうことを書いているのか、詳しく展開されているわけではない。だが、禅瞑想はそれだけ思想的・神学的可能性を秘めたものであるということに賛成である。いままで展開してきた筆者の言い方によれば、「自己のなかにある他者性に目覚める」というのが底の抜けた人間観につながる契機になるはずである。

以上、ここで掲げてきた二つの論点は『禅キリスト教の誕生』の主要なモチーフでもあり、禅キリスト教の可能性を考えるときに欠かせない将来的なポイントであると言うことができるであろう。

神学者と仏教学者の邂逅

1　鈴木大拙の説

禅仏教を欧米に紹介した功労者が鈴木大拙であることはよく知られている。英語が堪能であり、格調の高い英語を話すだけでなく、自由に読み書きが出来、英文で著作もしたので、禅ブームを世界中に巻き起こした。

多産な著作家であり、三〇巻におよぶ日本語の全集が残されているが、著作活動だけでなく世界を股にかけて旅した、日本仏教が生んだ最大の海外伝道者でもあった。多数の講演や講義をとおして無数の欧米人に仏教を伝えたのである。

交友録（『回想——鈴木大拙』春秋社）が出されているが、それを見るとエーリッヒ・フロム、バーナード・リーチ、ハイデッガー、トーマス・マートン、ハーバード・リード、パウル・ティリッヒ、アラン・ワッツ、デマルティーノ等、各界の著名人が思い出を語ったり、一緒に写真に収まったりして、その国際的な交友の幅の広さに驚かされる。

このなかにトラピストの修道士であり、詩人としても有名であったトマス・マートンの言葉が語られている。

われわれは、稀な時代に生きている。したがって、非凡な人々がいたとしても、さして驚くにはあたらない。鈴木大拙という人は、われわれの時代の象徴であるアインシュタインやガンジーのような人物ほど世界に広く知られていないかもしれない。しかし、博士は、そういった人々に劣らぬほどのすぐれた人物であった。そして、その仕事は、そういう人々ほど広く反響を呼ぶ効果はなかったかもしれないが、我々の時代の精神的・知的な革命に少なからざる貢献をしているのである。

一八九七年から一九〇八年（明治30年～40年）の一一年間、アメリカに滞在したことが、彼の国際人としての人間形成に大きな影響力をもたらし、当時としては珍しい国際結婚もしている。ビアトリス夫人の協力は彼の国際的活躍を助けることになった。

ビアトリス夫人は動物愛護家であり、来日後も捨て犬や猫を多く自宅に引き取って飼育したが、徹底した菜食主義者であったので、動物たちにもそれを強いたため、鈴木家の犬猫の鳴き声には元気がなかったことを寿岳文章という英文学者が回想している。

このユーモラスなエピソードは、前述の交友録とは別のもう一つの交友録（『鈴木大拙――人と思想』岩波書店）のなかに出てくるが、この本のなかに菅円吉の興味深い文章が載せられている。

菅円吉（かん・えんきち、1895〜1972）はバルト神学の紹介者として知られたアングリカンの神学者であるが、ある時、鈴木大拙から要請があり、仏教とキリスト教の比較についての著作を予定しているので、神学者としての意見を聞きたいとのことで、鎌倉の円覚寺を訪れることになった。

この時の話し合いは菅円吉にとって生涯忘れられないものとなり、彼自身のキリスト教理解のうえに素晴らしい示唆を与えられることになったという。

二つの宗教の比較の話のとっかかりとして、キリスト教にだけあって仏教にはない教えは何かから始めようということになり、菅円吉が、「こんな教えは仏教にありますか」というかたちで、次々に項目を挙げていった。

終末論を最初に挙げ、つぎに悪魔を挙げたが、鈴木大拙はそれはみな仏教にあると答えた。つぎに三位一体論はありますかと聞くと、そういう言葉は用いないが、「仏法僧」というのが仏教ではそれに当たるのではないかと大拙は言った。

では順番に比較してみようということになり、「父なる神」に当たるものは仏教にもあると大拙は答えた。「仏法僧」のなかの「法」のことを言っているのだろうと菅円吉は考えた。「子なる神」も仏教のなかにある。それは言うまでもなく「仏」、すなわち釈迦如来のことを指しているのだろう。そして、「聖霊なる神」のところに来ると大拙は、うなずくようにして「聖霊」は仏教にはないとはっきり言ったという。

鈴木大拙がそう断言するのを菅円吉は、青天の霹靂《へきれき》のような思いで聞いた。これはキリスト教神学者にとって重大な警告であった。いままでのキリスト教神学は、三位一体という言葉は使うが、その内容についての認識は、きわめてお粗末で、「聖霊の交わり」とか「聖霊のみちびき」などと言い習わしているが、その内容が何であるかは曖昧で、まったくはっきりしていない。

キリスト教神学においては、「神」や「キリスト」については盛んに論じられるが、「聖霊」についてはあまり論じられない。キリスト教の独自性は、「聖霊論」にあるのに、その聖霊がぼやけているのでは、キリスト教全体の理解がぼやけているのと同じである。菅円吉はこれをきっかけに聖霊論に目が開かれ、神学者として新しい視点を与えられたと記している。

「仏教には聖霊がない」という大拙の見解は、しかし、教理教学としての「聖霊論」がないという意味であって、聖霊の存在までも否定したものではないと思われる。その証拠に、ほかならない鈴木大拙の言説のなかに聖霊の存在を示唆したものがあるのである。

一九五七年八月に鈴木大拙は、メキシコの自治国立大学医学部精神分析学教室の主催によるワークショップに、同大学の教授であったエーリッヒ・フロムの招きにより参加し、禅仏教にかんする講演を行った。その講演のなかでテニスンの詩と芭蕉の俳諧を例に挙げ、西洋的思考と東洋的思考の違いについて含蓄のある分析を披露している。(『禅と精神分析』東京創元社)

大拙が例に挙げている芭蕉の俳諧は次のような句である。

よく見れば薺《なずな》花咲く垣根かな

これを大拙は英訳してみせる。When I Look carefully I see The nazuna blooming By The hedge このように英訳してしまうと、この句にこめられた詩情や感慨はどこかに消えてしまうが、日本語に通じている者だけにしかおそらくわからないものがあるだろうと大拙は言っている。因みにこの作品は、まったく何げない、ありふれた句のように誰もがうけとると思われるが、専門家筋では名句とされているのだそうである。

大拙の解説に戻る。芭蕉はおそらく鄙の小道をひとり静かに歩いていたのだろう。ふと何かが垣根の向こうに見え隠れしているのに気づく。そっと近寄ってみると、なんのことはない小さな野草の花だった。（薺とは雑草のぺんぺん草のことである。）見栄えのしない小さな粗末な花なので、道行く人はたいてい見逃してしまう。句に表現されている内容も、なんでもない事実だけを詠ったもので、格別な情緒もそこには見当たらない。大拙はしかしこの句の二つの表現に注目する。

一つは、冒頭の「よく見れば」の「よく」という一語である。この一語において芭蕉はもはや外から花を見ている芭蕉でなくなってしまっている。花が花としての自分をみずから意識するのである。そしてこの花自身が黙って、しかも雄弁に自分を物語っているのだ。この花自身の側に生じた沈黙の雄弁、雄弁の沈黙がそのまま詩人に響いてくる。この響きが芭蕉の一七文字の一句となって生まれるのである。

ここでは、芭蕉が薺を見る。そして、同時に薺が芭蕉を見る。これはいわゆる感情移入でもなければ、共感でもなく、まして二者の融合などという生易しいものでもないと大拙は言っている。

もう一つは最後のシラブルの「かな」である。この接尾語は名詞や形容詞、また副詞につけられて感嘆や賛美、喜びや悲しみの感情を表すときに用いられる。英語の表現に当てはめれば、エクスクラメーションに相当するのであり、この句全体が感嘆符で終わっていることになる。

このように大拙は、芭蕉の句をくまなく共感に満ちた分析をしてみせたあとで、決定的なことを言っている。

「芭蕉にしてみれば、ことさらこんなふうに意識していたわけではなかったかもしれぬが、その時の芭蕉の胸のうちには、きっと何とも言えぬある感じが脈打っていたに違いないと私は信ずる。それはつまり、キリスト教などで言う〈聖なる愛〉（デヴァイン・ラブ）に相通ずるもので、これが宇宙にみちみちている生命の最も深い底に到達しているものなのだ。」（前掲書）

この聖なる愛、デヴァイン・ラブがほかならない聖霊ということである。「宇宙にみちみちている生命の最も深い底に到達している」と大拙が言っていることを別の言葉で置き換えれば、宇宙的エネルギーが万物に浸透したときの自然と人間の交感によって生まれた作品がこの芭蕉の句であるということになろう。

たった一句の作品に大仰な解釈をするものだ、との感想を抱く読者もおられるかも知れないが、この宇宙的エネルギーはタオイズムで言うところの「一元の気」に相当し、全世界にあまねく偏在し、アニミズム的な汎神論にも相通じるものである。

鈴木大拙はキリスト教のボキャブラリーによって、芭蕉の句の解釈の結論を引き出しているわけであるが、大拙をしてこのようなすぐれた分析を可能にしているものは、たんなる詩的な直観でもなければ、同じ日本人としての共感でもなかろうと思う。芭蕉の胸の内に脈打っていた何とも言えないある感じ、つまり聖なる愛、デヴァイン・ラブが、鈴木大拙のなかにも働いていたとしか理解のつかないものであろう。

2　万法としての聖霊

聖霊理解というのは決して一様なものではない。その働き方も人間への臨み方も多種多様である。新約聖書において聖霊は「思いのままに吹く風」（ヨハネ福音書3章8節）に譬えられているが、このような聖霊が、聖書において最も派手な登場の仕方をするのは「使徒言行録」二章におけるペンテコステの記事であろう。イエスの復活のあと、弟子たちは集まって祈りと聖餐式という「パン裂き」の祭儀を守っていたが、この時点では弟子集団はまだたんなる烏合の衆と言ってよかった。イエスの教えを守り、その思い出だけに縋って宗教的な営みを細々と続けて行こうとする内向きのグループに過ぎなかったのである。

エルサレムの二階座敷に集まり、祈りをともにしている時、それはイエスの復活から数えて五旬節（ペンテコステ）のことであったが突然、激しい風が吹いて来るような音が天から聞こえ、彼らが座っていた家中に響いた。そして、炎のような舌が分かれ分かれに現われ、一人一人の上にとどまったと聖書は記録している。

そして、弟子たちは一斉に異言を語りだすのである。この騒ぎにいろめきたった近所の人々は何事かと集まって来る。そこで弟子たちのリーダー格であったペテロが立ち上がって、説教を始める。この日を境にして弟子たちの集団は豹変し、イエスの復活の証人として立たしめられていくのである。聖霊によって鼓舞された弟子たちの働きは目覚ましく、「天下を転覆させる」とまで言われるようになる。このように、使徒言行録における聖霊の表象は〈風〉と〈火〉であった。

この新約聖書の記事が典拠になり、後の教会会議によって「父と子と聖霊」の三位一体のキリスト教公認の教義が形成されていくのだが、聖霊は教会の創設者であり、イエスの弟子たちの背後にあって、弟子たちの信仰を鼓舞する原動力になったのである。(「背後にあって」などと言うと、あたかも背後霊のようなものと誤解する向きもあるかと思われるので、「聖なる内的原動力」と言い直すべきであろう。心霊現象は現状肯定的なものであるのに対して、聖霊体験は現実を揺り動かし、乗り越えさせるものであるという違いをはっきりさせるべきであると思う。)

新約聖書が語る聖霊の働きは、使徒言行録だけでなく、福音書にもパウロ書翰にも頻繁に語られ、新約聖書の主役はイエスでもパウロでもなく、聖霊であるという言い方さえ可能であろう。

ここからキリスト教固有の聖霊理解を展開することができるが、そのまえに仏教における聖霊のもう一つの例を挙げておこう。曹洞宗の開祖、道元の教えのなかにも聖霊についての別の視点からの言及があるように思われる。

仏道を習ふというは自己を習ふなり。自己を習ふというは自己を忘るるなり。自己を忘るると言うは万法に証しせらるるなり。（『正法眼蔵』）

仏道をキリスト教と言い換えても何ら不都合のない言葉である。「自己を忘るるというは万法に証しせらるるなり」というのは、禅仏教は自力修行の宗教であるという俗説を覆す重要な指摘である。さすが道元である。

この「万法」というのが、キリスト教でいうところの聖霊に相当すると思われる。「万法」に証明されたときに「自己」を忘れ、「自己」を滅却して仏道を成就できると言っているのであるから、神の子である身分を証明するのは聖霊であるという聖パウロの考え方（ロマ書8・16）と通じるものであろう。因みに、『正法眼蔵』には次のような句が続く。

自己を運びて万法を修習するを迷いとす。万法すすみて自己を修習するは、悟りなり。

なんとも歯切れのよい啖呵である。「万法」が、即、聖霊そのものであるという解釈を裏書きしてくれる言及である。このような解釈は恣意的なものであり、『正法眼蔵』の正統的な読み方と違うと禅学の権威に言われそうだが、権威が真理を明らかにするとは限らない。当方としてはそれほど見当はずれではないつもりである。

さて、ここからキリスト教固有の聖霊について、考えてみよう。まず言語的なところからのアプローチだが、霊をあらわすヘブライ語のルアハ（ruah）は、息、呼吸を意味する言葉でもある。ラテン語のスピリトウス、ギリシャ語のプネウマよりもその発語は、息、呼吸を伴った発音を強く要請されることになる。（筆者が神学校でヘブライ語の授業を受けたとき、ルアハを発音するときは、喉の奥に詰まったものを吐き出すように、と教わった。ヘブライ語教師は自ら、喉頭を不自然に強調して鳴らしながらルウアッハと発音した。その発音を聞いていると、こちらの喉までいがらっぽくなってきたものである。）

息、呼吸は人間の意志で動かすことも可能だが、本来は不随意なものであり、それを司どるのは自律神経という、意志や統制のほとんど及ばない、独立的な身体組織、神経組織である。人間の意識的な行いではなく、息、呼吸の出し入れは自然に営まれるというのが、その本領であり、自然的生命の基本でありながら、同時にそれを超えた神的な領域に属していると言うことが出来るであろう。

このように聖霊は、呼吸を司どり、人間を鼓舞し、インスパイアするものであり、すべての生き物、人間だけでなく動植物のうえにも働いているものである。

仏教で言うところの「山川草木悉皆成仏《さんせんそうもくしっかいじょうぶつ》」というのはまさにそのことを表している。山川草木と心を通わせ、それと一体となるというか、自然のなかに自己を溶け込ませ、自己を無にしていくことが、仏教的な悟りということであろう。

キリスト教では神との和解、他者、自然、自己との和解というややこしい言い方をするが、まさに万物との和解と一致ということである。一つになることを意味する英語 Atonement そのものが「贖罪」をも意味しているのは示唆に富んでいる。それを可能にするものこそ聖霊なる神の助けであり、聖なる愛（デヴァイン・ラブ）の働きである。

山川草木と心を通わせ、自然と一体になるというのは御題目としてはまことに美しいが、もちろん一朝一夕では果たし得ない課題であることは誰にもわかる道理である。しかし、詩人や芸術家はいとも簡単にそれをやってのける。芭蕉の俳諧を例に出したのはそのためである。

すぐれた芸術はしばしばデモニックな様相を呈しているが、人間の領域を超えた、ある種の超越的な力に突き動かされて創造されるのである。圧倒的な力で見る者を呪縛し、そして解き放ちもする、すぐれた芸術だけが持つ、この内在的なエネルギーに抗することは誰にも出来はしない。

このような霊感は芸術作品だけでなく、自然の脅威にさらされたときにも起こることはよく知られている。宗教学の用語でヌミノーゼという言葉があることを前にも指摘したが、大自然の脅威に接した人間が自らの存在の無力さを意識したり、逆に自然に包まれて、心の安らぎを覚えるという体験である。

我が国の中世の歌人、西行法師が伊勢神宮に詣でたときに詠んだとされる有名な歌がある。

なにごとかおわしまするはしらねどもかたじけなさになみだこぼるる。

対象は大自然とは言えないかもしれないが、まさしくヌミノーゼ体験の典型的なものであると言えよう。ここでは詩人は祀られている対象が何であるか知らない。知らないだけでなく関心もない。にもかかわらず、圧倒的な存在感をもって迫ってくる何かに対して、感動し、ひれ伏し、高揚的な気分に凌駕されるのである。

「祀られている対象を知らず、関心もない」と言ったが、このことはユダヤ・キリスト教の一神教的な伝統のなかに生まれ育った聖パウロが、汎神論的な風土のヘレニズム世界に進出し、アテネのアレオパゴス評議所にギリシャ人たちを集めて説教した内容を思い起こさせる。

「アテネの人たちよ。あなたがたは、あらゆる点においてすこぶる宗教心に富んでおられると私は見ている。じつは私が道を通りながら、あなたがたの拝むいろいろなものをよく見ているうちに、〈知られない神に〉と刻まれた祭壇もあるのに気づいた。ここで、あなたがたが知らずに拝んでいるものをいま知らせてあげよう。」（使徒言行録17章）

「知らずに拝む」というのが汎神論的風土の特徴であり、神々がたくさんいて、どの神を崇拝してよいのか途惑いながら、神であれば何でもよいとばかりに、信じがたい鷹揚さを発揮してとりあえず頭をうなだれ、両手を合わすというのがここに描かれたギリシャ人の姿である。西行に代表される日本人にも通じるものだ。

明治時代の有名なキリスト教徒である内村鑑三は子供時代から宗教心が篤く、神社の前を通るたびに立ちどまって手を合わせ、拝む習慣を持っていたが、札幌農学校に入学し、クラーク博士の薫陶を受け、洗礼を受けてからは、キリスト教の神は唯一であるから、八百万の神をいちいち拝む煩雑さから解放されて深い心の平安を覚えたと自伝のなかに記している。（『余は如何にして基督信徒になりしか』岩波文庫）

宗教心というのは大事であるが、もっと重要なのは自己の宗教的情操や感情を無自覚なままにとどめておくのではなく、自覚化し、対象化することであろう。それによって宗教心は特定の対象に向かうこともあれば、解体して宗教ではない別の対象、たとえば芸術や学問に向かうこともあるであろうが、いずれにしてもそれは自己の生き方の変革という結果をもたらすはずだからである。ヌミノーゼ体験の中核にあるのは、そのような自己の内と外から湧き出す力によって自分自身が変容され、再生させられるということなのである。

３　受胎告知の非神話化

このような体験はきわめて日常的な何気ない、些細な出来事を通してでも起こり得る。今見ている一本の花や木、山や川が普段はあたりまえのものとしてやり過ごしていたにもかかわらず、ある日突如として重要なものとして、その存在を主張し、われわれの前に立ちはだかるということが起こり得る。

花瓶に生けた一輪の花でさえもたんに観察の対象として、そこにあるだけではなく、それ自体の生命において存在し、ときには何事かを語りかけるかのごとく、〈私〉に向かって注目を要求してくるのである。

このような経験をたんなる主観的な思い込みとして片づけるわけにはいかない。何事かを語りかけてくる対象は、別の言い方をすればひそかに気脈を通じて〈私〉に向かって頷いているとさえ言えよう。ヌミノーゼはラテン語のヌーメン（神威）に由来する造語であるが、ヌオ（nuo）というラテン語とも関係がある。その意味は「頷く」「合図する」ということである。

世界のグランプリを何度も制して引退した、我が国の天才的ライダー、片山敬済《たかずみ》（1951〜）が語っているのはまさにそのような経験である。オートバイ・レースというのは時速二〇〇キロを軽く超えるスピードで、レース場を駆け抜けるのであるが、ヨーロッパではよく市街地をレース場にすることもある。東欧のある街をレース場にしたグランプリで、彼は優勝したのだが、レース中にあるカーブを曲がるたびに、民家の前庭の花壇に咲いている花々の中で、一輪の白い花だけが彼に向かってサインを送るように、激しく揺れているのをその都度、何回もオートバイの上から目撃したという。

（しかも彼はスタートして、最初のコーナーに差しかかったときから、レース中ずっと美しいメロディーの音楽が、耳に鳴り響いているのを聴いていたという。その後、彼は当時最強のライダーと評されていたケニー・ロバーツに、レース中に音楽を聴くことがあるかと尋ねると、ケニー・ロバーツは「君もそうか」と言った。そして、「できたらいつも聴いていたいと思うが、そうなったら神になったということかもしれ

ないな」と答えたという。『わが人生の時の人々』石原慎太郎、文藝春秋社）

このエピソードの場合、日常的な些細な出来事とは言えないが、そしてアスリートたちが生死を賭けて闘う試合やレースのなかで経験したものであるから、万人に開かれているとも言えないが、これに類した出来事は日常、非日常を問わず、どんな時、どんな場合にも、誰にでも起こり得る。これらの経験の中核をなすものは何か。〈見る者と見られるものが相互に認め合う〉ということである。

このような緊迫した相互性のあらゆる瞬間において、ほかの存在の真実が〈私〉自身の真実に呼びかける。それは〈私〉を連れ出すためにやってくる。それは〈私〉自身の全人格をもってそれに出会うことを要求する。もし、見せかけだけで応答したり、芝居を始めたりするならその経験はただちに身を退ける。そのとき既に〈私〉の注意が自分自身の方へ向いてしまっているからである。

このような経験は「受胎告知」という言葉で、説明するのがもっとも事柄に即していると、思いがけないことを言っているのは英国聖公会のＪ・Ｖ・テイラー主教である。

彼の『仲介者なる神』（「The Go-Between God」村上達夫訳、新教出版社）という著作は「聖霊とキリスト教宣教」という副題の通り、詩心に溢れた独特の聖霊論であるが、これほど霊感に満ちた書物は滅多にあるものではない。

受胎告知というのは言うまでもなく、イエスの誕生物語における聖母マリアに対する大天使ガブリエルの御告げである。しかし、テイラー主教はこれを非神話化し、イエスの誕生物語に押し込めず、万人の経験のなかに起こり得ると説いている。意表をつく途轍もない言明である。非キリスト教徒にとっては我田引水にもほどがあると思われるであろう。

あまりにも西欧キリスト教の語彙に引きつけ過ぎるような気もしないではないが、しかしよく考えてみるとこれ以上ふさわしい言い方はないようにも思えてくる。聖霊を身ごもるとか聖霊を宿すという表現で聖書が言おうとしたことは万人に共通の出来事として起こり得るというのであるから、これ以上の非神話化はないであろう。

テイラー主教という方は、ウインチェスター教区の主教に選出される前は、福音主義の宣教団体CMSの総幹事を務め、宣教師としてウガンダに派遣された経験を持っている。タンザニアの雲の稜線から抜きん出た五〇マイル彼方のキリマンジャロの山を初めて眺めたとき、いつかあの山に登らなければならないという内心の強い促しを受けたと述懐されている。(前掲書)

ある物、ある人がそこにいるという事実が突如として重要なものとなる。たんに風景の一部分、自然の一部分として意識の端にものぼっていなかった事物が、それ自体の生命において存在し、見る・見られるという関係をも破ってこちらに迫ってくる。このような経験を何故、「受胎告知」という言葉で言い表さなければならないのか。

われわれの日常的な生に即して考えるならば、いわゆる恋愛経験と呼ばれるものの中で、それは最も生き生きとした様相を帯びて起こってくるであろう。トリスタンとイゾルデ、ロミオとジュリエット、ダンテとベアトリーチェ、大勢の人混みの中でもお互いを惹きつけあう視線の力が二人の間に通い合っている。「眼と眼の出会い」とでも言うべき、眼差しの力は縒り合され、二重に合わさった一本の糸となる。相愛の二人は、たとえどんな距離が離れていても、いつか出会う巡りあわせとなる。世俗的には偶然の一致と呼びならわされている不思議な運命の糸が二人を結びつけ、出会わせるのである。

　このような経験の核となるのは人間的な思いの深さや強さよりも、それを超えた神的な息吹であり、人間の息・呼吸を鼓舞し、生命を通わせ、インスパイアするのである。

　恋愛経験だけではない。迫害者として先頭に立ち、「殺害の息を弾ませていた」サウロは、ダマスコ途上で復活のイエスの幻に出会い、その場に転倒し、盲いたままダマスコ市内に入る。そこに不思議な出会いが待ち構えていた。見知らぬアナニヤが次のように言ったとき、迫害者サウロは使徒聖パウロに変えられるのである。

> 主イエスは、あなたがふたたび見えるようになるため、そして聖霊に満たされるために、私をここにおつかわしになったのです。
>
> （使徒言行録9・17　余談だが、聖書のこの箇所はパウロの「眼から鱗のようなものが落ちた」と翻訳されている。「眼から鱗」という格言はここから生まれたのである。）

　これらはすべて「受胎告知」という言葉で説明してきた事柄にかかわりがある。別の言葉で言えば、聖霊が人間に働きかけるときにどのようなことがわれわれの中に起こるかということである。見えない仲介者として人間と事物、人間相互のコミュニケーションの流れを円滑にし、活性化する聖霊の働き、閉ざされていた眼を開き、意識せずにいた心を開き、多くの現実から身を退けていた〈私〉を連れ出し、創造と変革に向かわせるこの働き、万人の経験としても起こり得るこの「受胎告知」という事柄は、言葉自体から連想されるように何らかの「創造の始まり」ということが示唆されている。そして、同時に「産みの苦しみ」ということも待ち受けているのである。

聖霊がなければ教えの浸透ということもあり得ない。何故なら聖霊の属性は「交わり」ということだからである。教派を問わず教会のなかで伝統的に祈られてきた祝祷という短い祝福の祈りは「主イエスの恵み、神の愛、聖霊の交わりがあなたがた一同とともにありますように」という文言である。

聖霊のこの介在性こそすべての進化の秘密であり、すべての革命を発火させる起爆剤でもあるとテイラー主教はいみじくも言っている。聖霊は危険な生命の賦与者でもあり、ときには激烈な爆発として、われわれの日常的な安逸と怠惰を脅かす。母親の膝元に憩う安全と安定に対する恐ろしい敵となることも起こり得る。ヴィジョンと傷つく可能性は相伴うものであり、それは常に救いか滅亡か、至福か絶望か、人生における呪いか祝福かのいずれかでしかない。いや、そうではない。もっと有り体に言えば、滅亡であると同時に救済であり、絶望であると同時に至福であり、呪いであると同時に祝福であると言い換えたほうが事実に即していると筆者は考える。「神の息吹が一つの状況に吹き込まれたとき、そこに起こる変化は円滑さだけではあり得ない」とテイラー主教は仰っているが、まさにそのとおりである。

以上はキリスト教的な理解の仕方の、ほんの一端である。ここで展開した聖霊の理解はキリスト教に固有のものというわけでは必ずしもなく、すでに繰り返し指摘したように万人に共通の経験としても起こり得ることはおわかりいただけたであろう。芭蕉の俳諧と西行の歌を引き合いに出した理由もそこにある。

そして、このような聖霊体験において重要なことは自然と人間のかかわりであり、われわれがどのような自然認識にみちびかれるかということであろう。聖霊体験はヌミノーゼ体験と重なり合うからであり、このことは本書の主題である「笑い」とも深く関係のある事柄である。聖霊と笑いは不即不離のものであるというのが筆者の考えであるが、それはまた自然認識によってわれわれの生に救済と解放をもたらし得るのである。笑いの暫定的定義としてきた「認識の破れと自我の解体」はまさに聖霊体験のなかで典型的に起こると言えるのである。このことは聖霊体験の世俗化、非神話化ということにもなるだろう。

次章において自然神学に照明をあてることによってこの問題をさらに考えていきたい。

第五章　自然神学は有効か（2011年以降）

二〇一一年三月一一日に起きた東日本大震災と福島原発事故について、多くの言説が語られて来たが、青森県恐山近くの禅宗の菩提寺住職、南直哉師という方が「それに頼っていれば大丈夫というものが、あの日以来、わたしたちから失われてしまった」という意味の発言をされていたことがもっとも印象に残った。

それに頼っていれば大丈夫というのが何を指しているかと言えば、日本人の心の故郷である空と海、わたしたちを包み守っている自然的山河を意味していよう。それが失われてしまったというのはいかに深甚な衝撃と心の傷を日本人全体に与えたかということを端的に、また象徴的に示している。

実際、東北地方太平洋沿岸を襲った津波の被害に直接遭われた方々は言うまでもなく、テレビ映像で津波の猛威を見せつけられたわれわれにとっても悪夢としか言いようのない恐ろしい光景であった。とても現実とは思えない映像は、しかし紛れもない現実であり、家々が押し流され、眼前で家族が波に呑まれ、引き離されていくという出来事であった。

社会学者の大沢真幸は『夢よりも深い覚醒へ――3・11後の哲学――』（岩波新書）という詩的な響きのタイトルの著作の冒頭で、フロイトの、子供を過失で失った父親の夢とそれについてのジャック・ラカンの解釈を紹介している。真実を覚知するためには、彼は夢から覚醒しなければならないが、それは通常の覚醒、眠りから覚めるという意味での現実への回帰とは正反対の覚醒でなければならない。夢の奥に内在し、夢そのものの暗示を超える覚醒、夢よりもいっそう深い覚醒でなくてはならないとして次のような注目すべき発言をしている。

「この悪夢に対する中途半端で凡庸な解釈や説明は、この出来事に遭遇したときにわれわれが感じていた衝撃に対応するような真実を、むしろ覆い隠す幕のようなものになりうる。（中略）われわれに必要なのは、幕となっている中途半端な解釈を突き破るような知的洞察である。」

仰るとおりである。この最悪の自然災害が日本人に与えた衝撃の大きさを乗り越えるために考えなければならない課題はわれわれにとっての自然とは何かをあらためて受けとり直すことであろう。自然と人間の関係が疎遠になり、文明化と都市化が進めば進むほどわれわれは自然から疎外されるだけでなく、ときには自然から復讐され、手ひどい痛撃を喰らうことになる。

東日本大震災直後に一部の識者の間から起こった〈天罰論〉（天譴説）は、そのような厄災を合理的に納得しようとするときにかならず持ち出されるロジックであり、一見宗教的な装いをこらしてはいるがじつは最も世俗的な因果応報説である。（具体的に名前を挙げれば、作家で元都知事の石原慎太郎、東大教授で仏教学者の末木文美士などの面々である。）この因果応報説は、言葉のニュアンスからして東洋的なもの、仏教的なものと見られているが、じつは聖書のなかにも歴然とある。

その日には、人々はもはや言わない。「先祖が酸いぶどうを食べれば子孫の歯が浮く」と。人は自分の罪のゆえに死ぬ。だれでも酸いぶどうを食べれば、自分の歯が浮く。

（旧約エレミヤ書31・29）

預言者エレミヤは申命記に代表される旧約律法のなかにある因果説、応報思想を否定し、神に対峙する個の意識をはじめて打ち出した。これは天罰説にたいするアンチ・テーゼである。それにしてもじつにユニークな表現であり、比喩ではなかろうか。ユーモラスとも言い得るであろう。すこし時代があとの預言者エゼキエルもこのような立場をとっている。（『聖書の常識』山本七平、講談社）

因果応報的な思考は東西を問わず、どこの民族、どこの文化にも見られる普遍的な思想であると言ってよい。合理性を追求すればこのような考え方にならざるをえないであろう。不条理な厄災を納得するには原因があって結果があると受けとめるしかないからである。だがそれによって納得することはできても救われることはないのではなかろうか。

もし神が存在するのなら何故このような不条理な苦難が与えられるのか。神が完全にして善なる存在であるのなら、世界に悪がなくならないのはどうしてか。

これは神義論に属する問いである。正しい者が報われて幸福になるなら、人間は何の矛盾も感じることなく、すべてが合理的であると納得することができる。だが、残念ながら現実はそうではない。神が正義で全能であるのなら何故こんな災いが起こるのか。この問題を始めから終りまで執拗に追求したのが、旧約聖書のヨブ記である。

これから考えようとする自然神学はこれらの問題をすべてふくんでいるのでなかなか厄介な課題であり、プレゼンテーションとしても不十分であることは承知している。だが総花的に問題点を網羅しても仕方がないであろう。個性的な議論をするほうがよほど有益である。

自然神学の有効性を問うのが本章のテーマであるが、その有効性は充分認められなければならないものの、一歩間違えると、自然神学は因果説、応報思想に傾きやすい危険性を常に孕んでいることを最初に指摘しておくべきだと思う。

天罰論（天譴説）は他人事ではなく、誰の心のなかにも胚胎する思考であると言ってよい。その意味で自然神学は危険な誘惑であり、慎重な取り扱いが必要だが、新しい意識をめざすためにはどうしても考えていかなければならない課題である。

この厄介きわまるテーマを取り上げるに当たって、事の順序として、まず自然神学を概観し、二〇世紀神学の代表者バルトの考えを同じ弁証法神学の盟友ブルンナーとの論争をつうじて検証する。次に神義論をヨブ記に即して考え、具体的な事例としてナチスのホロコーストに触れてみたい。

自然神学とは

1　二つの自然観

神学校で語り伝えられている笑い話がある。ネイチュアー・オブ・ゴッドとは何かと質問された新入生が「神の自然」と答えたという。これはもちろん誤りで、「神の本性」が正解である。英語力の貧しさが教授や先輩神学生の揶揄の的になった。だが、ネイチュアーが本質とか天性、本性の意味もあるということは自然を考えるときに示唆に富んでいよう。

自然神学は、ヘレニズムの影響を受けたキリスト教神学がギリシャ哲学と対話しつつ、自然のなかに神を発見するために理性によって神認識に到達しようとする試みである。自然神学の定義は多様だが、一応これが最大公約数的な理解の仕方であろう。しかし、自然そのものが多義性を持っており、何をもって自然というのかは難しい問題である。

われわれにとって自然はふたつのかたちで存在していると言えるだろう。まず、客観的な自然現象、自然環境としての自然である。人間を取り巻く山や海、森林の木々の梢、雲や丘の稜線としての自然でる。

ある。「国破れて山河あり」と中国の詩人、杜甫が詠ったように国家が戦争によって滅びても山河は残る。

だが、太平洋戦争の敗戦によって復員したある兵士の述懐はそれとは正反対であったという。「国破れて山河なし」と。山河は変わらずに客観的な存在としてそこにあったが、それに対する意識や感覚がそれ以前とはまったく変わってしまっていたという告白である。自然感覚としての自然が失われてしまったということである。つまり、これは別の言葉で言えば、意識のなかの自然、脳内自然ということである。

自然の理解を二つに分けるのは、どちらかと言えばありふれた考え方であるが、後者の理解をさらに押し進めれば、自然とは外側にはみ出してしまうもの、規範や思惟の外側にあって、意識からはみ出したものが自然であるという言い方が可能である。ギリシャ語の自然（ピュシス）というのがそういう内容の言葉であるという。つまり、西洋的な自然理解そのものが人間に畏怖を引き起こす、わけのわからないものであるらしい。これは日本人の自然理解とはまったくかけ離れたものということができるであろう。借景をとりいれる日本庭園と西洋式の幾何学的な庭園を比較するとこのことがよくわかる。

そして、この二つの自然理解をどのように関係づけるかを考えることはさらなる次の課題ということであるだろう。

「自然のなかに神を発見するために理性によって神認識に到達しようとする試み」が自然神学だとすると、キリスト教信仰の核心である啓示によって神を認識する方法はどうなってしまうのか。これが自然神学の最大の問題点であり、啓示神学との関係がキリスト教史上、いつも論議の的とされてきた。言い換えれば自然神学は独立した神学ではなく、つねに啓示神学の補完物でしかなく、そうでないとすれば、それはたんなる汎神論ということになるであろう。

さらに「理性によって神認識に到達する」といっても、理性がそもそも信頼に値するものであるかどうかという問題もある。理性重視の啓蒙主義の時代を経て、近代文明における環境破壊や自然破壊がわれわれにもたらしたものは、理性を信頼することにたいする深刻な疑いである。科学的合理主義の破綻ということがポストモダンの特徴の一つであり、現代という時代がどこに向かおうとしているのか誰にも明確な答えを出せないでいる。

自然神学はこのように問題の多い神学であり、これを擁護することは汎神論に傾く恐れがあり、神学の哲学化であり、極論すればアンチ・キリストであるとさえ言えよう。「笑いと癒しの神学」は自然神学を擁護する立場に身を置くのであるが、その有効性については最後にもう一度あらためて考えることにする。

何故、そうまでして自然神学をとりあげなければならないのか。それは、大局的に言えば、キリスト教と現代社会に対する危機感に根ざしているのであるが、もうすこし限定的に言えば、日本的な自然認識を神学のなかに組みこむべきではないかという、宣教的な意味合いも含まれていることになるであろう。ただ、日本的な自然認識と言っても、仏教的な自然認識もあれば、神道的な自然認識もあるわけで、単純に統一的な自然観を考えるわけにはいかない。とりあえずここでは自然に親和力を感じ、そのような自然と一体感をもって生きるのが日本人であるとするなら、そのような生き方を神学のなかに組み入れたいということだけ言っておきたい。

「神は死んだ」というのはニーチェの有名な言葉であるが、神が死んだだけでなく、現代においては人間も死んだと言われる。現代世界は見失われた神を必死に探し求めようとしているが、そのような探求そのものが始めから失敗を運命づけられた試みであると見なす人さえいる。言い換えれば、世界を超越という概念を抜きにして説明しようとする見方が、多くの人々の一般的、基本的了解事項となるほどに世俗化が行き渡ってしまったということである。そして、この世俗化という現象は歴史的にみて、人類がいまだかつて経験したことのない挑戦なのである。

キリスト教の種子は西欧世界においては、もはやその根を移植するだけの土壌も風土も文化も衰退し、新しい土壌をもとめてアジア・アフリカ・南米などの開発途上国にその宣教の舞台を移したと言われている。それだけでなく、西欧の伝統的なキリスト教派にはすでに福音を再生させ、教会を変革するだけの内的生命力は残っていないとする説もある。ヨーロッパ文明を支えたキリスト教はもはや昔日の勢いはない。だが、教派的キリスト教を再生させる道がないわけではない。二〇世紀後半から始まったカリスマ的信仰復興運動はそのひとつの典型的な例である。

この運動はペンテコステ派から始まって、プロテスタント、カトリック、聖公会、ギリシャ正教など伝統的な教派のなかにまたたくまに浸透し、現在では世界に約五億人の信奉者がいると見られている。新しい教派を起こす運動、分派運動ではなく、伝統的教派の活性化を聖霊の力によって図ろうとする。

歴史の中に働く神の霊を初代教会のように現代世界にも求めていこうとする運動である。だが、伝統的教派はこれを全面的には受け入れていない。おそるおそる部分的に承認を与えているだけである。感情的な反発だけでなく、異言や預言を重んじることによって教会のなかに新しい位階を持ち込むことになるのではないかとの恐れがあるからである。教会はこのように権威主義的なところがある。

カリスマ的信仰復興運動の問題点と批判はさまざまあるが、「解放の神学」と並んで世界のキリスト教の二大潮流であると言ってよいだろう。このような図式もいささか古びてしまったことは否めないが。（前著『瞑想とキリスト教』のなかでカリスマ運動の問題点と批判について詳しく言及したので関心のある方は参照されたい。）

思想的、神学的には対照的な二つの運動であるが、いずれもキリスト教の福音を現代世界のなかに生かしていこうとする、やむにやまれぬモチーフが根底にある。見失われた神の働きと存在感を現代的な文脈のなかで再発見していこうとする運動である。福音の求心力を象徴するのがカリスマ運動であり、遠心力を代表するのが「解放の神学」であるという言い方も出来るだろう。

このカリスマ的信仰復興運動は、現在の情勢から鑑みれば、反知性主義の温床となる可能性もあることを指摘しておくべきかもしれない（森本あんり『反知性主義』新潮選書）。だが、カリスマ運動は合理主義と科学的思考に深く影響されてしまった教会のサヴァイヴァルにとって有効な処方箋であることは否定できないであろう。

2　二〇世紀の神学論争

このような世界のキリスト教の現状であるが、「はじめに」で触れたようにキリスト教神学は二〇世紀のバルト神学以降、インパクトを失って、神学的力量も思想的影響力も著しく減じている。「はじめに」で触れたように、バルト神学は一つの時代の終焉を告げる綜合の試みであり、プロテスタント神学の終わりを宣言するものであったと言うのが筆者の見方である。

一九世紀の自由主義神学の批判から出発したカール・バルトは『ロマ書』の講解によって聖パウロの神学をとおして、人間の欲望を肯定する宗教性の危険を看取し、キリスト教は宗教ではないと論じた。宗教は人間的可能性の拡大を求めて、人間が神に近づこうとするものであるが、キリスト教は神が人間となる教えであり、宗教とは正反対の営みをめざすものであるとバルトは主張した。そこでは人間的可能性も能力も否定され、ただ神の啓示による自由な恵みだけがあるとした。

近代批判の先駆けであったバルトの『ロマ書』は二〇世紀神学の金字塔であり、後のライフワークとなった浩瀚《こうかん》な『教会教義学』の橋渡しとなった著作であるが、この間、同じスイスの神学者エミール・ブルンナーとのあいだに自然神学をめぐって激しい論争が行われている。

有名な論争だが、そのなかでブルンナーは自然神学を擁護し、「神の自然的知識の自己充足的な合理体系」としての自然神学は排除すべきであるとしても、人間が神の被造物として、神の似姿をもって創造されたこと、しかもその似姿はアダムの犯した罪によって根源的に破壊されてしまったことは認めなければならないものの、神の救済の恵みに対して結合点（接触点）という人間の側の可能性が残されているとした。つまり人間の本性は罪性を持っているにもかかわらず、自然のなかに神を見分ける人間的能力は残されているとしたのである。

ブルンナーは宗教改革者カルヴァンの神学を援用して「神の像の残存」という言葉で、そうした人間的能力を説明している。教会の宣教は人間のなかに残されている「神の像」をキリストにあって回復することである。それが神の救済の恵みにたいする結合点（接触点）であり、具体的には人間の言語能力と責任応答性であるとした。

これに対してバルトは、神は知られるために助けは必要としていない。啓示の業に対して人間が協働したかのような考えはやめるべきであり、溺死から救われた人間が「救われうる能力」をもって救った人間を助けたかのような言い方ができるならべつであるが、それができないのなら人間には「神の前でよしと認められることをする可能性」は壊れているのである。したがって、聖霊によって確立された結合点（接触点）以外のものは必要ではないと断じた。

この有名な論争は、次のような評価が与えられている。「時代を同じくする神学者としての名誉をかけて、不適当な妥協やなれ合いなしに、それぞれ思い切って自分の立場を明瞭に、正確に鋭く表現する結果となったので、これらは現代におけるまことに貴重な文書となった。自然神学をめぐるバルトとブルンナーの論争は、現代の神学史における一つの高所である。」（『バルト著作集2』訳者吉永正義の解説）

いわゆる「神学論争」というのは、形而上の些細な違いを鬼の首を取ったように云々するだけの無意味な観念的、知的ゲームと一般には見られているが、そのような見方は短絡短慮に属すると言うべきだろう。神学というものの誤解または無理解にもとづくこのような見方にむきになって反論するつもりはないが、神学の何たるかについては後の方で詳しく論じたい。

もうすこし詳細にこの論争を見ていくと、二人の論点の相違だけでなく、バルトとブルンナー（Emil Brunner, 1889~1966）の立っている場所の違いと神学的方法・姿勢の違いが浮き彫りになり、興趣が尽きない。

二人はともに二〇世紀の神学を代表する弁証法神学の仲間であったが、ブルンナーが一九三四年に『自然と恩寵』という論文を発表すると、バルトは直ちに『否！』（ナイン）という表題の著作を公けにした。そこにはバルトの怒りが込められていた。この表題はキリスト教出版史上、もっとも短いタイトルである。

しかし、両者の論文を読んでみてもバルトがなぜ憤激してこのようなタイトルの著作で答えなければならなかったかはよくわからない。おそらく、一九三四年という日付が問題であったのであり、この年、アドルフ・ヒットラーが政権を掌握したからであり、それに迎合しようとするドイツ教会の危機的状況が反映されていたからであろう。

つまり、ブルンナーが主張するような自然神学を肯定すれば、人間中心の宗教現象が復活し、人間の欲望を肯定する全体主義に道を開くことになるという危機感がバルトを動かしていたのであろう。

ブルンナーの自然神学擁護論のなかには宗教改革者ルターの「創造の秩序」という理念が根底にあり、神は摂理によって被造物のなかに特定の「秩序」を設けたが、それは被造物である人間世界がカオスへと崩壊していくのを防ぐためであった。それらの「秩序」のなかには家族（結婚）、教会、および国家が含まれていた。

一九世紀のドイツ自由主義プロテスタンティズムは、このルター派思想を反映して、国家の積極的評価を含むドイツ文化を神学的に重要と考える神学を展開した。国家を神の「創造の秩序」のモデルとする神学的基盤をブルンナーがおそらく無意識のうちに築こうとしているというのがバルトの反論であり、怒りを買った原因であったろうと推察できる。自由主義神学の批判を自らの出発点としたバルトにとって、ブルンナーの自然神学擁護は許せないものであった。以来、二人は決定的に袂を分けることになった。

だが、バルトの自然神学否定は単純に捉えられない。『否！』のなかに次のようなユーモラスな箇所がある。

「自然神学を本当に拒否するときには、われわれはまず初めに蛇をにらみつけ、次に蛇によって自分がにらみつけられ、催眠術にかけられ、そして遂に噛まれるのでなくて、われわれは蛇を見たとたんに既に杖をもって打ちかかり、打ち殺してしまっている。」

（『バルト著作集』第２巻、菅円吉訳、新教出版社）

この場面をヴィジュアルに思い浮かべると笑いがこみあげてくるが、シビアな論争においてもこのようにユーモアを忘れないところがバルトの真骨頂である。バルトが言いたいことは自然神学がいかに微妙な課題であり、恐るべき相手でもあり、自然神学を独立して取り上げて否定したり肯定したりすることはできないことを示している。

バルトの自然神学否定はこのように単純ではないが、それだけにブルンナーの方が一見すると幅広く明快に問題点を捉え、より客観的な論の進め方をしている印象がある。しかし、読んでみて面白いのは断然バルトの方である。

客観的なブルンナーに対して、バルトはより主体的であり、文体もレトリカルで、悪文とも受け取られかねない、うねるような論旨が奔流のごとく展開されるので、思わず引き込まれ説得されてしまう。自然神学擁護の立場に立てば、ブルンナーの方に組しなければならないはずであるが、読んでみるとどうしてもバルトの方に説得力を感じる。

もう一度、自然神学を概観してみると、「自然のなかに神を発見するために理性によって神認識に到達しようとする試み」がその定義であった。その際、理性にたいする信頼が疑わしいことも確認した。また、自然神学は汎神論に傾く危険性があり、神学の哲学化に陥る恐れがあることも確認した。これがわれわれの出発点であった。

とすれば、神学という営みそのものが問われ、疑わしい理性にもとづく神学的思惟そのものが成り立たないということになるのではないか。言いかえれば神学と哲学の関係が問われ、神学が成り立つ地平そのものをもう一度確認する必要があるのではなかろうか。

哲学は理性にもとづいて思惟され、神学は啓示にもとづく自由な恵みによって営まれる。哲学と神学の違いをあえて表現すればそうなる。だが、もちろん事はそれほど簡単ではない。神学が啓示にもとづく自由な恵みによって営まれると言っても、理性による思惟を否定するわけでも、放棄するわけでもない。（とくに、アングリカンは歴史的に三つのモットーに従って来た。理性、伝統、聖書の三つである。）

啓示という言葉にしてから、天地万物のなかの啓示とイエス・キリストからの啓示の二種類がある。さらに顔と顔を合わせて見ることを指し示す第三の啓示というのがある。これはキリスト教神学においてはお馴染みの終末論として展開される。天地万物のなかの啓示は一般啓示であり、イエス・キリストの啓示は特殊啓示とも呼ばれる。これは中世のスコラ神学の公式である。因みにスコラ神学の代表者トマス・アクィナス（Thomas Aquinas, 1225~1274）は、理性にもとづく推論を展開していないという理由で、中世の他の哲学者たちよりも一段低い格付けがなされている。（『西洋哲学史』バートランド・ラッセル　市井三郎訳　みすず書房）

だが、バルトの『教会教義学』によれば、トマス・アクィナスは著作のなかで哲学しているだけで神学していないと決めつけられている。

二〇世紀を代表する哲学者と神学者の両方から批判されているトマス・アクィナスはいい面の皮だが、このトマス・アクィナスこそキリスト教史上最大の自然神学者であったと言えよう。その代表的な著作、浩瀚《こうかん》な『神学大全』には有名な神の存在証明のための方法（五つの道）というのが展開されている。だが、このような神の存在証明はどうにもこうにも関心も興味も湧いてこない代物である。

そもそもこのような神の存在証明は、非聖書的ではなかろうか。旧約・新約を通じて聖書は、神の存在を証明しようと試みたことは一度もない。関心を持ったこともない。理性をもてあそぶ悪しき自然神学とでも言うべきものである。このようなテレビゲームに等しい知的遊戯に惑わされることなく、先を急ぐべきであろう。

哲学と神学の比較の話であった。とりあえず急いで話題を戻そう。再三、強調してきたように理性に対する信頼の揺らぎがポスト・モダンの特徴であることは周知のことである。とすれば、哲学する基盤そのものが揺るがされているということであり、哲学の存在理由が問われていることにもなるのではないか。

現代フランス哲学の専門家、宇野邦一《くにいち》（1948〜）によれば次のような言い方になる。「そもそも、哲学はまだ生きているか。哲学を死なせるものがあるとすれば、それは何か。哲学に固有の生命とは何か。こういうことが問われているのである。」（『ドゥルーズ流動の哲学』宇野邦一、講談社）

これは、まさに神学に突きつけられている問いと同じである。われわれはこれに対して神学的な答えを用意しなければならないのであるが、それにしても既視《きし》感（実際は一度も体験したことがないのに、すでにどこかで体験したことのように感じる現象。）に捉われるような思いがしないこともない。しかしながら、哲学に対する問いと神学に対する問いは、似ているようであるがまったく違う。その違いをわきまえることはきわめて重要である。

弁証法神学とか神の言葉の神学、また危機の神学とも称されたバルト神学は、神学の拠って立つ場所

について も敏感な自己規定をしている。中世においては「諸学の女王」とうたわれ、アカデミックな覇権を握っていた神学であるが、その輝きを失って以来、特に一九世紀において神学が努力したことは、自己の存在を正当化することによって、一般的な学という太陽のかたわらに、自分にふさわしいささやかな場所を確保しようということであった。その結果、どういうことが起こったかについてバルトはこんなユニークなことを言っている。

だが、このことは神学自身の研究のためには、有益ではなかった。つまり、神学は、いわばひどい斜視になり、吃りになってしまったのである。神学がこのことによって得た利益は、外に対しても、お義理の喝采を受ける以上のものではなかった。

(『福音主義神学入門』井上良雄、加藤常昭訳、著作集10、新教出版社)

外的に立場を確保しようとする、一切の弁証をやめ、自己固有の事柄に思いを集中しない限り、もはや神学は自分の拠って立つ場所を見出すことはできないというのである。このバルトの立場は、一九世紀の自由主義神学にたいする批判としてはまことに正しいものがある。

そして、バルトは神学の場所というのは、内側から神学に支持された、つまり神学の対象から必然的に定められる出発位置であり、具体的には神学(Theology)という言葉にふくまれているロゴス(Logos)という概念、何よりも神(Theos)によって可能にされ、また規定された言葉であり、論理であり、論理学であるという。この言葉が、神学の場所の必然的な諸規定のうちの第一のものであり、神学はまさにそれ自身が言葉であるような、人間の生と存在に対する答えなのである。

しかし、ここまでなら、哲学の場所にとって代わられることも不可能ではないであろう。神学と哲学の本来的な違いはまだ明らかではない。重要なことはそのあとでバルトが言っていることである。神学自身が与える答えというのが、神学を神学たらしめるのではないとして、彼はこういう注目すべきことを言っている。

神学を神学たらしめるのは、神学が聞く言葉、神学の答えが向けられる言葉である。神学自身の言葉に先立つこの言葉、神学がこれによって造られ、目覚めさせられ、挑戦されるこの言葉、この言葉とともに、神学は立ちもし、倒れもするのである。神学のなす人間的な思考や言説が、もしこの言葉に答えるという行為以上の、或いは以下の、或いはそれ以外のものであろうと欲するならば、それは空虚で、無意味で、無益なものとなろう。（前掲書）

これが、バルトにとっては「言は肉となって、わたしたちのうちに宿った」（ヨハネ1・19）という啓示としてのイエス・キリストの出来事を指していることは言うまでもない。このような神学の立つ場所についての自己規定は、考え方によっては厳しく、禁欲的なものと映るかもしれないが、ここにこそ謙遜で、自由で、喜ばしい学としての神学の存在理由があるとバルトは言いたいのである。

このようなところに立っているバルトにとってみれば、自然神学は第二義的なものであり、いかにその課題が重要であるとしても、思いを集中して取り組むべきものと考えられないのは当然のことであろう。門の入り口のところですでに拒まれてしかるべきものであり、アンチ・キリストの神学と教会とにのみ適したものであり、福音的な教会にとっては、自然神学はただ病と死とを意味するのみであるというのが、ブルンナーに突きつけた『否！』の結論であった。

キリスト教神学の核心である啓示に対するバルトの姿勢と取組みはあくまでも正しい。神学を志す者は繰り返し繰り返し、立ち戻ってそこから出発しなければならない神学の立つ場所であり、また最終的に到達しなければならない場所でもある。

神学がこれを行うとき、神学はあらゆる学問のうちで、「最も美しいもの、頭と心を最も豊かにゆぶるもの」となる。それは「ケルンやミラノの大聖堂（ドーム）のように、巧緻であってしかも異様な一作品である。（中略）しかし、同時に、神学は一切の学問のうち、最も困難なものであり、最も危険なものである。」（著作集第2巻「啓示・教会・神学」井上良雄訳、新教出版社）

このようにバルトは、神学の性格と魅力を鮮やかに描き出し、神学者がどういう存在であるかについてもじつに的確な、生彩のある言葉を語っている。

それは、それにたずさわる人が、たちまち絶望のうちに身を果てるもの、あるいはさらに悪いと思われるのは、傲慢のうちに身を果てるもの、何よりも悪いことには、雲散霧消したり、化石化したりして、自分自身の戯画になりうるものである。神学ほどに奇怪なものに成り得る学問、退屈なものに成り得る学問があるであろうか。この神学の深淵に、まだ驚いたことのない者、あるいは、もう驚くのをやめた者があれば、それは神学者ではないであろう。（前掲書）

さらに、バルトは別の著作で、神学と神学者についてもっと踏み込んだことを言っている。的確とか生彩を通り越して、それを読むと思わず、吹き出してしまう。

人はただ喜んで、喜びをもって神学者であることができるだけである。そうでないとしたら人は根本において神学者ではないのである。気むずかしい顔、むしゃくしゃした思想、退屈な語り方はまさにこの学問においては耐えられないものである。

（『教会教義学』Ⅰ／3神論、神の現実　吉永正義訳　新教出版社）

こういうことを大真面目に言ってのけるバルトというのはじつに興味深い人物ではなかろうか。この箇所を引用した神学者の芳賀力《つとむ》（東京神学大学学長）は「そこで私たちも、気むずかしい顔、むしゃくしゃした思想、退屈な語り方を金輪際やめようと思う」と言っている。（『福音と世界』２０１４年１月号）大賛成である。この人もユーモアがあるなあ。

バルトのカリスマ的な影響力はたいしたものであり、一時期、多くのプロテスタント・クリスチャンは、神を信じているのか、バルトを信じているのかわからないくらいの状態であり、世界中の神学者、牧師、神学生がドイツに留学をしてバルト詣でをした。そのかんの事情は次のような言い方をみればよくわかる。

宗教は、政治や民族と同様に、党派心を刺激する。自分の属する党派（キリスト教、とくにプロテスタント・キリスト教）が絶対な正しさであり、その正しさは他にはありえないキリスト教の専売特許だ、という主張は、党派心をもって宗教信仰にしがみつきたい人々には、まことに心地よいものである。かくして、バルトの著作などほぼ読みも理解もしない多数のキリスト教保守主義者がむきになってバルト主義者になり、バルトにあらずんばキリスト教にあらず、とばかりに騒ぎまわった。その意味では20世紀半ば近くから、特に戦後の70年ごろまでの世界のプロテスタント・キリスト教は、いやな雰囲気だった。（『キリスト教思想への招待』田川健三、勁草書房）

「いやな雰囲気だった」というのはすこし言い過ぎかと思うが、たしかにバルトは帝王のような存在であったと言っても過言ではない。

自然神学を概観するつもりで、バルト神学のオマージュのような紹介になってしまったが、バルトの磁力はたいしたものであるから、それに抗して自然神学擁護の論を展開するのは骨が折れる。だが、自然神学と啓示神学の関係を問うことは現代におけるもっとも喫緊の課題である。

バルト神学の影響力、支配力はいまだに続いており、とくに西欧神学をただ踏襲するだけの我が国においては、バルトを克服することが自然神学を回復することに直接的につながっているとさえ言えよう。

3　啓示とは何か

バルトの啓示積極主義、啓示集中主義はキリスト教神学者として、その方法と姿勢はあくまでも正しいと言うべきであるが、先に紹介した「神学を神学たらしめるのは、神学自身の言葉に先立つ、神学が聞くべき言葉、神学の答えが向けられる言葉である。」という鮮やかな主張は、見事なだけによく考えてみると慎重な検討を要する。

キリスト教の啓示の中心は、言葉（ロゴス）の受肉というところに始まり、さらにはイエスの生涯の終わりの十字架と復活にあり、その啓示は前述のように「言《ことば》は肉となって、わたしたちの間《あいだ》に宿られた。わたしたちはその栄光を見た」（ヨハネによる福音書1・14）と聖書が言っているとおりである。ロゴスとしての言葉はたしかに聴かれなければならないが、受肉したロゴスは見ることによって知られるのである。見られることによって始めてそれは神の栄光となるのである。

もちろん、ここで言っているのはたんなる聴覚と視覚の問題ではない。わたしたちの五感、感官がくみなおされなければならないことは、第二章で明らかにしたとおりである。

つまり、自然神学の核心はこのように何よりも「見ること」にあるが、それはたんなる見るという視覚の問題ではないこと、目にすることではなく、「視る」という言い方がより適切と言えるような、自然的秩序のなかに神の働きを見分けることなのである。自然を正しく観察するだけでなく、そこに働く摂理と恩恵を見知ることである。

聖パウロは、この見分けること、見知ることを「識別する」(Iテサロニケ5・21口語訳聖書)という言い方で説明している。この「識別の霊」という表現は重要である。なぜなら、識別の能力が我々自身のなかにつねに所与のものとして、自然的に備わっているわけではないことは自明のことだから。それはただ聖霊の賜物としてだけ、人間に与えられるのである。聖霊の賜物が聖霊を識別するというのは自己矛盾ではないかなどと言ってはいけない。

このことをひとことで端的に言い表すならば、次節でヨブ記を考えるときにもう一度考察するが、「ロゴスを見る」という表現がもっとも適切な言い方になるであろう。「神学自身の言葉に先立つ、神学が聴くべき言葉、神学の答えが向けられるべき言葉」というバルトの定式は、こうしていささかの変更をこうむる必要性が出て来るのである。

「聖霊によって確立された結合点(接触点)以外に必要なものはない」とバルトはブルンナーに反論しているわけであるが、後年の『教会教義学』(Ⅳ/4和解論)のなかでは「聖霊は健全な人間悟性のもっとも親密な友である」ともっと踏み込んだ表現をしている。だが、聖霊の属性は聴かれるべきものであるだけでなく、視るべきものでもあるということになるであろう。

バルトの神学体系は「神の言葉」「神論」「創造論」「和解論」から成っているが、じつは聖霊論を独自に取り上げてはいない。「和解論」のなかで聖霊にかんする考察を丁寧に展開しているが、あくまでもそれは「僕としての主イエス・キリスト」と「主としての僕イエス・キリスト」の関係を問うというキリスト論的関心の一環としての叙述であって、聖霊論を正面から論じているわけではない。

筆者は教義学者ではなく、牧師としての実践知という立場から神学しているので、このような教義学、組織神学の問題にこれ以上立ち入るつもりはないが、三位一体論というキリスト教の基本的な神観にもとづいて、自然神学をどのように位置づけるかということを考えてみると、「自然神学」は創造信仰を含むものであるから、創造主である父なる神がしろしめす天地万物の理法を探求するものであると言えよう。そして、創造主である父なる神が遣わされたひとり子なるイエス・キリストは神の国の福音を宣べ伝え、御自身のあとに助け主である聖霊を遣わすと弟子たちに約束されたのであるから、「神の国の神学」と「聖霊の神学」が「自然神学」（創造信仰）を支えるものとなると考えるとこの三つの神学が自ずと三位一体を形成することになるであろう。

三位一体論というキリスト教の基本的な教義は、「アブラハムの宗教」という言葉で一括して語られる一神教であるユダヤ教、イスラム教にはない独特の考え方であり、この教義の形成がキリスト教をたんなる唯一神教ではなく、西欧キリスト教のしたたかな性格を決定づけたと言える。聖霊には〈自己増殖〉という特徴があり、聖霊論を神観のなかに採り入れ、三位一体論を形成したのは西欧資本主義の発展に不可欠の要素であったとするユニークな論がある。（中沢新一『緑の資本論』集英社）また、三位一体論はキリスト教の神は人格神であるという人口に膾炙《かいしゃ》している通俗論を乗り越える超人格的な神という見方も可能であろう。

ところが教会史を紐解くと、東方教会と西方教会の分裂をもたらした原因である「フィリオクェ論争」というのがあり、三位一体の第三の位格である聖霊の位置づけが微妙に異なっていて興味を掻き立てる。教義学の問題には立ち入らないと言ったが、聖霊の問題は、前章の最後でも触れたように、キリスト教の将来の展望、とくに自然神学の行方にかかわるので、ここで簡単に触れておくのが有益であると思う。

「フィリオクェ論争」というのは聖霊が、父なる神から発するのか、父と子の両方から発するのかという問題である。教会の基本的な信経である「ニケア信経」には父なる神と子なる神にたいする信仰を告白したあとで、次のように謳われている。「聖霊は命の与え主、父と子から出られ、父と子とともに拝みあがめられ、預言者によって語られた主です。」（日本聖公会現行祈祷書より）

だが、これは修正された文言で、もともとは「父から出て、父と子とともに拝みあがめられ」となっていた。修正したのは紀元五八九年のトレドの教会会議であり、西方教会は「二重発出」を正統教義とし、「父と子から出られ、父と子とともに拝みあがめられ」と読み直したのである。外部の者が読んだら、聖霊が「父と子から」（ラテン語で filioque）発出しようが、「父」からだけ発出しようがどちらでもかまわないようなものだが、すでにニケヤ信経を教会の礼拝において共同的な信仰告白として唱え、神聖視していた東方教会にとっては許しがたい冒瀆と受けとられたのであろう。

東方教会にとってはこの修正は「諸悪の王冠」（コンスタンチノポリス総主教フォテイアス）と見なされた。（『ビザンティン神学』J・メイエンドルフ、鈴木浩訳、新教出版社）

ローマ教皇とコンスタンチノポリス総主教はお互いを異端呼ばわりして破門し合うことになったが、決定的になったのは一〇五四年、ローマ教皇の特使がコンスタンチノポリス（イスタンブール）の聖ソフィア大聖堂の祭壇に破門の勅書を叩きつけるという、いささか児戯に等しいドラマチックな幕引きとなった。

以来、この問題は教会の権威とも絡み合って、現代まで続いており、アングリカンがランベス会議（世界中の主教が英国のランベス宮殿に一〇年に一度の頻度で集合する教会会議）をとうして介入し、調停を試みたり、ＷＣＣ（世界教会協議会）の諮問委員会がフィリオクェの削除をカトリック教会に対して勧告したりしているが、最終的な解決はなされていない。

以上が、フィリオクェ論争のおおまかな紹介だが、前章二節の「神学者と仏教学者の邂逅」のところで試みた〈聖霊論〉は、どちらかと言えば東方教会の立場に近いと言えるだろう。聖霊はキリストの名が知られていない場所にも現れ得るからである。つまり、聖霊の力をより広く理解し、父なる神との直接の関係において捉え、子なる神の仲介に依存しなくても知られ得ると考えるからである。

他宗教との対話においても、このような聖霊の捉え方は有効性を持つはずである。多元主義の現代においては聖霊論は、どのような宗教においてもその働きが認められることが宗教理解に欠かせない要素であると思う。ヌミノーゼ体験を三章と四章で紹介し、聖霊体験との相似を指摘したが、このような体験が起こり得るのは自然のなかに働く聖霊が、われわれのなかにあって名も知れぬ神として、〈私〉を連れ出し、閉ざされていた眼を開かせ、意識せずにいた心を開き、多くの現実から身を退けていたところから創造と変革へと向かわせるからである。このような聖霊が働く場所こそ、われわれが問題にしている〈自然〉なのである。

東方教会の聖霊論は、このようにわれわれを興味深い神学的冒険に誘うものであるが、一方の西方教会の立場は明らかにキリスト論中心である。そのような意味ではバルト神学の体系に聖霊論が独立して組み込まれていないのは、むしろ当然とも言える結果であり、前述のようにバルトの聖霊論はあくまでも啓示積極主義のなかでのキリスト論的関心によって展開されるのである。

ただ、東方教会も西方教会もどちらも正統的なキリスト教を代表するのであり、いずれの聖霊論を選ぶにしてもキリスト教の伝統的教義を逸脱するのではない。いずれも三位一体論という正統教義の範囲内の話である。西方教会のフィリオクエ「父と子から」という考え方は、思いのままに吹く風（ヨハネ福音書3・8）である聖霊がもたらす「霊的熱狂主義」への歯止めになったと捉えておくことはバランスのとれた見方として重要であろう。

４　バルト神学への疑問

さて、いささか回り道をしたが、自然神学の問題に戻ろう。ここで英国聖公会のA・E・マクグラス

（Alister Edgar McGrath, 1953~）という神学者の『「自然」を神学する』（教文館、２０１１年）という著作を紹介したい。これは「キリスト教自然神学の新展開」という副題のもとに、自然神学のさまざまな問題点を網羅し、その革新をめざした大作であり、まことに意欲的な、快著である。

バルトとブルンナーの論争についても取り上げられており、非常に参考になる。マクグラスは現代の知覚論（知覚心理学、脳神経科学）という観点から、二人の論争を裁断している。

バルトの「啓示されること」（revealedness）という考えは、神学的に明晰なものに見えるだろう。しかし残念ながらそれは心理学的には不明瞭であり、ある一つの出来事、ある一人の人物が実際に神の自己啓示として受けとられるべきであり、ほかのものはそのように受けとられるべきでない、という認識論的な決定をする洞察に人間がいかにして到達できるのか、という問題を解明する仕方についてはほとんど何も提供していない。（芦名定道、杉岡良彦、濱崎雅孝訳、教文館）

このような指摘は一見するとあまり適切ではなく、とくにバルティアンにとっては見当はずれのようにも思えるであろう。見方によっては科学的過ぎるため、いささか異端的ではないかと反発するクリスチャンがいるかもしれないと思う。しかし、続く次のような指摘はバルト神学の盲点をきわめて鋭く衝いたものだと思う。

とくにバルトは人間精神を、言葉の受容と伝達を通した啓示の過程における活動的な参与者とし

てよりも傍観者として扱う傾向にある。（前掲書）

つまり、バルトは啓示積極主義、啓示集中主義に陥るあまり、人間学が充分ではなく、人間的な経験とキリスト教信仰のあいだに裂け目があり、不適切な体系構造が出来上がってしまっているというのである。

これがバルト神学の弱点であり、限界であるという言い方ができよう。もちろん、何度も繰り返し指摘してきたようにバルトは二〇世紀を代表する神学者というだけにとどまらず、宗教改革後のプロテスタント神学の総決算を成し遂げた人物であり、『ロマ書』『教会教義学』を中心とする膨大な著作をこのような短い評言で片づけるわけにはいかないが、ここにはバルト神学が、彼自身それをめざしたことも望んだこともないのに、なぜ排他的絶対性という、多元主義の現代からみて克服すべき問題を内包するに至ったかという軌跡が明らかになっているのである。

バルトは決して原理主義的な独善性やキリスト教信仰のみを絶対化する教条的な神学者ではなかったが、キリスト教国に生まれ育ち、クリステンダム（キリスト教支配）の時代の最後の申し子であったから、多元主義の到来もほとんど知らなかったので、キリスト教文化の絶対性、優位性を疑うこともなかった。

それを示す好個のエピソードがあるので紹介しよう。スリランカの神学者D・T・ナイルズが、バルトに「あなたは宗教は不信仰だと定義したが、何人のヒンズー教徒に会ったことがありますか」とたずねた時に、バルトは「一人も会ったことがない」と答えたので、さらに「では、なぜヒンズー教徒は不信仰だとわかりますか」と言うと「アプリオリ（先験的）に」と答えたという。（『宗教の神学』古屋安雄、ヨルダン社）

古屋安雄（ふるや・やすお、1926~2018）はこれを笑い話としてではなく、むしろバルトの深い神学的直観として高く評価しつつ、同時にこういうことを言っている。

「このキリスト論的集中なくしては、50年前の反ナチス闘争も展開されなかっただろう。（中略）バルト神学はまさに闘争神学であり、闘いに強い神学である。キリストという唯一の特殊な御名を排他的に固守し、他の名を一切排除する神学だからである。」（前掲書）

このような強みが同時に弱みでもあり、限界となる。闘いではなく平和が、闘争ではなく協力や協働が必要とされるときに、この神学は限界を露呈するというのである。

さらに、そのことは、もっと重要な問題を喚起する。それは、バルトが人間が聖書によらずして正しく神を信ずることは「原理的には可能だが、事実的には不可能である」として、聖書の排他的権威について弟子の滝沢克己に教えたところにはっきりとあらわれている。（『滝沢克己著作集』第2巻の序文、創言社）

神の言葉である聖書以外のところで、神の言葉をきく可能性は、「原理的にも可能であり、同時に事実的にはもっと可能である」というのが正しい言い方ではなかろうか。おそらく、滝沢克己も内心そう考えたことであろう。

滝沢克己（たきざわ・かつみ、1909~1984）は西田幾太郎（にしだ・きたろう、1870~1945）の影響を受けた哲学者であったが、ドイツ留学の際、誰のもとで学んだらよいかと相談したところ、「今、ドイツにはこれといって推奨するに足る哲学者はいない。むしろ、神学者のなかに面白いのがいる。とくにバルトというのがしっかりしている」という西田幾太郎の言葉で、バルトのもとで学ぶことを決めたという。

滝沢神学という言い方で知られる彼の「インマヌエルの神学」は、師バルトの排他的絶対性という限界を乗り越える卓抜なキリスト論である。イエス・キリストの別名であるインマヌエル（「神われらとともにいます」の意）を滝沢は二つに分ける。

第一義のインマヌエル（すべての人の生きる根底にそのままで実現している事実）と第二義のインマヌエル（その歴史的な表現としてのイエス・キリスト）の二つであり、第一義の接触が前提となり、第二義の接触の根拠となった。この両者の関係は不可逆のものであるという。（滝沢の有名な不可分・不可同・不可逆という定式はここから生じた。）つまり、バルトは第二義のインマヌエルであるところの、歴史的な表現としてのイエス・キリストを絶対化するという過ちを犯しているというのである。

一見すると自然神学と見なすこともできる考え方であり、人間理性の力によって、「神われらと共にいます」という真理を明らかにした神学であると位置づけられる可能性があるが、不可逆ということが強調されているので、理性的思惟によっては神認識に至ることはできないとしているから自然神学ではない。

これは宗教多元主義にも対応できるものであり、汎神論と一神教をつなぐ可能性も秘めた、西欧神学を乗り越える新しいキリスト論である。滝沢は体系的な神学を形成しなかったが、神学者としては幅広いフットワークで哲学者と対話したり、禅学者と論争したりして活躍した。（筆者の世代では全共闘運動盛んな時代、東大全共闘議長山本義隆との往復書簡がすぐに思い出される。）

ドイツ留学後、長らく九州大学で教えていたが、六〇代過ぎてから、福岡の日本キリスト教団の教会で夫妻揃って受洗していることも注目される。若い時ならいざ知らず、勇気ある行動ということができるであろう。

だが、滝沢はこの「インマヌエルの神学」をもって伝統的キリスト教の排他的絶対性を批判したので、日本の教会では特異な存在と見られている。新約学者八木誠一（やぎ・せいいち、1932〜）との二〇年以上にわたる論争は、日本のプロテスタント教会史上、もっとも学ぶべき実り豊かなものと言えるだろう。八木誠一は論争の過程で、滝沢の「インマヌエルの神学」の真理性を受け入れることになったのである。

この論争の追っかけをするような若い研究者の出現が望ましい。

ただ、滝沢神学はその文体が師匠のバルト以上の悪文で、よく読んでもなかなか意味が掴みにくいところが玉に疵である。滝沢の文体を美しいと評価する見方がある一方で、息苦しいと懐疑的にとらえる見方もあるらしい。（滝沢を交えた哲学者たちのシンポジウム〈生の根底を問う〉の記録『畢竟《ひっきょう》』法藏館社刊参照）筆者もどちらかと言えば息苦しいと感じる一人である。滝沢は文体の上ではバルトの排他的絶対性の影響を脱し切れていないと言わざるを得ない。

神義論の問い（ヨブ記とホロコースト）

1　聖書の神義論の性格

この世の悪と苦難の問題を、神との関係で考えようとするのが神義論であると一般的には受けとられているが、より厳密に言えば神の正義を弁証しようとするのが神義論である。この言葉は哲学者ライプニッツの著作『弁神論』――神の善性、人間の自由、悪の起源――（1710年）に由来する。だが、神義論そのものは旧約聖書の時代からある。

神は全能にして善なる方であり、同時に愛なる存在であり、正にして義なる方でもある。その神の創造の業である世界に悪が満ちているのは何故か。正しい人間が報われずに、悪人が栄えるのは何故か。このような問いに答えようとするのが神義論であるが、神の正義を弁証しようとする試みはかならず挫折する。何故なら、そこでは神と人間の位置が逆転され、神の創造の世界に遍在する悲惨な現実から神の責任を免除しようとする企図があるからであり、神の主権にかえて人間の主権がひそかに主張されているのである。

天罰論、因果説、応報思想はすべて世俗的な、かたちをかえた神義論であると言ってよい。言いかえれば、悪と苦しみという人生の難問を合理的に、理性が納得するかたちで解決しようとする人間の涙ぐましい営み、無意識的な人間中心主義の表れが神義論であると言えよう。

これに対して、聖書の神義論はヨブ記を代表として、神義論批判の神義論であり、合理的思考を乗り越えようとするものである。そのことを旧約学者の並木浩一は、ギリシャ思想との比較によって次のように指摘している。

福音書においても、パウロにおいても、神義論的問いが提出されて、展開される。それに対する回答が提出される。しかしそれは神義論の破れを指し示す。神義論的問いが最後に指示する地平が明らかに重要であり、また神義論的発言全体の目標である。このようであれば、聖書における神義論はみずからが挫折するために提出されるのであり、挫折に導かれる思考過程こそ意味があると結論される。神義論におけるこの弁証法的運動は聖書的思考の特質であり、ギリシャ思想の形而上学とその影響下の西洋思想からヘブライ思想を区別する有力な目安である。

（『旧約聖書における文化と人間』教文館）

これはまことに卓見と言うべきであろう。聖書における神義論の一筋縄ではいかない独特の性格がよく示されている。

このような聖書の神義論であってみれば、震災後に提出された天罰論（天譴《てんけん》説）は、自然災害の拠って来る原因を天が下した罰であると考えることによって、物質欲、金銭欲に捉われた日本人の生き方に警鐘を鳴らそうという意図があったものと思われるが、それ自体、きわめて合理的で、人間中心的な思考から生みだされたものである。そして、そのことに論者たち自身が気がついていない。自分は安全な立場に身をおいて文明批判をしようとする姿勢が、そもそもきわめて安易なものと言わざるをえないであろう。

自然はおよそこのような倫理的判断とは無縁のものであり、自然災害を一つ一つ道徳と結びつけていたら身が持たない。あらためて自然をどのように受けとり直すべきかという問題に直面するわけであるが、聖書の神義論をもっともよく表しているヨブ記に即して、この問題を考えてみたい。

ヨブ記はまことに不思議な文書で、キリスト教徒でなくてもよく知っているが、誰もまともに読めないというか、その結論を受け入れることが出来ないにもかかわらず、ここには苦難をどのように受けとめるかという人生上の難問、宗教や文化の差異に関係なく、誰もが永遠の課題として抱え込んでいる問いに対して何らかの解決の鍵が語られているに違いないという期待をいだかせるに充分なのである。

だが、その期待がまともに答えられた験しがないことも事実であり、多くの聖書学者や神学者、また哲学者、文学者などが幾度となく挑戦して、自分なりの解釈なり、見解なりを発表しているが、ヨブ記そのものが彼らの解釈や見解をあざ笑っているかのような思いがしてくる。ということは皆よく読めていないということである。そのような文書であってみれば、筆者がここで貧しい理解や読みを提供できるはずもなく、ただヨブ記の叙述にしたがって問題を明らかにすることで満足しなければならないであろう。

ヨブ記は四二章もある長大なテキストだが、最初と最後の枠物語は散文形式で書かれ、それに挟まれた大部分は劇詩と言うか、弁論詩によって成り立っている。事の起こりはウズの地にヨブという信仰の篤い富豪がいて、七人の息子と三人の娘を持ち、羊七千匹、駱駝三千匹、牛五百匹、雌ロバ五百頭の財産と沢山の使用人を持っていた。

ヨブは実在の人物ではないが、ウズというのはエルサレムから遠く離れた東方の地（エドムとアラビアの間）とあるから、ユダヤ人ではないという設定であると思われる。（『聖書語句大辞典』教文館）最初の枠物語にストーリーが集約されているが、神がサタンと賭けをしてヨブに次々に災難が降りかかる。財産が全て奪われて、七人の息子と三人の娘の命が一瞬にして失われ、そしてついにはヨブ自身の健康まで損なわれる。

2　ヨブ記の核心

ヨブと三人の友人たちともう一人年若い友人との延々と続く論争の果てに、いよいよ神の言葉がヨブに臨む。つむじ風の中から神の託宣が語られる。だが、読む者は肩すかしを喰らったように感じるだろう。

主は嵐の中からヨブに答えて仰せになった。
これは何者か。知識もないのに、言葉を重ねて
神の経綸を暗くするとは。男らしく、腰に帯をせよ。
わたしはお前に尋ねる、わたしに答えてみよ。（38・1〜3）

神の語るところは切実なヨブの問いと苦悩に答えるものではなく、天地自然を創造したのはわたしであるという自慢話と、それに対して関わりを一切持つことの出来ない被造物としてのヨブに対する居丈高な威圧であり、質問攻めであった。

ヨブに無惨な災厄を与えたのはサタンであったのだが、サタンは最初の枠物語に登場しただけで、早々と姿を消してしまう。代わりにサタンの仕出かした悪事の後始末をさせられているのが神であるとすれば、この神は一体どのような存在なのかと呆れるのだが、神は事の次第を明らかにすることはなく、またヨブを慰めることもなく、ただひたすら天地創造の当事者としての自己の権威のひけらかしとその展開としての野生動物の生態の開陳に集中する。

そのなかには獅子、熊、鴉と雄鶏、山羊と雌鹿、野生の驢馬、野牛と駝鳥、鷲と鷹などの動物学ばかりでなく、原始怪獣のベヘモット（河馬の一種）とレビヤタン（鰐の一種）まで登場する。「お前はレビヤタンを鉤で引っかけ、縄で捕えて屈服させることができるか」と子供のような自慢を

している。ユーモラスと言えば言えないこともないが、なんだかなあという気もしてくる。天地自然の摂理と秩序を制御できるのはわたしをおいて他にはいないというわけである。隣の悪餓鬼が得意になって動物図鑑を拡げるのを見せつけられているような気がしてくるが、これを聞いたヨブはなんと全面降伏するのである。

「わたしは軽々しくものを申しました。どうしてあなたに反論などできましょう。わたしはこの口に手を置きます。ひとこと語りましたが、もう主張いたしません。二言申しましたが、もう繰り返しません。」（40・4〜5）

「あなたは全能であり、み旨の成就を妨げることはできないと悟りました。（中略）わたしには理解できず、わたしの知識を超えた驚くべきみ業をあげつらっておりました。（中略）あなたのことを、耳にしてはおりました。しかし、今この目であなたを仰ぎ見ます。」（42・1〜5）

なんとも不可解な降伏であり、和解である。神はさらに三人の友人たちに怒りを下し、ヨブの執りなしの祈りによって友人たちに罰を与えないことになるのだが、何故怒ったかというと「お前たちはわたしの僕ヨブのようにわたしについて正しく語らなかった」からであるという。

そのあと、ヨブの財産は旧に倍し、子供たちも同じ数だけ子宝に恵まれたという、うんざりさせられるようなハッピーエンドが訪れる。

ヨブは神に全面降伏するのだが、「あなたのことを、耳にしてはおりました。しかし、今この目であなたを仰ぎ見ます。」と言っている。降伏そのものが不可解なところに持ってきて、このヨブの答えはもっと不可解ではないだろうか。何故なら、神はつむじ風の中から語っただけで、姿を現したわけではないからである。神が顕現したと多くの注解書が書いているが、聖書の記述に従えば神は託宣を垂れるだけである。ヨブは何を見たというのであろうか。もちろん、神秘主義的な見神体験などを語っているわけではないことは言うまでもない。

ここにヨブ記の謎を解く最大の鍵があると思われる。結論から先に言えば、ヨブは言葉（ロゴス）を見たということになるのではないか。ヨブが自分の目で神を仰ぎ見たというのは、神が語る自然の生態のなかに摂理そのものとしてのロゴスを見とったということではないだろうか。

「隣の悪餓鬼が得意になって動物図鑑を繰り広げるのを見せつけられる」と戯れに言ってみたが、つむじ風のなかから語られる神の託宣は、前述のように天地自然を創造し、動かす力ある存在はわたしをおいてほかにないという、幼稚とも言い得る自慢話にしかすぎないということになるだろう。しかし、それはあくまでもヨブの側にたって、彼が遭遇させられた苦難に寄り添っての話である。

ヨブに対する神の答えは別の視点から捉えることも可能であるはずだ。神の託宣を注意深く見ていこう。

わたしが大地を据えたとき　お前はどこにいたのか。
知っていたというなら　理解していることを言ってみよ。

誰がその広がりを定めたかを知っているのか。
誰がその上に測り縄を張ったのか。（38・4〜5）

お前は一生に一度でも朝に命令し　曙に役割を指示したことがあるか
大地の縁をつかんで　神に逆らう者どもを地上から払い落とせと。
大地は粘土に型を押していくように姿を変え　すべては装われて現れる
しかし、悪者どもにはその光も拒まれ　振り上げた腕は折られる。（38・12〜15）

ヨブの終盤三八章から四一章まで四章にわたって繰り広げられる神の託宣の冒頭の部分の抜粋である。

突飛なようだが、ここで連想されるのは、本書三章で紹介した『正法眼蔵』の「明らかに知りぬ、心とは山河大地なり、日月星辰なり」（即心是仏の巻）の箇所である。その際、詳しく述べたように、この件りを拳々服膺した山田耕雲は解脱へと導かれる。それも突如として個を圧倒する大悟徹底として起こったことを今一度思い起こしてみよう。

「あなたのことを耳にしておりました。しかし今、この目であなたを仰ぎ見ます。」というヨブの言葉は、道元の喝破したものにつうじるのではないかというのが筆者の解釈である。つまり、ここにはヨブの自然観が挑戦を受け、それまで抱いていた観念的な自然のイメージが、即物的な山河大地、日月星辰へと拡大されたと読むことが可能だからである。しかも、神の託宣にはそこはかとない諧謔の味付けまで加味されているのである。

もっと単刀直入に言えば、「いままで耳にしていたものをこの目で仰ぎ見る」という表現は何らかの認識の変革、意識の拡大が想定されているということではないだろうか。つまり、そこにヨブの覚醒があったということではないだろうか。「これらのことを知っているはずだ」とか「知っているなら言ってみよ」という神の託宣が、反面教師的にそれを物語るのではないか。

「耳で聞く」「目で見る」の区別に重点があるのではなく、旧約の宗教は預言者にしても知恵文学にしても、「言」の宗教であるから、ヨブにとって神の知識が直接的であるかないかがここで問題にされているのだ、とする見解もある。旧約学者の浅野順一がそういうことを言っている。（『ヨブ記の研究』創文社）

たしかに神の言としてのロゴスは聴かれるべきもので、見るものではない。イスラエル宗教の特色としてはあくまでもこれは正しい。旧約学の範疇からは浅野順一が言っていることはきわめてまっとうである。だが、ヨブ記は旧約聖書の知恵文学という分類をはるかに突き抜けてしまうような文書ではないだろうか。

前節「自然神学とは」のところで触れたようにロゴスの受肉としてのキリストは聴かれるべきものではなく見るものである。見られることによってロゴスの受肉は栄光となったのである。してみると、ヨブは旧約聖書の登場人物でありながら受肉前のロゴスを見たことになる。ヨブはイエス・キリストの証人であると言われることがあるが、受苦性という共通点だけではなく、ロゴスの受肉の先取りという意味でもこのことは妥当するように思われる。

だが、言葉を見たなどと言うと、禅の公案のようで、禅問答を展開する覚束なさに襲われる。比喩としては成立しても事実上あり得ないからである。では、比喩として考えた場合にどんなことが言えるであろうか。三つの内容が含まれるのではないか。

1、不可視の世界を見るということ。第二章で紹介したベーレントの「鏡映語根」という考え方によれば、言葉（ロゴス）の語根は光であり、始まりであり、掟（法）でもある。ヨブはそのような不可視の世界を見とったのである。光であり初源でもあり、法でもあるような世界を垣間見たということになる。

2、「離見」ということを悟った。「離見」というのは演劇論や能楽のなかにある言葉である。（出典は世阿弥の『花伝書』にあるが、それによれば舞いの奥義は「我見」「離見」「離見の見」という三段階があるという。）ヨブは演技しているわけでも舞台俳優でもないが、ヨブ記を神と人間の和解のドラマと捉えれば、このような考え方も許されるだろう。演技者にとって最も大事なのは、演じながら俯瞰して自分を客観的に見ることができるかどうかにかかっている。二章と三章で自己のなかにある他者性に目覚めることが、身体知にとってのターニング・ポイントであると指摘したが、「離見」はさらにもう一歩その先に進むことである。

3、見る・見られるというダイナミズムを見た。たとえば、新約ヨハネ福音書一六章はイエスが弟子たちと最後の食事をした後、告別の説教をする場面であるが、イエスはそこで「しばらくせば、汝ら我を見ず。またしばらくして我を見るべし」と言う。（つまり、これは十字架と復活の預言である。）この言い方は立て続けに三回も繰り返されるのであるが、弟子たちはイエスが何を言おうとしているのかわからない。イエスは弟子たちの困惑を尻目に、さらに言う。それは三回繰り返した言い方の主客をひっくり返すものである。「かく汝らもいまは憂いあり、されど我ふたたび汝らを見ん。そのとき汝らの心喜ぶべし、その喜びを奪う者なし」（文語訳を引用）

三回繰り返される言い方のなかでは、「我を見るべし」というように見る主体は弟子たちである。しかし、そのあとのイエスの言葉においては、「我ふたたび汝らを見ん」というのだから見る主体は弟子たちではなくなっている。にもかかわらず、弟子たちの心は喜び、その喜びを奪う者はないと言われている。見られることによって、見る喜びが湧き出してくるというのである。

言葉（ロゴス）を見ることの内容を三つに分けて展開してみたが、ヨブ記作者の神学をこちらが勝手に忖度《そんたく》したものである（忖度という言葉はこういう場合に使うのが正しい使用法である）。これによって不可解なヨブの降伏と和解が解明できたかどうかは正直のところ何とも言えない。それこそヨブ記そのものが、このような分析をあざ笑うのではあるまいか。

そこでさらにもう少し、別の視点から考えてみよう。ヨブ記は言うまでもなく、ヘブライ語で書かれているが、紀元前二世紀に成立した七〇人訳ギリシャ語聖書によると、つむじ風の中から語りかける神の託宣の冒頭は次のように訳されている。

「何者だ。計りごとを私から隠し、心の中に言葉をとめおき、それを私から隠そうとしている者は。」

新共同訳の「これは何者か。知識もないのに、言葉を重ねて神の経綸を暗くするとは」が、原典ヘブライ語に忠実な訳であるとすれば、こちらは意訳であり、自由訳と言ってもよい。だが、なかなか含蓄のある訳である。七〇人訳ギリシャ語聖書の翻訳が言いたいことは何であろうか。

山本七平はこのことに関して、次のような卓見を述べている。

ヨブが隠しているものは何か。それは彼の「知」であり、すべて彼の「知にもとづけば」が、口にされない前提である。そこで神の言っていることはひとことで言えば、お前は神の「知」に等しい「知」を持っているのか、持っているというなら答えてみよ、である。この問いかけにヨブが答えられるはずはない。(『禁忌の聖書学』山本七平、新潮社)

ヨブが隠している「知」という読解は、ヨブ記の本質を衝いた鋭い解釈である。確かにヨブはこの神の質問に答えることはできなかった。だから全面降伏したのであろう。だが、視点を変えればヨブは答えられるはずのない、この神の「知」を垣間見たということでもあるのではないか。前述のように、光であり、初源であり、掟（法）でもある不可視の世界をわずかに見とったということではないか。

神のロゴスを見たという所以である。つまり、言いかえればこういうことであろう。応報思想にもとづいた「知」ではない神との関係を見出したということである。だが、そのような関係がはたして人間に可能であろうかという疑問が湧いてくる。

神との人格的応答という言い方がよくなされる。しかし、報いや褒賞を抜きにした信仰というのがあり得るであろうか。それらをまったく期待せずに神との人格的交わりということが人間に可能であろうか。

ヨブ記の作者はヨブをとおしてそのような主題に取り組んだわけであるが、ヨブを試みるサタンも三人の友人も、また年若いエリフもわれわれと同じ応報のなかに身を置いている。ヨブだけがそれを拒否して、あくまでも神との原関係に固執し、しがみつき、とりすがろうとする。だが、「お前たちはわたしの僕ヨブのようにわたしについて正しく語らなかった」(42・8) というのだから、ヨブが認められ、正しいとされたのである。

応報思想と一口に言うもののさまざまなレベルがありうるであろう。なかでも因果説はもっとも合理的なものであり、原因があって結果があるという考え方はきわめてまっとうなものである。社会現象を解明するときにはその有効性は疑うことが出来ない。

宗教現象とくに心の問題を考えるときはどうだろうか。心の問題においても因果説はあてはまると考えるべきだろう。たとえば、マタイ福音書のなかに「持っている人はさらに与えられて豊かになるが、持っていない人は持っているものまでも取り上げられる。」（13・12）という、ちょっとシビアな言葉が出て来る。

聖書の教えとしては不適切な公正感が語られていると受けとめる人もいるが、贈与という視点を導入すれば、これほど公平な因果説はないはずである。持っていない人は、他者に対する贈与に与することができず、持っている人は贈与による互換によってさらに豊かに恵まれるからである。

このように因果の法則は社会的にも個人的にも有効な考え方ではあるが、「前世の因果」と「親の因果」ということになるとどうであろうか。通俗的な宗教性を途端に帯びて来ることになるのではないか。納得できない不条理な出来事に直面したとき、われわれはその原因を前世に求めるか、先祖代々の世代に求めようとする。だが、この二つはよく考えるとまったく別の原理にもとづいているのである。前世は輪廻転生という仏教的な歴史観、死生観によるものであり、先祖の因果という考え方は儒教的なものと思われる。日本ではこの二つの原理が区別されずに併用されているのであるという。（山本七平『禁忌の聖書学』）

それは何故かと言えば、もっぱら死後の裁きを執行する神の法廷という考え方が日本になかったことによると言わざるを得ない。聖書の世界は裁判ということを前提に考えると理解することが容易になると言ったのは小川国夫というカトリック作家である。（『聖書と終末論』岩波書店）

人間は死んだあとはたった一人で神の法廷に立たなければならない。応報思想はそこでは役に立たないであろう。善因善果、悪因悪果などという法則が神を拘束するわけではないからである。報われようが報われまいが、神との関係を全うすることがそこで求められている唯一の事柄である。

もう一つ、応報思想ということで考えるべき事柄は、歴史的未来に応報を待つというあり方である。これはキリスト教にはお馴染みの終末論という考え方である。始まりがあって終わりがあるという歴史観は、輪廻転生という東洋的な歴史観とは対照的なものである。後者が円環のような歴史観だとすれば、前者は直線的な歴史観である。(『日本文学における時間と空間』加藤周一、岩波書店)

この世のどんな不条理性も歴史的未来に決着を図ることが出来ると考えれば、これはこれで合理的な解決の仕方であると言えないことはない。

応報思想の諸相を考えてきたが、このような応報思想ではない神の義がありうるであろうか。つまり、ヨブのような生き方・考え方に倣うことができるであろうか。

ほとんど不可能な課題であると言うしかないのではないか。何故なら、それは仏教でもユダヤ・キリスト教でもないタイプの信仰、唯一、旧約の世界にあって預言者と呼ばれた人々、エレミヤやエゼキエルが切り拓いた狭くて細い道、激しくも狂気に似た、絶対者を呼び求めてやまない信仰である。ヨブ記の作者もまたこのようなタイプに属する信仰者であったのではないか。ヨブ記は旧約聖書の知恵文学に属する文書であるが、以上のような視点からすると預言文学に分類した方がよいのでなかろうか。

ヨブの信仰は次の二つの言葉に集約されている。一つはヨブの妻が「神を呪って死ぬ方がましでしょう」と言ったときに「お前の言うことは愚かな女が言うことと同じだ。われわれは神から幸いを受けるのだから、災いをも受けるべきではないか。」と答える場面である。これは応報思想の完全な否定である。

もう一つは、七人の息子と三人の娘が不慮の事故でいっぺんに失われたときにヨブが衣を裂き、髪を剃りおとして言った言葉である。「わたしは裸で母の胎を出た。また、裸でかしこに帰ろう。主は与え、主は奪う。主のみ名はほめたたえられよ」

これはたんなる応報の否定というだけではない。及びがたさを覚える孤高の境地と言ってよい。だが、帰るべきところは母の胎ではなかろう。母の胎内を経由してはきたが、本来の故郷はその奥の、名も知れぬ領域、無名の領域であり、混沌であるかもしれぬが、神の義が支配する法廷であるかもしれぬような、そのような場所である。そういう場所を目指すべきであるというのがヨブ記の神義論であり、聖書の神義論ではないだろうか。

ここで終わっていれば、『ヨブ記』は一種のカタルシスをともなった感動的な神と人間の和解ドラマと言うことになるはずなのだが、仔細に読み解いていくと残念ながらそういうわけにはいかない。それを論じるには紙数の関係でこれ以上できないが、そのかわり一つだけ重要なことを指摘しておこう。

ヨブ記を読み解く核心として「言葉を見る」という非現実的な表現に注目したわけだが、旧約の預言文学になかにそのような伝統があることは、イザヤ書一章と二章の冒頭の「アモツの子イザヤが、ユダとエルサレムについて見た幻」と訳されている部分が、原文ヘブライ語では、「イザヤが見た言葉」となっていることからわかる。（大島力『イザヤ書は一冊の書物か』）

ヨブ記は旧約の知恵文学というジャンルに属する文書ということになっているが、このような視点からすれば預言文学と考えた方がよいのではないだろうか。

3　フランクルのユーモア

さて、このような聖書の神義論が、深刻な挑戦を受けた現実的事例がある。ナチスのホロコーストである。収容所に収容されたユダヤ人はすべてがヨブであり、ヨブ的体験を強制された。神の選民であるユダヤ人に神は完全に背を向けた。ユダヤ民族全体がヨブと化したのである。

ホロコーストによって絶滅させられたユダヤ人は六〇〇万人。（一説によると八〇〇万人とも言われる。）そのうちの一〇〇万人は子供であった。六〇〇万人という数があまりにも抽象的で、ピンと来ない場合は現在の東京都の人口の約半分とお考えいただければよい。

解放後のヨーロッパのユダヤ人社会は壊滅的な状態に陥っただけでなく、信仰的な動揺が起こった。これは当然であろう。選民としてのユダヤの民を見棄てた神は、もはや神でもなければ信仰の対象でもない。こうして先祖伝来のユダヤ教の信仰から離れる若いユダヤ人たちが続出した。

そのとき、問題になったのがやはり応報思想であった。この応報思想を批判してユダヤ人社会の動揺を収めたのが、レヴィナスという哲学者である。善行を行えば褒賞を与え、悪行を行えば懲罰を与える。そのような単純な神を信じていたとすれば、それは幼児の神を信奉していたことになる。だが、成人した神はそのような神ではない。もし、神がその名前にふさわしい権威をもつ存在であるならば、神は人間にたとえ天上的な介入や奇跡的な救済がなくとも、この世の悪を人間の手で正そうとする霊的成熟を求めるはずであるというのである。

唯一神へ至る道には神なき宿駅がある。真の一神論は無神論の正当なる要請に応える義務がある。成人の神はまさに幼児たちの空の空虚を経由して顕現するのである。その顔を隠す神とは、神学者の抽象でも、詩人の幻像でもないとわたしたちはそう考えている。それは義人がおのれの外部に一人の支援者も見　出し得ない時、いかなる制度も彼を保護してくれない時、幼児的宗教感情を通じて神が現前するという慰めが禁じられている時、一人の人間がその良心において、すなわち受難を通じてしか勝利し得ないその時間のことである。

（『困難な自由』レヴィナス、内田樹訳「昭和のエートス」所収、バジリコ社）

レヴィナス自身も多くの親族を強制収容所で失った。そのことを考えると、この言葉の重みと痛ましさが迫って来る。だが、レヴィナスの説く「成人した神」は、ヒットラー暗殺計画に連座して、逮捕され、収容所ならぬ刑務所に入れられていたドイツ人牧師ボンヘッファーの胸中にも萌した信仰であった。ホロコーストを挟んでユダヤ人哲学者とドイツ人牧師の内心にそれぞれこのような神が、住まい始めたことは偶然ではないだろう。

偶然ではないという意味は、ホロコーストが類例のない計画的な民族虐殺という巨悪によってもたらされたからである。歴史的にみてホロコーストが過去の事例のなかになかったとは言えないという見解もある。ナチズムはいささか極端ではあるが、「過渡期の病」の一変種であり、近代化プロセスの一つの副産物だとする説である。(『歴史の終わり』フランシス・フクヤマ、渡辺昇一訳　三笠書房)

だが、これはあまりにも冷静な分析であり、過去の歴史のなかに大虐殺はいくらでもあったが、ガス室という大量殺人装置を考案して毎日何千人ものユダヤ人を送り込み続けることを眼前で現実に執行してしまうなどというのはあり得ない。言わば、絶対悪という表現さえ可能な出来事であり、しかもわれわれと同時代(どのくらいのタイムスパンで考えるかという問題はさておき)の事件であったのである。このような言い方をするとガス室を考案したナチ親衛隊が、われわれとは別の世界に住む人間のような錯覚に陥るが、それは現実的ではない。ガス室がつくられた目的の一つは殺人執行者のストレス軽減のためであったという。ナチ親衛隊の隊長であったハインリッヒ・ヒムラーが特務機関の将校たちに向けて語った演説というのが残されている。

これは効率的なガス室がまだ稼働されていなかった時期のことである。かれらの殺人業務は何時間にも及び、子供を含む家族全員を殺すこともあったという。彼はその任務にあたった者にとってこの仕事がどれほどきついものであったか、ことに一日中その仕事を行ったあと、自分の家族のもとに帰り、子供と遊んだりする時に、どれほど辛かったかを充分に理解していると語った。そのような困難さにもかかわらず任務に忠実であった人々への感謝を述べ、そのあとで次のような驚くべき認識を口にしている。「われわれはこれほどの困難にもかかわらず、まっとうな人間であり続けたことを特に誇りに思うべきである」（『現代人はキリスト教を信じられるか』ピーター・バーガー、森本あんり・篠原和子訳、教文館）

「まっとうな人間」とは何事か。別の世界に住む人間ではないことは確かだが、断じてわれわれと同じ世界に住む人間でもない。右記の著者ピーター・バーガーは著名な社会学者であるが、これを「読むに耐えないひとこと」であると言い、このような極悪非道を前にして、判断を避けるとしたら、それはわれわれの人間性そのものを否定することに他ならないと言っている。仰るとおりである。ここで、ピーター・バーガーが紹介しているジョークを紹介して、この認識上のギャップを和らげたい。

「どんな悪人でも赦されることを持論としている神学者がいた。神の恵みはそんなに大きいのですかと問われたとき、こう答えた。『わかりません。でもこんな光景が目に浮かびます。今からはるか遠い未来のこと、天国で一匹のみすぼらしい仔犬が走り回っているのです。救われた民の一人が、たいして可愛くもなさそうにその仔犬の頭を撫でて、こう言うのです。こいつは昔ヒットラーだったんですよ。』」（『現代人はキリスト教を信じられるか』所収）

第二次大戦直後は生き残ったユダヤ人に対する民族的ケアやシオニズム問題の展開、イスラエル建国など現実的で緊急な課題のために、ホロコーストの与えた意味の拡がりについてはあまり顧みられることがなかったが、アウシュヴィッツの記録や証言が公けにされたのがきっかけになって、六〇年代のアイヒマン国際裁判やナチ戦犯の訴追などが始まった。

有名なのはエリ・ヴィーゼルの『夜』（1958年）とヴィクトール・フランクルの『夜と霧』（1956年）である。そのなかから、一つずつエピソードを挙げてみる。

エリ・ヴィーゼルの『夜』のなかで最も耐えがたいのは、ある子どもが処刑される場面である。ナチの親衛隊は、集合した収容所の住人たちの前で、ユダヤ人の二人の男と一人の少年を絞首刑にした。男たちはすぐに死んだが、少年の死闘は半時間も続いた。「神はいまどこにいるのか。どこに行ったのか」と後ろにいた囚人が叫んだ。私（エリ・ヴィーゼル）は、自分の中で一つの声が「神はあそこにいる。あの絞首台の上で吊るされているのだ。」と答えるのを聞いた。

この答えには二通りの解釈が可能である。「神はここで死んだ」という解釈。つまり、もはや神を信じることは出来なくなったというもの。もう一つは「神は絞首台で苦しむ子どもと共に苦しんでいる」という解釈である。この後者の解釈は、「苦しむ神」というキリスト教の伝統的な考え方に通じる。イエスの十字架の苦難と贖罪という教理に道を開くものである。

最近の神学である「生成の途上にある神」というプロセス神学の神観もこの「苦しむ神」から派生する。すなわち、神はまだ完全な存在ではなく、いまも苦しみを伴う成長の過程にあり、生成途上のプロセスのなかにあるという考え方である。もう一つ、「隠された神」という考え方も「苦しむ神」のなかに含まれる。神はときにその顔を隠すことがあるというのである。

プロセス神学は、ホワイトヘッドの哲学に影響を受けたアメリカの神学者たちによって提唱された新しい神学であるが、「苦しむ神」と「隠された神」はユダヤ・キリスト教の伝統に深く根ざしたものである。ホロコースト後にあらためてその妥当性、真理性が注目されるようになったことになる。これらの神観はうがった見方をすれば、神の正義を弁証しようとする神義論の一変種と言えないこともない。

（『現代キリスト教神学思想辞典』Ａ・Ｅ・マクグラス編「悪の問題」の項　日本語版監修　熊沢義宣・高柳俊一　新教出版社）

ヴィクトール・フランクルは妻子とともにアウシュヴィッツに送られた。彼の両親、妻、子ども二人はガス室で殺されたか餓死したと言われている。

『夜と霧』（フランクル著作集1、霜山徳爾訳、みすず書房）は精神科医であるフランクルが、収容所内での体験を生々しく、しかし同時に医師としての客観的な視点で冷静に記録したものである。「カポー」と呼ばれる囚人の中から選ばれ、囚人を取り締まる役割をするユダヤ人の、親衛隊員よりも冷酷な振舞いが活写されたり、囚人たちが名前や性格よりもただの番号に過ぎない存在と化し、そのためにかえって輸送リストを入れ替えればガス室行きを免れたりする可能性も示唆されている。

フランクルの観察は、精神科医だけあって人間性の深い洞察と善意、そして精神性に対する信頼にあふれたものである。収容所の過酷な状況のなかで最後まで生き残った囚人は、頑健で丈夫な肉体に恵まれた人間ではなく、繊細で内向的な人間であったという有名な、人口に膾炙《かいしゃ》した見解などはその最たるものであろう。

「収容所の囚人についての心理学的観察は、まず最初に精神的人間的に崩壊していった人間のみが、収容所の世界の影響に陥ってしまうことを意味している。またもはや内面的な拠り所を持たなくなった人間のみが崩壊せしめられたということを明らかにしている。ではこの内的な拠り所とはどこに存するべきであり、どこに存し得るのであろうか？　これがいまやわれわれの問題なのである。」（前掲書）

この問題に対するフランクル自身の答えの一つが、『夜と霧』のある場面に語られていると思われる。収容所生活はそれを知らない外部の者にとっては自然を愛する心とか芸術を愛する生活があるなどということは想像もつかないであろうが、収容所にはユーモアもあったと言ったら驚嘆すべきことに思われるであろう。それはユーモアの芽に過ぎない些細な、そして数秒、あるいは数分間だけのものであった。しかし、フランクルの経験によれば、ユーモアもまた自己維持のための闘いにおける心の武器となったのである。通常の生活以上に収容所のような過酷な環境と状況にあっては、たとえ数秒間でも辛い現実から距離をとり、自己を維持していくのに役立ったという。

こうしてフランクルは工事場で一緒に働いていた同僚の囚人と語らって、これから少なくとも一日に一つ愉快な話を見つけることをお互いの義務にしようではないかと提案する。その同僚の囚人は外科医で、ある病院の助手をしていた男であった。フランクルは収容所生活から解放されて普段の生活に戻ったとき、ここでの生活の癖がどんなに抜けないかを面白く語ることによって彼を笑わせようとした。工事場では、労働監督が巡視にやって来るときには、看視兵は労働のテンポを早めさせようと思って「動け、動け」と急き立てるのが常であった。もし君が外科医の生活に戻って、手術室で長い胃の手術をしているとき、突然手術室係りが飛び込んできて、「動け、動け」と知らせたとする。それは「外科部長がやって来た」ということなのさ。

するとこ同僚の囚人の方も負けずに未来の夢を語るのだった。どこかの家の晩餐に招待されたとする。スープをその家の主婦に分け与えてもらうとき、労働場で昼食をとるときカポーにお願いするように「すいませんが、豆が二つか三つ、あるいはじゃがいも半分がお皿の中に泳ぐように、スープを底の方からすくってくれませんか」と懇願するようになるのではないかというのである。

ユーモアへの意志、つまり過酷な環境や苦しみを何らかの機知ある視点で和らげようとするのは確かに生活上のトリックに過ぎないかもしれない。しかし、それによって人間の苦悩の巨大さも相対化されるのであり、他方それ自体きわめて些細なことでも最大の喜びをもたらし得るのであるとフランクルは言っている。

エリ・ヴィーゼルとヴィクトール・フランクルの著作はアウシュヴィッツに関する古典的な記録と言ってよいが、もうすこし新しい証言もある。

収容所のなかでほかの囚人たちから目を背けられ、「生ける屍」「ミイラ人間」と形容された一群の囚人たちがいたことを、生還後、著作活動によって証言しているジャン・アメリは次のように語っている。収容所内の過酷な日々は、人間がもはや人間ではないところまで追い込まれる経験であり、「あらゆる希望を棄て、仲間から見捨てられ、善と悪、気高さと卑しさ、精神性と非精神性を区別することのできる意識の領域をもう有していない囚人たち」の一群がいた。彼らはさながら「よろよろと歩く死体」であり、その生存は「身体的希望の束が最後の痙攣をしているにすぎなかった」という。

また、もう一人の証言者、プリモ・レーヴィによれば、「彼らの死を死と呼ぶのもためらわれる。死を理解するのはあまりにも疲れ切っていて、死を前にしても恐れることがないからだ。顔のない彼らが私の記憶に満ちあふれている。もし、現代の悪をすべて一つのイメージに押し込めるとしたら、わたしはなじみ深いこの姿を選ぶだろう。頭を垂れ、肩をすぼめ、顔にも目にも思考の影さえ読み取れない、やせこけた男」

そして、痛ましいことにこれらの証言者たちは、収容所内の経験を語り伝えることに絶望し、二人とも自殺に追い込まれている。（ジャン・アメリは1978年自死、プリモ・レーヴィは1987年自死に限りなく近い事故死）彼らの証言は大きく取り上げられたにもかかわらず、自分の見たことは伝わらない、伝わらないことこそがそこで経験されたことの本質なのだと感じられ、その重みに潰されたのであろうと思われると哲学者ジョルジュ・アガンベンの著作を紹介しながら加藤典洋が言っている。墓碑には、囚人であったときに肉体に入れ墨で刻まれていた番号が彫り込まれていることでもこれらの証言者たちは共通しているという。（『人類が永遠に続くのでないとしたら』加藤典洋　新潮社）

アウシュヴィッツに関する古典的証言と新しい幾つかの証言を紹介したが、フランクルのユーモアによる過酷な体験の和らぎを読むとやはりほっとするものを覚える。彼自身が言っているようにそれは生活上のトリックに過ぎなかったかもしれないが、苦悩の巨大さが相対化され、些細な喜びも最大のものになり得るのである。

このことは次のようなイメージとの関連で考えると、言葉だけのものではなく、ある種の具体性を帯びて来ると言えるだろう。

先に引用した『現代人はキリスト教を信じられるか』のなかでピーター・バーガーが語っている印象的なエピソードがある。

ノーウィッチのジュリアンというキリスト教神秘主義者の残した「showing's」（啓示集）と題された著作の中の文章をピーター・バーガーは引用している。

「神はわたしに何か小さなものをお見せになった。それは、どんぐりの大きさで、わたしの手の平に載るほどだった。わたしが見たところ、それは玉のように丸かった。私はそれを見て思った。これはいったい何だろう。するとまず答えがあった。それは造られたものすべてである。それがあまりにも小さくて、一瞬のうちに虚無に陥りそうだったので、わたしはそれが消え失せないでいることに驚いていた。すると再び答えがあった。それはいつまでもあり続ける、なぜなら神がそれを愛しているからだ。すべてのものは、神の愛によって存在せしめられているのだ。」

ノーウィッチのジュリアンは、中世の修道女であったようだが、共同的な修道生活を捨て、独居しているなかで、一三七三年に一連の啓示を受けたと言われている。ジュリアンは、宇宙全体の姿を神の目が見ているように見ている。それは小さなどんぐりほどの玉に過ぎず、無限の愛によって支えられていない限り、いつでも無に帰してしまいかねないものだということを彼女は悟ったのである。

このどんぐりの大きさの宇宙というイメージは驚くべきもので、それ自体、きわめて喚起的であり、ユーモラスとさえ言えるような印象を受けるが、これに理屈をくっつけて何か言うことも可能であろう。たとえば中世の神学者ニコラス・クザーヌスが説く、次のような神学をあてはめることが出来る。

「『絶対的に最大なもの』は存在しうるかぎりのどんなものでもあるがゆえに、まったくの現実態として存在している。（中略）『最小なもの』は、それよりも小さなものは存在しえないものである。そこで『絶対的に最大のもの』はまさにこのようなものであるから『最小なもの』が『最大なもの』と一致することは明白である。」（『知ある無知』岩崎允胤・大出哲訳、創文社）

極大なものは同時に極小であるという神学は、合理的尺度では決して演繹できないようなある真理を語っている。それはまさに宇宙全体をどんぐりの玉と同一視するような視点である。

このような視点は、たんに「見る」という表現よりも「視る」という言い方が適切であるような視覚的体験、宇宙全体を視野に収めるような、ある種の神秘家だけが経験することができる営みによって可能になったのであり、換言すれば自己のなかにある他者性に目覚めた者の視点によってのみもたらされるものであろう。

だが、このような理屈による説明よりもジュリアンが啓示として受けたものを、イメージとしてそのまま受けとめることがもっと有益であろう。このイメージは、どんな神学論議よりも精神の深奥まで入り込み、いつまでも心に残るからである。

「自然神学は有効か」という主題のもと、さまざまな問題に触れて来たが、「どんぐりの玉のような宇宙全体」という比喩は、おのずからこの主題にたいする答えになっていると思われる。言いかえれば、自然神学はそれ自体として独立して存在する神学ではなく、啓示という言葉で示される、ある超越的な視点、特殊啓示である歴史的な神の子の受肉というキリスト教固有の出来事だけでなく、それを可能ならしめる一般啓示であるところの自然の営みを含めた出来事全体を指していると考えるべきであり、そこに看取されるものを言葉で表現すれば、「神的な光」「聖なる愛」などの紋切り型の貧しい言葉で言うしかないのである。そして、このことは別の視点から言えば、「ロゴスの脱中心化」ということになるはずである。

滝沢克己がいみじくも洞察したように、第一義の接触であるインマヌエルと第二義のインマヌエルは混同されてはならないものであり、不可逆、不可同、不可分であるという原則は貫かれるべきである。とりわけ、不可逆という原則が自然神学と滝沢神学を分かつ重要なポイントであることをもう一度強調しておきたい。

自然のなかに〈神われらとともにいます〉という真理を発見するのは決して自然な営みからだけでは出て来ない経験である。われわれの理性はそれを見分けることが出来ないからである。神の言葉を人間の言葉で語ることは出来ないのであり、対応することも出来ないのである。それ自体、「識別の霊」（Ⅰテサロニケ前書5・21口語訳）の働きであり、人間の中に自然的に備わっているものではないのである。

第六章　悪の問題

「悪魔のもっとも巧妙な罠は、悪魔など存在しないと思わせることである。」（ボードレール『悪の華』）

堕天使

1　旧約と新約を分かつもの

旧約と新約の文書群を分かつ特徴の、その最大のものは悪魔の存在であると言うことが出来るであろう。

悪の問題を考えるとき、抽象的に取り扱うのではなく、人格化された存在である悪魔の働きとして考えるのが聖書の伝統的な思考であるが、旧約においてはヨブ記を除いて、悪魔が目立った働きや華々しい登場の仕方をすることはまずない。ヨブ記も物語の枠組みに登場するだけで、その存在が脚光を浴びるわけではない。しかも彼は神の宮廷の一員であり、忠実な神の僕とも言ってよい。地上を忙しく徘徊することが彼の仕事であり、神の許可のもとにしか行動することができない。ヨブに無惨な災禍を与えるのが課せられた任務であり、神の霊的な奉仕者であるとさえ言えよう。

これに対して、新約聖書、とくに福音書においては、悪魔は重要な役割を果たし、悪魔の存在を抜きにして、福音書のドラマは成立しない。多くの聖書注解者が指摘しているように、悪魔が登場しない福音書は無害で、無重力で、無味乾燥の物語になってしまうし、イエスの苦難もたんなる人間的な物語、奥深さも神話的拡がりもない、小さな物語になってしまうことであろう。

ここで、悪魔の働きを鮮やかに示したジョークを紹介しよう。

「神と悪魔がある日、道を歩いていて、地面にきらきらと美しく輝くものを見つけた。神は手をのばしてそれを拾うと「ああ、こんなところに真理が落ちていた。」すると悪魔は「ああ、そうですね。わたしにくれれば組織してあげますよ。」と言った。」

（ラム・ダス『覚醒への旅』）

福音書において悪魔は初めて自立的な、悪に対する責任を負う存在として登場する。福音書において注目すべきことは、悪魔が堕天した存在であることを、イエス自身みずからはっきり語っていることである。「わたしはサタンが稲妻のように天から落ちるのを見ていた。」（ルカ10・18）

福音書のこの箇所を主要なモチーフとしたイエス論が、二〇〇三年に我が国の新約学者、大貫隆によって上梓された。(『イエスの経験』岩波書店)この著作については一章でも紹介したが、ここでは著作の内容だけではなく、論争的な応答についても触れてみたい。「悪の問題」を考えるときの格好のテキストだからである。

初代教会がイエスの十字架の死、その残虐きわまりない刑死の意味を探り求めるなかで、イエスの死は贖罪のためであり、イエスはキリスト・メシアであるという信仰告白が生まれた。これを、大貫はキリスト教信仰の「標準文法」という言葉で表現している。

イエスは二千年前にパレスティナで生を受けた古代人であり、現代のわれわれとは違う神話的思考と古代的世界像をもって生きていたのであり、天と地、神の国、悪霊、サタン、天使など神話的表象はイエスの中でバラバラに存在していたのではなく、一つの意味あるイメージ・ネットワークを形成していた。

イエスの運動はすべて、このイメージ・ネットワークによって意味づけられ、動機づけられていたが、エルサレム入城から逮捕、尋問という受難を経て、十字架における最期の絶叫は、彼のイメージ・ネットワークが破裂した瞬間であり、すべての言動の意味連関が見えなくなったのであり、イエスは「自分にとって意味不明の謎の刑死」を遂げた。この謎を必死で解こうとしたのが、イエスの弟子たちであり、復活信仰の成立によって、それを果たそうとした初代教会はイエスのイメージ・ネットワークをそのまま繰り返すことはしなかったし、また出来もしなかった。何故なら、イエスの十字架上の絶叫と死を間近で目撃した弟子たちは、神話を現実に生きることは出来ないことを悟り、独自の信念体系に到達していたからである。

これが原始キリスト教の「標準文法」につながり、そこでは生前のイエスのイメージが新しく編入し直されたのであり、一種の非神話化の作業がすでに始まっていたのであるという。このような前提のもとに、イエスの言葉をルート・メタファーと下位ネット・ワークに整理し、イエスの言動をそこから説明しようとする大貫の手際は見事であり、独創的であると言えよう。

イエスのイメージ・ネットワークの中で主要な位置を占めるルート・メタファーのひとつである天上の祝宴（マタイ8・11〜12及びルカ13・28〜29）は、神の国の比喩として語られているのであるが、天上の祝宴が開かれるために必要なある出来事が起こった。それが前述のサタンの墜落（ルカ10・18）であり、それを見たイエスにおいては「あたかも雷雨のあがった直後の清澄な大気のように、いまや天地万物が変貌し、まったく新しい姿で立ち現れる」（前掲書）と説明されている。一章で紹介したことと重複するが、これを大貫は「宇宙の晴れ上がり」という印象的な言葉で括り、これこそイエスの幻視体験であり、覚醒体験であるとしている。

『イエスの経験』のおおまかな輪郭だけを紹介したが、大貫隆はルカ福音書のサタンの墜落についての言及（「サタンが稲妻のように天から墜ちるのを見ていた」）を主要なモチーフにしていることは前述のとおりである。この言葉はルカ福音書にしか出て来ない特殊な伝承であるが、従来、歴史のイエスに遡り得る真正性については疑いが持たれて来たという。

しかし、大貫は初代教会のキリスト論的関心がここにはないので、生前のイエス自身の言葉と見なしてよいのではないか、としている。「サタンが稲妻のように天から落ちるのを見ていた」イエスは、その幻を見ることによって、覚醒し、召命体験へと導かれた。或いは、覚醒・召命体験がそのような幻を見ることを可能にした。生前のイエスは全く受動的な立場で、サタンが墜落するのを見た。「稲妻が落ちるように」とある「落ちる」は原典ギリシャ語では自動詞アオリスト分詞であるが、その意味は「神によって投げ落とされた」という受動態と同義であるという。つまり、ドラマの隠れた主体は神なのである。（前掲書）

ここから、ユダヤ教黙示文学の伝統につらなる「ヨハネ黙示録」との関連が指摘される。また、幻視体験と召命の結びつきが、旧約の預言者の伝統にあったことが、エレミヤやアモスの召命体験との比較で語られている。

このように、新約学的なレベルでも、また時局的タイミング（2001年9・11のニューヨーク同時多発テロがこの著作のモチーフであると大貫自身が序文のなかで語っている。）からも、きわめて刺激的な『イエスの経験』であるが、この著作の出現は教会の内外に波紋を投げかけ、雑誌『福音と世界』（2004年5月号）は特集記事を組み、聖書学者、牧師、哲学者などがそれぞれ感想記事やまた座談会を組み、応答を試みている。

なかでも最も注目すべき記事は、現代フランス哲学の専門家、小林康夫（1950〜 東京大学名誉教授。専門は現代哲学、表象文化論。）の文章であった。大貫に対する公開書簡のかたちで書かれた、この記事の中で小林はみずからを仏教徒と自己限定し、いかなる意味でもキリスト教会とは関係のない者であることを断ったうえで、イエスの十字架上の言葉、「エロイ、エロイ、レマ、サバクタニ」（「わが神、わが神、何故私をお見捨てになったのですか」）と、その後の絶叫についての大貫の解釈に異議を申し立てている。

この十字架上のイエスの言葉は、詩編二二編の冒頭の引用であるが、以前から論議を呼んできた箇所である。解釈は二種類に大別される。

一つは詩編二二章が絶望の言葉から始まっても、最後は神に対する賛美で終わっていることから、イエスは最期まで、神意との一致のなかにあり続けたとする説で、多数の聖書学者によって支持されている。（シュタウファー、ボルンカム、ディベリウス等）さらに作家の遠藤周作もこのような説をとる。もう一つの解釈は、文字通り断末魔の絶叫とする見方であり、田川健三、青野太潮など、少数の学者がこの立場をとる。

大貫は、この二つの解釈をいずれも退け、「神への懸命な問い」であったという意味づけをしている。「イエスの最期の絶叫は、第二の見方が言うように、絶望の叫びだったのか。この見方が今一つ説得力を持たない理由は、イエスが何に絶望したのかが、はっきり提示されないからである。（中略）むしろ、イエスの最期の絶叫は、文字通り神への懸命な問いだったのだ」（前掲書）

こうして、イエスは自分自身にとっても意味不明な謎の死を死んだのであるというのが大貫の解釈である。そして、この解釈はその後の初代教会成立の布石となっていく。イエスが謎の死を死んだがゆえに、弟子たちは必死にその謎を解くことに集中し、生前のイエスが説いた「神の国」が、十字架の死によって終わったのではなく、じつは私たちの罪を贖うための死であったという確信に到達した。これが初代教会の成立した瞬間であったわけだが、これを大貫は「逆転の発想」と表現している。このような見解は、とくに目新しいものではなく、新約聖書学の展開においては、何度となく提出されてきた。(八木誠一の『新約思想の成立』はその代表的なものであろう。)

大貫のこの主張に対して、小林は疑問を投げかける。イエスは自分自身にとって「意味不明な死」を死んだままで、弟子たちが死後、その謎を旧約聖書を拠りどころに解釈して「意味」を仕立てたというのでは、イエス自身が救われないのではないか。弟子たちは自分たちの教義に都合のよいように、イエス像をつくりあげたことにならないか、という疑問である。

イエスと初代教会をつなぐ戦略として、大貫の解釈はきわめて巧妙な方法であり、そこではイエスの実存的な意味は始めから探索されることがない。何故なら、本人にとっても周囲の者にとっても意味不明なのであるから。

キリスト教会の成立そのものは、その解釈の内容にかかわらず、全面的に肯定されてしまうことになる。しかし、イエスの実存そのものを「意味不明の謎」で終わらせ、あとは初代教会の誕生に委ねてしまうことにどうしても違和感が残る、と小林は言っている。

小林によれば、イエスの絶望は大貫の言うように、何に対しての絶望だったのかがはっきり提示されないどころではなく、どんな人間の絶望も超えた、人間の存在の限界を突き破ってしまう絶望であり、もはや絶望といった言葉では言い表せない究極的な「破裂」でなければならない。

小林は言う。「そうか、イエスは〈自分が幻視したサタンとは自分のことだ〉と意識したんだな、と直観的に思えた。」（『福音と世界』２００４年5月号所収の公開書簡「イエスの最期の絶叫の意味」）

２　〈人の子＝悪魔〉論

この直観の是非については、しばらく棚上げにして、〈人の子＝悪魔〉論と言うべき小林の見解に耳を傾けてみよう。この直観を補強するために、小林は以下の六か条の論拠を提出している。

⑴普通に考えれば、イエスとサタンが一致するはずがない。しかし、ルカ一〇章一八節の「見てぃた」という受動的自動詞に注目すべきであるという。この箇所は「悪魔を従わせる」権能はどこから由来するかの問いに対する答えとして語られており、イエスがサタンの失墜という「宇宙論的出来事」の傍観者であったとは考えられない。イエスはたんなる観察者として何かを語ることはなく、彼の言葉はすべて行為する言葉である。イエスは自分の権能の由来を説明しようとして「サタンの墜落」に言及している。一八節に続く一九節では「蛇やサソリを踏みつける」と言っているが、その根拠が「サタンが稲妻のように天から落ちる」ことそのものだとしている。

⑵マルコ三章にベルゼブル論争というのがあるが、ここでもイエスの権能が問題になっている。悪霊たちがイエスに従うのは、彼が悪霊たちの頭《かしら》ではないかと当時の人々が言っていたことが、マルコによって語られているが、イエスが失墜したサタンではないか、という恐れはほかならないイエスの同時

代人のなかにあったのであり、それがイエスを磔刑に到らせる要因になったのではないか。

(3)マタイ一一章一二節「バプテスマのヨハネの時から今にいたるまで、天国は激しく襲われている。そして、激しく襲う者たちがそれを奪い取っている。」ここで語られているのは「奪い取る者たち」をイエスの側にするか、サタンの側にするかで従来の解釈は分かれるが、この二重性はそのままますくいとるべきである。イエスの言葉は一元的に解釈できない。二重性をそのまま認識する方向でこそ、正しく聞きとられるのではないか。

(4)マタイ二一章（マルコ11章及びルカ20章）に「権威問答」が出て来るが、イエスは沈黙によって、答えを回避している。彼の権能が「天からのものか」それとも「人からのものか」答えない。どちらかであるのに韜晦《とうかい》したのではなく、イエスは明らかに一つの秘密を守り通したのである。それは言い得ないこと、まさにそれを言うことによって、彼の権能が失われかねないことだったのである。つまり、イエスは沈黙によって二重性を保持したことになる。

(5)マルコ八章におけるイエスのペテロに対する叱責「サタンよ、しりぞけ」は前後の文脈では「人のことを思う」のがサタンであるということになる。

「あなたこそキリストです」と告白しながら、人間イエスのことを心から心配しているペテロの諫めの言葉の背後にサタンを見るからにほかならない。ペテロは人間であり、その人間が「人のことを思う」ことを通して、しかしサタンでもあり得るという二重性を、すでにイエス自身が指摘していることになる。イエスはナザレのイエスである。しかし、その個体の意識とは別の「存在」もまたイエスをとうして語っている。その二重の構造において史的イエスは語ったというのが、小林康夫の基本的なスタンスである。したがって、「人の子」（バル・ナーシュ）という言い方も、小林康夫によれば、史的イエスならぬ、イエスの「存在」の自己呼称だと見なされる。これがイエスの根源的な二重性であり、すべての宗教的存在がかならず帯びる特徴であり、これを見逃す読解は、根源的な宗教性を取り逃がすことになる。

(6)マタイ二四章二七節「稲妻が東から出て、西にまできらめきわたるように人の子の到来もちょうどそのようになるであろう」大貫もこの箇所がイメージ的にサタンの墜落と重なるところがあることを指摘しているが、小林は端的に、「人の子」はまさに「稲妻」のように天から墜落したものにほかならず、サタンも「人の子」もまったく同じであると結論している。

以上の六か条が、イエスの十字架上の絶望を「イエスが自らをあの失墜したサタンであると認識した」とみなす小林の直観の根拠であるが、敬虔な信徒が聞いたら卒倒しかねない戦慄的な読解である。しかし、彼はこのような直観は決してデマカセ的な思いつきではなく、福音書のテキスト自体の一貫した読みの可能性を開くものであり、無理に一元的に解釈することなく、つまり教理的制約に捉われることなく、イエスの言葉をそのまま受けとめることになるのではないか、と言っている。（前掲、公開書簡）

問題は、小林が挙げている六つの論拠に出て来るイエスの言葉の二重性ということであろう。二重の構造においてイエスは語っているのであり、史的イエスとは区別しようもないが、発話のモメントとしては確実に違うもう一つのイエスという「存在」そのものを問題にしないわけにいかないと小林は言っている。たとえ、その存在がナザレのイエスにとっては「意味不明」であったとしても、われわれはその「存在」を究明し、その意味を引き受ける以外にイエスを生きることはできないというのである。

もう一つのイエスという「存在」が、即サタンそのものであるとする小林の見解に素直に同意することは出来ないが、一方では彼が直観的に感じとったものは見過ごすことの出来ない、ある深さに到達している。

それは伝統的なキリスト教の用語で言えば、人間の罪性ということにかかわる問題である。イエスは神の子であるから、無原罪の存在であるというのは教理的な建前に過ぎない。歴史上に生き、活動したナザレのイエスという人が、われわれと同じ人間存在にまつわる罪性から完全にまぬかれていたなどと想像することは難しい。四章で見たように、むしろイエスには人一倍、罪の意識に敏感なところがあったであろう。とすれば、イエスは十字架上で絶望の叫びを挙げるわけであるが、その絶望が何に由来するものであるかを考えると、自分が信じていたイメージ・ネットワークの連関が見えなくなり、現実化しないどころか破裂してしまったことに対する絶望である以上に、自分が幻視したサタンの墜落が、ほかならない自己の存在にかかわるものであったことに気づいた絶望であったと小林は主張しているわけである。

大貫はイエスは予定の死を死んだのではないし、覚悟の死を死んだのでもなく、自分自身にとって意味不明の謎の死を遂げたのであると言っているのであるが、この主張は小林だけでなく、新約学者の佐藤研によっても疑問が呈せられている。

そもそもバプテスマのヨハネの弟子でありながら、そのヨハネを殺したヘロデ・アンティパスのお膝元で、(ヘロデの王国ではなく)神の王国が近づいたと宣言するためには、自分の命が理不尽に抹殺される程度のことは覚悟の上でなければなるまい。

(『福音と世界』２００４年5月号所収「私はどんなに苦悶することか」)

小林の主張に戻る。従来の贖罪説では、「人類にかわって、その罪を担った」とされているが、それは後の初代教会による解釈であり、十字架上のイエスを直視していないことになると小林は言いたいのである。

彼の主張をもうすこし要約すると次のようになる。イエスとはその生涯をかけてまっすぐに罪へと墜落していく存在である。「人の子」はサタンであり、神によって墜落させられた存在であったとすると、「エロイ、エロイ、レマ、サバクタニ」(わが神、わが神、何故私を見棄てられたのか)という叫びはもはやたんなる問いではなく、みずからが誰であったのかを知った、存在の見捨ての確認である。「神の支配」とはこのような「神の根源的な見捨て」のことである。それはもはやいかなる人間的な絶望も及ぶことのない「破裂」であった。十字架上で絶叫しながらイエスはなおも墜ちていく。みずからの死をも超えて墜ちていく。

このように記す小林が、自己を仏教徒と規定しているところが、面白いところであるが、イエスについてこのような認識に至ったのは自分の中にある種の切迫性を覚えるためではないかと率直に語っている。この切迫性はもちろん大貫のモチーフである時局性をともにするところから出ているだろう。ちなみに、『福音と世界』の同特集号の座談会に出席した新約学者の八木誠一は、イエスの絶叫に一番近いのはボンヘッファーの獄中書簡にある「われわれと共にいたもう神は、われわれを見捨てたもう神である」という言葉ではないかと言っている。きわめて有名な箇所であるが、獄中書簡から引用してみよう。

僕たちは、この世で生きなければならない。——「たとえ神がいなくても」——ということを認識することなしに誠実であることはできない、しかも僕たちがこのことを認識するのは、まさに神の前においてである。神ご自身が僕たちを強いてそのことを認識させたもう。このように、僕たちが成人することによって、神の前における僕たちの状態を正しく認識するようになるのだ。神は僕たちが神なしに生活を処理できる者として生きなければならないということを、僕たちに知らしめたもう。僕たちと共にいたもう神とは、僕たちを見捨てたもう神なのだ。

（ボンヘッファー『抵抗と信従』倉松功、森平太訳　新教出版社）

「成人した世界」に生きていく人間は神なしでやっていかなければならない。「たとえ、神がいなくても」ということを認識することなしに、誠実であることはできない。

これらのもの言いは、一時期、六〇年代の世俗化の神学の流行とともに、前衛的なキリスト教徒の心を捉えたものである。読み返してみると、その輝きはいまも失われていない。

ヒットラー暗殺計画に連座して獄に下り、友人に宛てた獄中からの手紙の内容は、その時の彼の拘禁状態を思えば痛ましい限りであるが、「僕たちと共にいたもう神とは、僕たちを見捨てたもう神なのだ」というのはボンヘッファーだけでなく、すべての人間の生涯に当てはまる言葉のように思われてならない。人生のすべてとは言わないが、確かにこのような部分があって、それを見つめることなしには真実を掴むことはできないのではないだろうか。

その意味で、イエスの十字架上の絶望は、人間の原型であり、イエスの死が贖罪の死であり得るとするならば、イエスが墜ちるところまで、底を割るところまで墜ちきったからであると言えないだろうか。

ここにおいて、小林が提起している重要な最後のポイントがある。みずからの死をも超えて、絶叫しながら墜ちていったイエスの、その極限的な墜落において、「人の子」と「サタン」という根本的な区別が廃棄されたのではないか。何故なら、イエスが説いてきたことは、ただひとつ「誰もそれを見ず、それを聞かない」（マルコ４・12）のだが、いつでも即刻、そこに成就しているところの「神の主権、神の支配」であり、そこではすべての生きるもののあいだに、いかなる区別もなく、いかなる差異もなく、すべてのものが自分自身なのであるから。

逆に言えば、罪とはかならず自分がいて、他者がいるときに成立する。自他の区別がなければ罪はない。イエスが説いた〈生命の絶対的一元論〉の視点から見て、人間の存在が本質的に罪深いのは、言語をとおして自他の区別をそこに導入せざるを得ないからである。

しかし、もしわれわれが、本質的にそのような罪において断罪されていることを知り、自分が自分の思うところのものであることにおいて、すでに罪ある存在であることを、たんに知識や理論としてではなく、みずからの罪へと断罪された肉をもって認識できるとするならば、その認識の一点において、自他の区別は解消する。言葉ではなく、身体において自分が根源的に他者と同一の存在であることが起こるとすれば、そのときもはや罪は解消しているのではないかと小林は言う。罪において罪が消えるという奇跡のような事態が起こる。イエスが切り拓いた道は、そのような狭い、困難な、一筋の行路だったのではないかというのである。

大貫の『イエスの経験』に触発された公開書簡のかたちで公けにされた小林の見解を紹介してきたが、「人の子」とサタンが同一であるという、キリスト教徒が絶対的に同意できない考え方は、詳しくその所説を追っていくと、キリスト教信仰を破壊するものではなく、むしろ「標準文法」を後生大事に信奉している教条主義者や原理主義者よりも、深い信仰を示唆する可能性があると言うことができよう。

仏教徒と自己規定する哲学者によって、このような見解が打ち出されていることに、大方のキリスト教徒は驚きを覚えると同時に、教理的な思い込みが自由な神学の営みをいかに阻害するものかを知らされるだろう。筆者自身、多くのことを教えられた。小林の見解に完全には同意できないものの、賛意を表したくなるのは、次の三つの理由による。
(1)人間存在の洞察のある深みに達している。
(2)挙げられている六つの論拠のなかの福音書の幾つかの箇所、ベルゼブル論争（マルコ3章）、権威問答（マタイ21章）、「人の子」の到来（マタイ24章）天国を襲う者（マタイ21章）などは従来あまり問題にされることがすくないのであるが、それらの箇所の読解の的確さは注目に値する。そこにおいて問題にされているイエスの言葉の二重の構造は考慮に値する指摘であり、宗教性の本質にかかわる問題だと思われる。
(3)神とサタンという二元論を克服する道が開かれる可能性がある。

(1)と(2)については一部すでに触れてきた。(3)の「神とサタンの二元論」というのは、すべての一神教の内部矛盾であり、とりわけキリスト教はサタンの存在なくして立ち行かないと言うか、厄介なお荷物でありながら、同時に不可欠であり、逆説を弄すれば、サタンのみが神を救い得るのである。何故なら、全知全能にして、善なる唯一の神の創造した世界が、これほど悲惨で、不完全であることの説明はどこにも存在しないからであり、悪の偏在を説明できる根拠は、悪の人格化である悪魔に責任を負わせる以外にはないからである。キリスト教の内部において、悪魔の概念がもっとも高い完成度にまで練り上げられた理由はそこにある。

多神教においては、これほど悪魔が問題になることはないし、必要ともされていない。多くの神々が存在するところでは、お互いに牽制し、競合関係が生まれるので、神々は利害に応じて、善にも悪にも転化し得る曖昧な存在だからである。

悪の体現者、実践者として、またその人格化としての悪魔が、本格的な存在意義を獲得するのは、したがって巨大な一神教の内部、とりわけキリスト教の内部以外にないということになるのである。にもかかわらず、これほど疎外され、隅に追いやられている存在もなく、その証拠にキリスト教神学のなかでの位置づけは表向き、無視というかたちになっている。しかし、最初にも触れたようにサタンの存在を抜きにして新約聖書が書かれることはなかったし、福音書のドラマが成立することもなかった。したがって一神教の内部で、神とサタンの並立は矛盾であり、神の唯一性を脅かすものでありながら、同時に一神教の信仰を強化するのになくてはならぬ存在でもあるという二元論的傾向から免れることはできないのである。

3　イエスは何から覚醒したのか

さて、棚上げしておいた小林康夫の直観の是非についてここで考えてみたい。見過ごしにできない深刻な問いが提起されているからである。

小林の〈人の子＝悪魔〉論は、十字架上のイエスの叫び、「わが神、わが神、なぜわたしをお見捨てになられたのですか」という言葉にかかわる解釈の問題である。結論から先に言えば、イエスが幻視した失墜するサタンと自分を同一視する可能性は限りなく低いと言わざるを得ないであろう。限りなく低いどころか、そういうことはあり得ないのではないか。

そもそも「エロイ、エロイ、レマ、サバクタニ」というアラム語を十字架上でイエスは叫ぶわけだが、これは初代教会がイエスの口に入れたケリュグマ（宣教の告知）であるという佐藤研の説もある。（『福音と世界』２００４年5月号「私はどんなに苦悶することか」）

歴史的にどちらが真実に近いかと言えば、「苦難のメシア」というキリスト論的関心に貫かれているという意味で、ケリュグマであると解する説にもそれなりの根拠があるというべきである。そして、この説が正しければ、小林の直観そのものが成り立たないことになる。

この言葉が詩編二二編の冒頭の引用であることから、言葉どおり絶望の意味に解釈する読みと、絶望の言葉で始まっていても、二二編の最後は神の恵みに対する賛美で終わっているので、イエスは最期まで神意との一致のなかで息絶えたとする読みがあるわけで、聖書学者によって立場が二つに分かれることは前述のとおりである。これが、後の初代教会がイエスの口に入れたケリュグマであったとすると、なんという巧妙な戦略であったことだろう。

だが、大貫はいずれの読みも斥けるのである。絶望の叫びであったとの説が「説得力をもたない理由は、イエスが何に絶望したのかが、はっきり提示されないからである」と指摘している。「むしろイエスの最期の絶叫は、文字通り、神への懸命な問いだったのだ。（中略）イエスは、遠藤周作が言うような予定の死を死んだのではない。覚悟の死を死だのでもない。自分自身にとって意味不明の謎の死を死んだのである。否、謎の殺害を受けたのである。」（『イエスという経験』）

これはまことに不思議な説で、十字架上の叫びがケリュグマであるか否かを別にしても、受け入れ難い考え方である。「懸命な問い」の中身も説明されていないし、「意味不明の謎の死」という解釈もとってつけたようである。この大貫の説は小林の次のような批判を招いている。

確かにイエスの死は、弟子たちに、またその他の人たちに謎だったでしょう。そこから原始キリスト教の教義形成が起こったでしょう。しかし、その謎がイエス自身が謎として生きたものであったとは必ずしも言えません。それではまだイエスの実存とキリスト教とは本当につながってはいません。（中略）イエスを論じて、その最期の悲劇的な破裂を論じて、しかしイエスの実存そのものは〈意味不明の謎〉で終わってしまい、あとは原始キリスト教の誕生に委ねられてしまうことには、どうしても違和が残ります。

（前掲、公開書簡「イエスの最期の絶叫の意味」）

そして、大貫の説に対するアンチテーゼとして、十字架上のイエスの言葉を「自分が幻視した失墜するサタンとは自分のことだ」と認識したのだと解釈する小林の直観が導き出されているわけである。言わば、大変失礼な言い草になってしまうが、虚説のうえに虚説が上塗りされていることになり、大貫の説も小林の説も受け入れることはできない。

単刀直入に言えば、イエスの覚醒体験がいかなる内容であったかを見極めれば、答えは自ずから明らかとなるはずである。すなわち、覚醒を契機としてイエスのなかで自他の区別が廃棄され、他者であるサタンを自らのなかに繰り入れる結果をもたらしたということである。そのことをとおしてイエスは自己のなかにある他者性に目覚めた。（あるいはその順序は逆であった可能性もある。他者性への目覚めがサタンを自らのなかに繰り入れる結果をもたらした。）

そして、この後が肝心だが自己と非自己を、対称性において捉える醒めた視点を獲得した。言いかえれば、自他の区別を相対化する絶対的主体として生きることが可能になった。これらのこと全体がイエスの覚醒体験そのものであった。

このような覚醒体験を経て、イエスはサタンの力をわがものとしたのであり、あたかもサタンと一体化、同一化したかのようになった（小林の〈人の子＝悪魔〉論が主張される余地はここにあると言える）。そのことによって、イエスは「蛇やサソリを踏みつけ、敵のあらゆる力に打ち勝つ権威」を獲得し、弟子たちにもその権威を授けることができた。

マルコの「荒れ野の誘惑」の記事はきわめて示唆的である。

「それから、〈霊〉はイエスを荒れ野に送り出した。イエスは四十日間そこにとどまり、サタンから誘惑を受けられた。その間。野獣も一緒におられたが、天使たちが仕えていた。」（1・12〜13）

そして、これ以降、サタンはしばらく姿を消すのであり、ユダが最後の晩餐の席でイエスに裏切りを指摘され、いたたまれなくなって外に出るまで、サタンはイエスのなかに封じ込められていたかのごとき描き方を福音書はしている。

「それから、パン切れを浸して取り、イスカリオテのシモンの子ユダにお与えになった。ユダがパン切れを受け取ると、サタンが彼の中に入った。そこでイエスは『しようとしていることを、今すぐしなさい』と彼に言った。」（ヨハネ福音書13・26〜27）

誤解がないように断わっておくが、イエスがサタンの力によって悪霊を追い出す権能を獲得したとの説を主張したいわけではない。そのような誤解はイエスの時代からすでにあった。共観福音書が一致して記しているベルゼブル論争である。マルコによれば、悪霊のかしら（頭）の力で悪霊を追い出しているという噂をエルサレムから下って来た律法学者たちがふりまくのであるが、イエスは彼らに対して「サタンが内輪もめして争えば、立ち行かず滅びてしまう。また、まず強い人を縛り上げなければ、だれもその人の家に押し入って、家財道具を奪い取ることは出来ない」（マルコ3・26〜27）と反論している。

小林は、この箇所を取りあげ、イエスが自らの権能の由来を神に帰していないからという理由で、サタンの力によって悪霊を追い出すことが出来たとしている。

これはイエスの反論から見ても成り立たないであろう。そして、イエスは失墜したサタンではないかとの恐れがすでに当時の人々のなかにあったから、その恐怖がイエスを磔刑にいたらしめたとしているのであるが、イエスの十字架刑にいたる経緯も誤解している。

イエス処刑の直接の原因は、瀆神罪と反逆罪の二つである。この場合の瀆神罪は、ユダヤ教の律法違反にかかわる罪ということである。イエスが悪霊にとりつかれているという恐怖はたしかに当時の人々のなかにあったが、そのことと瀆神罪、すなわち律法違反というのは関係がない。

また、反逆罪はユダヤ権力（ローマ帝国に対する反逆という側面もあるが、死刑の権限を持たなかったユダヤ当局が総督ポンテオ・ピラトに訴えることによって処刑は決定された。）に対するものであるから、これもイエスが失墜したサタンではないかとの恐れとは区別されるべきであろう。

このように考えると小林の直観である〈人の子＝悪魔〉論は受け入れ難いものがあるが、彼の所説を丁寧に読み解いていくと、提示されている〈人の子〉と〈サタン〉の同一視は最後には廃棄されており、大貫の『イエスという経験』に触発され、そこに展開されているイエスの十字架上の叫びについての解釈に対するアンチ・テーゼとして提起されているという側面があることに留意しなければならない。

いずれにしても、ここにはニューヨーク同時多発テロを契機として現代における悪という問題が浮かび上がっているので、次節でそれについて考えてみよう。

創造と悪

1　〈虚無的なもの〉

悪の問題について、独創的な考えを提出した現代の神学者が二人いる。一人はお馴染みのバルトである。前章では、バルトの排他的絶対性を批判的に取り上げたが、悪の問題についてのバルトの見解は傾聴に値する。彼は『教会教義学』の「創造論Ⅲ／2、創造者とその被造物」のなかで「虚無的なもの」という概念を創出し、悪魔についての説明を試みている。

もう一人は、バルト以降のもっとも本格的な教義学者であるモルトマン（Jürgen Moltmann, 1926〜）である。彼はユダヤ教カバラ思想から示唆をうけ、これまたまことに独創的な考えを示している。

まず、バルトであるが、彼の言う「虚無的なもの」とは「無」ではなく、実在するものであり、さまざまな仕方で現実に展開され、ただ道徳的に虚無的なのではなく、むしろ物理的なものとして「実在の悪、実在の死、実在の悪魔、実在の地獄」（前掲書）として展開される。被造物が太刀打ちできないような災悪をもたらし、破壊する力を持つというのである。

バルトが具体的に考えているのは罪、災悪、死の三つであり、虚無的なものはその包括的な概念である。これはあくまでも地上に現れる具体的な悪のかたちであり、「虚無的なもの」を上位概念のように抽象的に捉えるとサタノロギー（悪魔学）に陥るのであり、魔術的世界像に転落する危険があるという。

（『使徒的人間』富岡幸一郎、講談社）

ここにおけるバルトの議論が独創的である所以は、「虚無的なもの」を被造物としての人間の影の部分、マイナス面とはっきり区別していることである。これを区別せず、混同してきたことがいままでの神学史の通弊であり、また神学だけでなく、歴史学においても心理学においても鮮明にされてこなかった重要なポイントであるという。

被造物世界の影の部分は、「虚無的なもの」に隣接し、それに向かって開放されており、それゆえ脅かされていることは事実であるが、そして神の創造が暗い局面をも持っていることの理由でもあるが、しかし「虚無的なもの」と同一ではないというのが、バルトの主張なのである。

では、何故バルトは「虚無的なもの」という、何も存在しないこと、空虚を連想させる観念的な言葉で、悪魔を説明しようとしたのか。それは人間のさまざまな生の活動を破壊し、無化する悪の力の総称としての意味と、イエス・キリストの出来事によって、すでに棄却され、空無化されてしまっているという、両義的な意味をこめているからである。

バルトが「虚無的なもの」という言葉で、言いたかった背景には、二〇世紀前半の二つの大戦、とくに第二次大戦におけるナチス・ドイツの猛威と、ホロコーストが念頭にあったことは言うまでもないであろう。

では、「虚無的なもの」はいかにして棄却され、空無化されたのか。バルトの説く神学は、哲学的な唯一神論のように、不動にして完全なる存在としての神ではなく、キリストにおいて苦しみを甘受し、深いところまで降りて、虚無的なものを引き受ける神である。

このキリストの出来事をとおして、すなわち御自身を低くされ、弱さを担い、被造物と同じ高さまで降り、虚無的なものの力に晒され、それに立ち向かった神に対しては、「虚無的なもの」はついに太刀打ちできなかった。虚無的なものの手に陥り、失われた被造物となることによって示されたまったき恵みに出会って、滅び失せなければならなかったのである。「虚無的なもの」の棄却と空無化を宣言するバルトの言葉は、きわめて明快、快刀乱麻を断つ趣きがある。

> 虚無的なものとは何であるか。キリスト教の信仰と認識の告白とにおいては、つまり、イエス・キリストの復活を背後に見、その再臨を前方に望み見つつ語るならば、ここで与えられるのはただ一つの答えのみである。すなわち、それは古きものである。古い脅かし、古い危険、古い破滅であり、神の創造を暗くし荒廃させている古い奇怪なものであり、それはイエス・キリストにあって過ぎ去ってしまったものである。(『教会教義学』「創造論Ⅲ/2」吉永正義訳、新教出版社)

このように一刀両断するところがバルト神学の魅力とも言える。それはたんなるキリスト教の「標準文法」（大貫隆）に過ぎないのではないかとの批判も可能であろう。現実には悪はなくならないどころではなく、猖獗《しょうけつ》（悪い物事がはびこり、勢いを増すこと。）をきわめ、いまや宇宙的規模まで拡がりを見せていることは否定できない世界の現実としてあるのを誰しも認めるところである。

しかし、現実がどんなに凄まじいものであっても、どんなに絶望的であるように見えても、すでにサタンの力は棄却され、空無化されてしまった。キリスト教信仰という視点から見れば、勝利者キリストのもとで、「虚無的なもの」はすでに解決済みのこととみなす自由、新しく生きる自由をわれわれは有するのであり、「虚無的なもの」の支配という現実からの解放を、未来のこととして先延ばしする優柔不断は許されないのである。

こういうことを言い切るバルトの勇気はやはり称揚されるべきであろう。これは資質の問題というよりも、バルトの神学のしからしめるところであり、前の章で詳しく見たように、排他的絶対性という克服されるべき問題を抱えながらも、その神学的方法の正しさはあくまでも認められるのであり、何よりも神学する姿勢の剛直さとでも表現するほかないものである。別の言い方をすれば、晦渋《かいじゅう》な文体の背後に立っているのは、一人の柔軟でしなやかな、しかし同時に堅固で巨大な精神なのである。（『現代ヨーロッパの精神』所収「カール・バルトとプロテスタンティズムの倫理」加藤周一、岩波書店）

そして、これが重要なことであるが、バルトをしてこのような大胆なところに足を踏み入れさせているのは、ほかならないあのナザレのイエスをとおして、ただ一回的に歴史のなかに啓示された救いの出来事、虚無的なものを棄却し、空無化された、神の人間の窮状に対する憐れみと慈愛の故であって、バルト個人に帰すべき誉れではないのである。

さて、サタンの出自とも言うべき「虚無的なもの」についてバルトの見解を紹介してきたが、悪魔の実在を信じない議論は、一見すると現代的であり、非神話化されたスマートな装いをしているかのように見える。しかし、その時、悪魔は神の被造物の影の部分と混同され、誤認されてしまう。そこでは、虚無的なものを根底から恐れ、嫌悪することは出来ず、本来的な敵として認識することもできない。むしろ、虚無的なものと慣れ親しみ、仲良く暮らそうと決心する虚無主義が生まれ始めているのだという。ここでもバルトのユーモアは健在である。

一方では、悪魔の企ては成功した験しはないとも言われ、悪魔ほど間抜けで、馬鹿げた存在はないと言われている。神の創造の世界であるところの、被造物のなかに一人だけ屹立し、明るい日差しのなかで、闇だけを見つめているからである。これはよく考えてみると、これほど笑わせるものはほかにないと言えるだろう。笑いが解放の手がかりを与えるヒントの一つはここにある。

そうではないか。明るい日差しを享受している被造物である人間たちのなかにあって、一人だけ暗い考えに囚われ、暗黒の闇だけを見つめている者がいたとしたら、誰でも笑いながら、「おまえ、いい加減にさらせよ」と声をかけたくなるのではなかろうか。ニヒリズムの滑稽さはそこにある。闇だけを見つめることに同調したくなる者が多く輩出したとしても、である。

悪に対して、憎しみや武器によって対抗することは出来ない。悪によって悪を打ち倒すことはできない。現象的には「毒をもって毒を制する」という方法が有効な場合もあり得る。そのことは認めよう。しかし、否定の過程は逆転されなければならないのである。肯定のみが、否定を克服できるのである。

このことを踏まえたうえで、なお言うべきことがある。「サタンのみが神を救いうる」という、いささか斜めに構えた警句を発することが可能だが、その真意はサタンは神の最大の奉仕者であるという逆説的な真理を認めなければならないことである。言いかえれば、ここに「造悪論」という厄介な問題が派生する。

パウロは「罪の増し加わったところには、恵みも満ちあふれた」（ロマ書5・20）という逆説を語り、造悪論の可能性を匂わせておいて、すぐそのあと造悪論を否定している。「ではどういうことになるのか。恵みが増すようにと、罪の中にとどまるべきだろうか。決してそうではない」（ロマ書6・1〜2）

（我が国にも「悪人正機説」という有名な親鸞の「造悪論」がある。弟子たちの「では、進んで悪を行った方がよいのではないか」との問いに対しては、「よい薬があるからと言って、みずから病気になることはない」というのが親鸞の答えであった。なかなか味のある答弁ではなかろうか。）

それゆえ、最後の問題は「造悪論」を超えて何を言い得るか、ということになろう。悪人の方が救われる可能性があるという考え方は途轍もないものだが、よく考えれば不思議ではない。このことを逆に考えれば、もっとも救いがたいのは偽善者ということになるであろう。偽善ほど始末に負えないものはないことはわれわれも日常的な次元でいやというほど経験する。そして政治と偽善が結託するとこれはもう始末に負えないという次元の話ではなくなる。

だが、聖書学者にして名説教家でもあった渡辺善太（1885~1978）は、偽善について、きわめて懐の深い見解を述べている。教会は偽善者を出すところであり、偽善者がいないと教会は盛んにならないと仰るのである。何をか言わんや。これほど透徹した認識は珍しい。（著作選1巻『偽善者を出す処』ヨベル新書）

悪との闘いはやってやれないことはないが、偽善との闘いはきわめて難しい。おそらく偽善の渦に巻き込まれて、こちらも偽善者になるほかなくなるのではないか。残された道は冷笑するか、無視するしかないという消極的な方法になるのである。

2　創造とは神の収縮

このことの神学的な解決として興味深いのは、「創造とは神の収縮であり、自己限定（自己撤退）である」というモルトマン説である。これは「虚無的なもの」が何故、世界に生じたのかという問いに対する答えでもある。バルトは「虚無的なもの」という神学的に重要な概念を創出したが、その由来については触れていない。

モルトマンは、有名な『希望の神学』によって一九六四年に神学者としてデヴューしたが、『創造における神』（1985年）において、ユダヤ教のカバラ神秘思想を援用して神の「収縮」論という興味深い説を展開している。

神はこの世界に充満（プレローマ）していたが、そのままでは何らの創造的可能性のない世界が存在しているだけである。その神が自発的に収縮をし、その結果空いた空隙に人間の世界が創造された。そこは神の不在の世界なので、人間が何かをして悪を生み出すことも自由であり、それに対して神は責任を負っていない。神の自己責任とは、撤退による場を設定（創造）しただけであるというのである。

このような考え方がなされる背景にはアウグスティヌス以来のキリスト教神学にあった神の内と外という働きについて理解する必要がある。創造は神の外へ向けられた働きであり、神は人間と自然を外に向けて創造したとするのがアウグスティヌス以来の考え方であったが、そうすると神の外に何らかの領域があることになり、神の全能と偏在に反することになる。神が支配していない領域、つまり神の主権のおよばない領域があるならば、仮定された「神の外」とは神にとって一つの限界になるのであり、神は遍在しないことになるのである。このような「神の外」は神に相反するものであるに相違ないであろうということになる。

モルトマンは外部へと創造がなされたとする発想からキリスト教神学が自由になる必要があり、そのためには神が神自身に働きかけるプロセスとして、神の自己収縮、自己撤退という仮定のみが神の神性と矛盾せずに一致させられるとしている。これはまったくそのとおりというか、説得力のある議論のように思われる。ただ、これに対しては異論もある。

神の内とか外という概念自体、創造以前の神自身に当てはめることは出来ないのではないか。空間そのものが世界創造と共に創られたからである。したがって、神自身が自分の場所を明け渡して被造世界

を創るという考え方自身、矛盾を孕んでいるというのである。(喜田川信『神・キリスト・悪』新教出版社)

このような議論も考慮すべきところはあるが、モルトマンの説は近代の人間中心主義が、新しい宇宙論的神中心主義によって交替されるべきであるという考え方にもとづいており、しかもその神をユダヤ教の伝統的なカバラ思想という背景から捉え直そうとしたものである。

モルトマンが援用したユダヤ教カバラ思想家イサク・ルーリア(Isaac Luria, 1534~1572)によれば古いユダヤ教内在論として、無限の神は神殿の内に住むために、自らの現在を縮小することができるのだという。ルーリアはこの内在論を神の創造の働きを理解するために適用したのであるが、その所説は以下のようにいささか難解なところもある。

創造者である神は、宇宙を「動かずして動かす神」ではない。むしろ、創造にそれ自身の存在の場所を与える神である。この神の自己運動が創造に先立つのである。神は御自身から出て行くために、御自身の中へと撤退する。この撤退によって、御自身を啓示することのできる「一種の神秘的原空間」が明け渡される。つまり、御自身から御自身へと撤退される場所で、神は神の本質と存在ではないあるものを呼び出すことができるのであるという。

このあたりが難解であるが、要するに神が明け渡した神秘的原空間に「虚無的なもの」が入り込んだということであろう。あるいは被造物たる人間が自由意志によって生み出したのが「虚無的なもの」という言い方もできよう。

神の現在とその力を撤退させることによって、神は被造物が存在するための前提をまず「創造する」。その最初の行為において外へと働きかけるかわりに、むしろ御自身へと向かう神の本質の自己限定（収縮と撤退）のなかに虚無が現れるのである。このように創造と救済における創造的力となるのは神の自己否定の肯定的な力であるという。

この表現も難解である。だが、逆説に満ちた革新的な理論と言えるのではないか。モルトマンはこのようなカバラ思想のユダヤ教内在論に注目して創造における神の自己限定、自己収縮、自己撤退というユニークな創造論を編み出した。つまり、創造された世界は神の存在という「絶対空間」のなかに存在するのではなく、世界のために神が「明け渡された空間」のなかに存在すると考えたのであった。

被造世界はそれ自身の非存在によって脅かされているだけでなく、創造者である神の非存在によって、つまり虚無そのものによっても脅かされている。（バルトの主張であるところの、「虚無的なもの」を被造物である人間の影の部分とはっきり区別する考え方と似通っている。）被造世界を脅かす否定的なものの特徴はこのように被造世界を超えているのである。このことが人間世界を凌駕する否定的なものの圧倒的な悪魔的力を形成していることになる。

モルトマンの創造論について、カルヴィニストの外交評論家（元外務省主任分析官）佐藤優は、神の内と外という議論を次のように解説している。

「神はこの虚無の世界に働きかけて、人間と自然を造りだした。神が不在の虚無の世界に働きかけたという視座からすればこれは神の外への創造である。しかし、その外側の領域ももともとは神が満ちていた内側の領域である。それだから、外への創造は虚無の世界への神の浸透である。別の視点から見れば、神が当初の自己限定を解除することである。虚無の領域を再び、神が支配していくことである。」（佐藤優『日本人のためのキリスト教神学入門』ウェブ検索）

また、宗教哲学者でユダヤ教にも詳しい森田雄三郎（もりた・ゆうざぶろう、1930～2000）は、神の収縮について次のように言っている。

「無限の神は世界を創造しようとして、まず自己を限定して、無限から数学的点（位置はあるが空間的延長を持たない点）に収縮し、そこに創造されようとする世界を容れうる余地を造った。この収縮によって生じた空虚は、それ自体としては神の自己否定の上に成り立つ神の自己の「切断」である。（中略）この空虚な無は、そこに神が世界を現存在へと呼び出す「場所」であり、世界を世界として成立させる場所的原理である。」（森田雄三郎『現代神学はどこへ行くか』教文館）

さらに、東洋哲学の泰斗でイスラム学にも通暁していた井筒俊彦（いづつ・としひこ、1914～1993）は神の自己収縮にかんして次のように論じている。

「この神の自己収縮、または収斂をカッバーラーの述語で、〈ツィムツーム〉という。〈ツイムツーム〉は、普通のヘブライ語でも、制限、縮小、濃縮、収縮、などの意。（中略）神は自らの中に身を引く。神が自らを収縮し、いわば身をちぢめる。そうしなければ、あまりにも充実しきった神的実在の中には何らの動きの生じる余地もないのだ。神が身をちぢめると、円の外周部にいくらかの隙間ができる。この「原初の空間」が成立してはじめて、神の内なる神以外の何か（神という名とは別の名で指示される何か）が存在する場所ができるのである。」（井筒俊彦『意識と本質』岩波文庫）

このように神の収縮論というのは、ユダヤ教カバラ神秘思想の奥義とも言うべき、まったく独自のユニークな神学であり、これをキリスト教神学に移植したということになる。

さて、モルトマンの創造論はここから、神の自己限定の終末論的解除という救済史的議論となり、「ことば」による創造から新しい創造、ロゴスであるキリストとしての創造、その具体的な始まりである受肉を預言したものとして旧約イザヤ書の〈苦難の僕〉に言及していくのだが、それはここでは省略させていただく。

では、この悪魔的力、否定的存在にわれわれはどのように対処できるのか。まったく太刀打ちできないのか。標準文法にしがみつくほかないのであろうか。

バルトの解決は「虚無的なもの」を、復活と再臨の中間時代に生きる者として、神の創造を暗くし荒廃させている古い危険、古い破滅、古い奇怪なものと決めつけることであったが、モルトマンの結論はどういうものであろうか。

繰り返して言うが、キリスト教の神は哲学的な唯一神論のように不動にして完全なる存在としての神ではなく、キリスト・イエスにおいて苦しみを甘受し、深いところまで降りて虚無的なものを引き受ける神である。

モルトマンが参照したユダヤ・カバラ思想においても、神は宇宙を「動かずして動かす」ような存在として考えられていない。神が自らを明け渡して被造世界の存在する場所をまず創造したのは、「謙虚な神の自己限定」ということにもとづいている。ここにはケノーシス・キリスト論という初代教会以来の伝統的な神学に道を開く、神の自己卑下という考え方が根底にあると思われる。

この神の自己卑下は歴史的・時間的視点から見れば、創造に先立つのであるから、天地創造よりも前から神の本性（ピュシス）としてあったことになる。モルトマンは次のように言っている。

このことは創造理解に必要な修正を指示している。すなわち、あるものを存在へと呼び出し、実行に移すことによって神は創造するだけではない。御自身を放下し、明け渡し、撤退することによって神はより深い意味において〈創造する〉のである。（『創造における神』沖野政弘訳、新教出版社）

このようにモルトマンの創造論がユニークである所以は、新約フィリピ書にある「キリスト賛歌」として知られたケノーシス的なキリストの謙譲（kenosis）と従順の根拠を、父なる神の創造における自己卑下にまでさかのぼってみせたことである。そして、キリストの苦難こそは救済の約束の成就であり、虚無的なものを克服する道であるとしたのである。

このようなモルトマンの悪にたいする捉え方はバルトのような巨大さは感じられないものの、より現代的である以上に、きわめて繊細で美しいものであると言えるのではないだろうか。そして、神の自発的な収縮というところにユーモラスなものを感じるのは筆者だけであろうか。前章の最後に紹介したノーウィッチのジュリアンの〈どんぐりの玉のような宇宙〉というイメージと一脈何処かで通じる話であるように思われる。

新約フィリピ書の「キリスト賛歌」（ケノーシス・キリスト論）を念のため引用しておく。

キリストは、神の身分でありながら、
神と等しい者であることに固執しようとは思わず、
かえって自分を無にして、僕の身分になり、
人間と同じ者になられました。
人間の姿で現れ、へりくだって、死に至るまで、
それも十字架の死に至るまで従順でした。（フィリピ2・6〜8）

第三部　超越を超えて

笑いを神学的に考えるというのが本書のモチーフであった。さらにそのことをとおして東西の絆、西欧の一神教の文明と多神教的な日本のつながりが見出せるとしたなら、思想とかイデオロギーなどの知的な営みではなく、喜怒哀楽のような情緒を、論として成り立たせることが必要ではないかというのが本書の基本的な立場である。

情緒という言葉は、あまり対象としては判然としない、しかもマイナス・イメージを伴っており、ものごとを合理的に考える場合には排除されることが通例である。とくに日本的情緒というのは否定的なニュアンスで語られることが多く、科学精神を至上の価値と教えられてきた近代教育のなかでは片隅に追いやられてきた。

しかし、思想とかイデオロギーは、言葉で世界を認識する方法であり、それがものごとを合理的、科学的に考えることの基盤になっているのであるが、そのような方法は世界をまるごと記号化するための話であって、実際には記号化されない世界の方がもっと振幅があって、広大な領域であるはずなのである。

ここで、二章で紹介したドン・キュービット教授の言葉を思い出していただきたい。「世界はふたたび〈大宇宙の様相〉を呈しはじめたからである」（『最後の哲学』）

近代思想の流れと、それに加えて一九世紀的な大思想のイデオロギー的な席巻による影響によって、「戦争と革命」の世紀へとなだれこんだ二〇世紀のビッグストーリーの時代は終わって、いまやふたたび世界をそのまま見るという時代がやって来たわけであるから、科学や技術を発達させる論理的知性と直感的な全体思考を推進させる情緒的知性のバランスをとらなければ、これから先の世界はどうにも立ち行かないというのは誰もが心のうちで抱いている共通の世界認識ではないかと思う。

不幸なことに、このバランス感覚は西欧文明のなかではあまり顧みられることがなかった。西欧文明のバックボーンとして、時代思潮をリードしてきたキリスト教は初期の時代からギリシャ・ローマの世界に宣教の版図を拡げ、ギリシャ哲学を取り込んで論理的な神学を構築していく過程で、権威主義的な装いを纏い、世俗の権威とも妥協した。宗教改革によって教会の権威主義は打ち破られたかのように見えたが、理性と論理を重んじるキリスト教神学はプロテスタント教会によってさらに拍車がかけられたのである。

感性と情緒に照明をあて、論として形成することが神学の発展に益するはずだというのが、筆者の立場であるが、その際、日本的情緒をどのように考えるかということも主要な関心事の一つである。「超越を超えて」というタイトルのもとに、いままでの議論を総合的全体的に振り返り、「笑いと癒しの神学」として結論的に言えることは何かを考えてみたい。笑いの暫定的な定義としてきた「認識の破れと自我の解体」と「意識の自己言及性」、そしてそれをもたらす「自己のなかにある他者性への目覚め」がどのようにして起こるかということにもう一度思いを凝らしてみようというわけである。

第七章　根源語としての公案

本書はベルクソンの『笑い』を哲学的な考察のスタートとした。第三章で展開したように、ベルクソン、バタイユ、茂木健一郎、そして禅僧山田耕雲の解脱体験に触れてきたが、ベルクソンの考察は前述のようにきわめて精緻で、鋭い分析の妙が発揮されている。だが、ここに日本の詩人のなかでベルクソンの考察に疑問を呈した人がいる。高村光太郎である。

　笑は天の美禄
何処か遠いところからの上げ潮

まったく栩々《くく》としてをかしいのは
ベルクソンの知らない世界

花が咲くのは何んと滑稽
箸のころぶのは何んと不思議

（「笑い」）

詩人が詠っているのは笑いは考察の対象にするよりも、ただ自然に上げ潮のように込みあげて来るものだということである。そして、この詩に描かれているのは日本的な情緒のなかにある笑いということである。花が咲くのは滑稽で、箸がころぶのもおかしいというのだから、いかにも日本的である。喜怒哀楽という感情は世界共通のものであり、笑いも民族や文化の差異にかかわらずどこにも見出せる現象であることは言うまでもない。ただ、そこにおのずと民族性や文化の特徴が現れることは容易に想像できる。では、日本的な笑いというものがあり得るであろうか。

すぐに思い浮かぶのは『古事記』のなかにある天の岩屋戸のまえでアメノウヅメノミコトが踊る姿をみて神々が哄笑する場面である。これが日本的な笑いの起源というと大袈裟だが最初のものであるということになるだろう。まことに大らかで、すこしエロテイックで、他愛ないと言えばそのとおりであるが、神々の哄笑によって、岩屋戸にこもっていた天照大御神がお出ましになるきっかけになるのだから

「呵々大笑」という言葉がぴったりする笑いであると肯定的に受けとめることができる。

日本にはまた落語という独特の話芸がある。これは日本的な笑いを考えるときに欠かせないものであろう。また、能楽のなかにある狂言は日本文化の伝統のなかにある笑いとして逸することはできない。これも芸にまで高められた笑いである。そしてもう一つ、禅仏教のなかにも豊かな笑いのエッセンスをそこかしこに散見することができる。

落語と禅が合体してしまった傑作な噺がある。「こんにゃく問答」である。本来、厳粛であるべき禅問答を笑いのめし、洒落のめしてしまうのだから、日本的笑いもなかなか奥が深い。

「呵々大笑」ということで言えば、第三章の最後に紹介した山田耕雲の体験は壮絶な笑いに襲われることによって、長年の座禅の修行が悟りに到達したものである。

山田耕雲は、道元の『正法眼蔵』のなかにある「明らかに知りぬ、心とは山河大地なり、日月星辰なり」という言葉を拳々服膺することによって、夜中に突如目覚め、笑いの爆発によって覚醒したのであった。

彼にとって道元の『正法眼蔵』の一節は、公案としての役割を果たしたことになる。公案は座禅修行の要諦であり、言葉による挑戦であり、謎々のようなものでもあり、それ自体どこかしら笑いの要素が含まれている。いくら理屈をひねって考究しても答えはみつからない。うんうん唸りながら自己を追い詰め、絞り上げ、公案と格闘して一つになったとき、ふと雲の切れ目が見えるように答えはやってくる。

公案は日本のオリジナルではなく、もともと中国由来で、役所の公式文書のことを意味する言葉だったと〈ウィキペディア〉に出て来る。中国禅の公案のなかにもユーモラスなものが沢山ある。『無門関』や『碧巌録』などの公案集をみれば、公案が笑いとユーモアの宝庫であることがわかる。そして、公案は「根源語」とも言うべき言葉の本質についてわれわれを深い思索へとみちびく。これについては後で触れる。中国から日本に伝えられた禅は、いまや世界中に広まっていることも第四章で触れたとおりである。

リチャード・アルパート（Richard Alpert,1931~, Ram Dass）という元ハーバード大学の心理学教授は、LSDの実験を学内で敢行したことで大学を追われ、インドに渡ってヨガの修行をすることになるが、ラム・ダスという名前を与えられ、帰国後もその名前を名乗るユダヤ系のアメリカ人である。

その彼が、ロサンゼルスの禅寺に参禅した時、「隻手の音声」という公案と取り組むことを求められた。（実際には「クリケットの音をとおして、いかに仏性を知るか」という問いを与えられたという。これは外国人用に組み直された「隻手の音声」である。）どんな見解《けんげ》を披露しても、師匠は言下に否定して認めてくれない。何週間も格闘を続けた挙句、切羽詰ってラム・ダスは自分の耳に手をあて、何かの音を聞くジェスチャーをした。すると師匠である日本人の老僧は「六〇点！」と言ったそうである。それから、再び何日も座禅して、答えに窮した挙句、とっさに「老師、お早うございます」と挨拶した。師匠はにこにこ笑って「これであなたもやっと禅の一年生になれたようですな」と言った。（ラム・ダス『覚醒の旅』萩原茂久訳、平河出版社）

禅問答を絵に描いたような話である。御当人同士しかわからない認識体験が語られている。そして、この話全体がユーモラスな色合いに彩られている。このように禅と笑いは切っても切れない関係にある。

雨宮第二（ダンテス・ダイジ、1950~1987）という夭折した在家の修行者が語っている解脱の経験はもっと面白い。彼は友人の自殺がきっかけで鬱病にとりつかれ、救いを求めてある禅寺に駆け込む。住職は彼の顔を見ただけで、座禅をすることを許可してくれ、しかも一日三食の世話までしてくれた。与えられた公案がやはり「隻手《せきしゅ》の音声《おんじょう》」であった。来る日も来る日も座禅漬けの毎日。隻手、隻手と念じ続け、しまいには自分が隻手なのか、隻手が自分なのかもわからないほど公案と一つになってしまう。

入室参禅となって、師匠である住職が見解《けんげ》を尋ねて来る。すると「隻手！」と自分でも驚くほどの大声が口から飛び出してきた。師匠はひっかけるような問いを次々に発してくるが、すべてそれを「隻手！」と大声で切り捨てる。師匠が頷いたので、これでよいと思って立ち上がって部屋を出ようとすると、おもむろに師匠が「見解《けんげ》はそれでよい。けど、爆発じゃ」と言った。その途端に何かが弾けて、自分も老師も、寺の本堂も何もかもがぶち抜けた。すべてが開かれた。天地一杯に広がる歓喜が開かれた。自分は隻手の音声そのものだった。すべてが隻手の音声のなかにあった。あたり一面は、存在それ自身の光明に満ち渡っていた。

これが心身脱落とか解脱という言葉で言われている経験である。激しいと言えば激しいが、突き抜けたような清明さが感じられる。寺を辞して、帰る段になると、住職は門のところまで見送ってくれた。別れ際に住職は言った。「これでお前さんの屁理屈は終わったな」と。何という決まり文句。（ダンテス・ダイジ『ニルバーナのプロセスとテクニック』森北出版）

ここにも笑いの要素がいっぱい詰まっている。これを「花が咲くのは何んと滑稽。箸がころぶのは何んと不思議」という高村光太郎の詩句と照らし合わすとどういうことになるだろうか。

高村光太郎が捉える笑いを日本的な笑いとすれば、禅体験における笑いは日本的な情緒のなかにあるのではなく、それを超えた笑いである。日本的な笑いが日本文化のなかにある日常的、情緒的なものであるとすれば、禅体験のなかにある笑いはもっと乾いた、超越的なものである。つまり、同じ笑いでありながら一つは世俗的なものであり、もう一つは宗教的なものである。

本書で度々引用した社会学者のピーター・バーガーは、低いキーの笑いと高いキーの笑いという言葉で、この二つの笑いを巧みに説明している。笑いはすべからく日常的な実存を超え出るものであり、同時にわれわれの普段の現実への乱入でもあるが、たとえ一時のことにせよ、ひとつのことなった現実を出現させ、そこでは普段の生活を支えている思い込みや規則が宙づりにされる。つまり、日常的現実の異化作用というのが起こる。それは低いキーの超越であり、それ自体は必ずしも宗教的な内容を持たない。だが、第二の、すくなくともある種の滑稽さの出現は、人を癒す性質を持ち、全然一時のものでないどころか、むしろつねに宗教的態度の対象とされてきたあのもう一つの世界を指し示していることを思わせるというのである。（ピーター・バーガー『癒しとしての笑い』森下伸也訳、新曜社）

笑いには世俗のモードと宗教のモードがあり、それは必然的につながっているわけではないが、後者の笑いは日常的でうつろいやすい経験のなかに一つの直観、世界が完全なものにされ、その世界のなかで人間の条件たるさまざまな悲惨が終わりを告げる。そのような真の癒しのしるしがあり、それは言葉の正しい意味で宗教的である。

キリスト教神学の伝統の中に、エロスとアガペーという言葉があるが、笑いの中にもエロス的な笑いとアガペー的な笑いという区別があてはまるのではなかろうか。低いキーの笑いはエロス的感情の解放であり、性愛関係だけでなく、もっと広い人間関係のなかにある情緒的、感情的な次元において、日常の現実を一時、忘れさせ、超えさせるのである。

これに対して、アガペー的な笑いは一時的ではなく、もっと根源的なものであり、日常的な現実を忘れさせるだけではなく、本格的に超越するのであり、そのことによって人を癒しへとみちびく働きがあるのである。

だが、ここで疑問が湧いてくる。このような区別は一応当てはまるが、笑いというのは低いキーの笑いであろうが、高いキーの笑いであろうが、エロス的解放というところに本質があるのではなかろうか。世俗的なものであっても、宗教的なものであっても、人が笑いに求めるのはエロス的感情の解放ということであるのに違いない。するとアガペー的な笑いというのはどういうことになってしまうのか。笑いを無意識のエロス的感情の解放と考えた太宰治の言葉があるので、それを紹介してみよう。

人は、完全のたのもしさに接すると、まず、だらしなくげらげらと笑うものらしい。全身のネジが、他愛なくゆるんで、之はおかしな言い方であるが、帯紐といて笑うといったような感じである。諸君が、もし恋人と逢って、逢ったとたんに、恋人がげらげら笑い出したら慶祝である。必ず、恋人の非礼をとがめてはならぬ。恋人は、君に逢って、君の完全のたのもしさを、全身に浴びているのだ。（『富嶽百景』）

たしかになるほどと唸りたくなるような、鮮やかなものであり、いかにも太宰治らしい観察であると言える。だが、これはあくまでも低いキーの笑いであり、超越的なものではない。エロス的な笑いであって、宗教的なモードのなかにある笑いであるとは言えない。

この場合のエロス的感情というのは性感と喜怒哀楽の感情との中間にまたがるものと考えられる。このように考えると、笑いは広い意味のエロスと、もう一つの解放感が出会う機会がなければ自然にはやってこないと言えるだろう。つまり、ここで考えるべきことは性感と喜怒哀楽の感情との両方にまたがって、それを同時に含みつつ、日常的現実を超え出て行くようなもう一つの解放、宗教的なモードにおける笑いというのがあるのではないかということである。

これはなかなか微妙な問題で、中世カトリック教会の女性幻視者たちの宗教体験は、一見すると性的悦楽と見紛うほどの歓喜と至福に見舞われているが、それをすべてエロスに還元するのは正しくない。性的エクスタシーと混同して解釈するのは間違っているのである。「よく似たタイプのふたつの異なる悦楽のあらわれにほかならない」（『対称性人類学』）と中沢新一はそれを注意深く区別しているが、笑いについてもそれがあてはまるであろう。

それをアガペー的な笑いと名づけたが、言葉を換えればサクラメンタル（秘儀的）な笑いと言ってもよいはずである。秘儀的などと言うと神秘主義と誤解されるかもしれないが、第一章で触れたように、このことは神秘主義に通じるところもあるが、筆者はあえて別の方向で考えてみたい。すなわち、「旅人の神学」のなかにある帰り道ということに関係させて考えたい。これが「超越を超える」ということの神学的な文脈である。

親鸞の「往相」と「還相」という概念にも共通するもので、宗教の要諦は帰り道にこそあるのであって、真理を求め、救いを求めてある境地を獲得しても、そこに留まっているかぎり、真理の頂上に孤立するだけであるから、宗教的な高みから降りて来なければならない。絶対感情に到達しても、真理の頂きから降りてくれれば、誰でも相対性の挑戦に身を晒さなければならないのである。つまり、宗教的な絶対感情は世界への帰路が目指されていなければならないということである。

そして、絶対感情は人を癒し、慰めるだけではなしに、絶対否定という救いとは正反対のものをもたらすこともあるというところが肝要である。

このことはヌミノーゼという宗教用語に含まれる両義性ということであり、人間に畏怖の感情とともに魅惑の感覚をもたらすことがあり得ることを想起すると、絶対否定に直面した人は相互に主体的な人間関係を形成することなしには、その孤独を癒すことも交わりの生活を楽しむこともできないだけでなく、かえってたんなる独善に陥ることさえある。

だから宗教的人間にはときどきとんでもない人物像が生み出される例がある。我が国の弓削の道鏡とか、ロシアのラスプーチンがその典型である。これはマイナスの人間像であるが、絶対的な宗教感情は、歴史上の宗教的偉人と呼ばれる人々のなかにも注目すべき言説を与えることがある。

親鸞の名前を出したが、「弥陀の本願はただ我のためのみなり」（『歎異抄』）というのはそういう言説の代表であろう。これほど徹底した言葉はなかなか言えるものではない。これに匹敵するのは宗教家ではないが、ロシア正教の深い影響を受けたドストエフスキーの「たとえ全世界が滅びても、一杯のお茶が飲めればよい」（『地下生活者の手記』）という言葉しかない。この二つは宗教的人間の究極的な言葉として代表的なものであると思われる。

普通に考えれば、これはエゴイズム以外の何ものでもなく世の善男善女の指弾を浴びても不思議ではない。だが、これだけ徹底すればかえって爽やかな彼岸性があると言うべきである。全否定即全肯定という哲学的な法則があてはまるだろう。

親鸞の言葉を引いたが、現代における親鸞の発見者といってよい吉本隆明はこういうことを言っている。

〈知識〉にとって最後の課題は、頂きを極め、その頂きに人々を誘って蒙をひらくことではない。頂きを極め、その頂きから世界を見おろすことでもない。頂きを極め、そのまま寂かに〈非知〉に向かって着地することができればというのが、おおよそ、どんな種類の〈知〉にとっても最後の課題である。（『最後の親鸞』春秋社）

これは一部の人々の人口に膾炙した有名な言葉であるが、〈非知〉に向かって着地することが、〈知識〉にとっての最後の課題であると吉本隆明は言っている。

筆者は本書の第一章の最後に、分別知、身体知、光明知という知の三段階説を標榜したが、それにあてはめれば光明知への着地こそがわれわれのめざすべき最終の場所ということになる。

「旅人の神学」における帰り道と、親鸞の「還相」という考え方を、神道学者の鎌田東二は次のように明快に説き明かしている。

幽体離脱体験も宇宙体験も、あちらに飛び出すことが目的なのではなく、むしろ、こちらへと、この世へ帰還し、そこでの生をよりよく生きることにみずからを向かわせることに意義がある。それは徹底的に現世的であり、現実に関わろうとする態度と勇気を生み出すであろう。というよりも、この現象界と魂の世界が別物でないことを深く納得させるであろう。(『聖トポロジー』河出書房新社)

世界への帰路、地上への「環相」がなければ、宗教体験にはほとんど意味がなく、たんなる私的な妄想と変わらないことになるだろう。

禅ではこのことを次のように説明する。この説明は、井筒俊彦の『意識と本質』に多くを負っていることをお断りしておく。

実際の禅の修行がいわゆる悟りとか解脱体験を中心とすることは誰でも知っている。この修行の道程を図示すれば、悟りを頂点として左右に広がる山の形に形象化することができる。この三角形の底辺は日常の経験的世界であり、頂点に向かう一方の線は向上道、頂点から経験的世界に帰る道は向下道である。経験的世界から出発して上に登り、悟りに達してまたもとの経験的世界に下降してくる。下降してきた禅者は以前と同じ存在かと言うと、まったく異相のもとにある。

参禅して、一応見性し、ある程度の悟りの目を開いてみると、世界は一挙に変貌し、山は山ではなく、川は川でなくなってしまう。もはや、山は山であるという結晶点をもっていない。川は川としての結晶点をもっていない。そして、そんな山や川を客体として、自分の外に見る主体としての我もそこにはないのである。

これがいわゆる「無」とか「空」という言葉で言われている境位である。だが、この「無」は消極的な意味での無ではなく、内に限りない創造的エネルギーを秘めた無であるというところが重要である。この創造的エネルギーは自己の内から湧き出すようにみえてそうではない。万物の根底にあって、万物を賦活する宇宙的エネルギーであり、世界現出の太源となるものである。キリスト教の言葉で言えば、「聖霊の働き」ということにほかならない。

井筒俊彦はこの間の事情を、分節という特有の用語で解説している。山の形に形象化された出発点を分節（Ⅰ）、頂点を無分節と名づけ、帰着点を分節（Ⅱ）とするのである。この分節（Ⅰ）から出発して、無分節の頂点に至り、分節（Ⅱ）に帰着する道程は、構造的に著しくダイナミックなものであり、禅瞑想が普通考えられているように、深い観想に沈み込んだ意識の静的な観照性に究極するというのは、全くの誤解である。座禅を経験したことのない外部の人間の表層的な観察に過ぎず、とくに西欧人の禅に関する見解のなかにその種のものが多いが、このダイナミックな面目が失われたら、それはもう禅ではない。

第四章で紹介した新約学者の佐藤研の言葉を思い出してみよう。「人間はその生来の罪性のまま、その究極の本質において、すでに人間をはみ出しており、すでに人間の底が抜けている何ものかなのである。」(『禅キリスト教の誕生』)

禅のダイナミックな面目を人間観という視点から言い当てている言葉である。このことはさらに興味深い論点を提供してくれるが、ややこしい話になるので叙述を続ける前に、ここですこし息抜きをしたい。

ダライ・ラマの誕生日に弟子の仏僧の一人がきれいに包んだ大きな箱を献上した。ダライ・ラマは中を開けてみて、叫んだ。「おお、これこそわしが一番欲しかったものだ。無だ。」

(トーマス・G・ハンド『〈空〉と〈神〉のダイナミズム』)

もう一つ、悟りと言葉の関係についての冗談をどうぞ。

アメリカで禅が流行するにつれて、仏教の悟りがジョークのかたちで言われるようになった。たとえば一人の禅僧が、遊園地のホットドッグの売り場に行って、パンのなかに入れるものを選ぶとき、「わたしを万物と一つにしてください」（Make me one with everything　全部入れて一つつくってください）と言ったとか。（同上）

さて、禅のダイナミズムが何に由来するものであるかを考えてみると、「底の抜けた人間」という禅の人間観から説明することもできるが、ここでは「根源語としての公案」というところに照明を当ててみたい。

公案は、前述の「隻手の音声」という白隠の作成になる公案がよく示しているように言葉としての挑戦であり、謎々のような意味不明の課題に深く沈潜することをとおして、因果律と合理性のなかで生きている人間の理性に揺らぎを与えるものであるということが言えるだろう。片手では打ち鳴らすことができないから、空を切るばかり。その片手の音を聞けというのだから、これほど理不尽な話はない。

ここにはわれわれの日常生活がいかにさまざまなしがらみと約束事で成り立っているかということが前提とされている。原因があって結果があるという因果の法則によって、人間も社会も支えられているのであり、それを否定したら一切の秩序が崩れ去ってしまう。人間生活は合理性と応報性によって成り立っているのであり、それを認めないということになると魔術化した近代以前の世界観、中世や古代の未開の生活に戻るほかない。もちろん、中世や古代にもそれなりの合理性と因果の法則は働いていたに違いないが、そのことは意識化されていなかった。自覚化もされていなかった。

だが、人間社会を成り立たせているもう一つの法則、感性と喜怒哀楽の情緒は因果律と合理性の秩序よりもっと深いところで、綿々と受け継がれているのであり、近代以前は人間の深い喜びや遊びなどの世界が、祭りとしてまた芸術として花開いていた時代である。近代思想という桎梏がそのような豊かな感情や情緒を、懐疑主義というものにみちびいてしまった。

近代思想がすべての問題の根源にあると言ってよいが、ここで歴史的なところまで考えをめぐらしてもあまり益があるとは思えない。また、歴史的考察を展開するほど知識の蓄えも当方にはない。「根源語としての公案」がそのような日常的経験世界を覆し、転倒し、打ち破る気づきと覚醒を与えてくれるということを指摘するだけで充分である。

そして、「根源語としての公案」は、じつはあらゆる宗教の教えの言葉のなかに見出すことが出来るはずなのである。公案という瞑想システムに組み込まれたものでなくても、宗教における言語というのはすべてそのような救済言語であると言えよう。この救済言語が機能不全に陥ってしまったことが、伝統的宗教の無力化という現代の風潮を生み出しているわけであるが、これを賦活させ、生き返らせることがわれわれのとっての喫緊の課題であろう。

言語の身体論的地平を取り戻すことが必要であるということを筆者は主張してきたわけだが、言葉の身体性というのは一朝一夕で甦らすことはきわめて困難である。禅で言うところの「大死一番、絶後に甦る」という経験がそこでは不可欠となる。聖書の表現で言えば、「一粒の麦がもし落ちて死なければ一粒のままである。しかし、死ねば多くの実を結ぶ。」（ヨハネ福音書12・24〜25）ということになる。

第一章で紹介したカトリックの門脇佳吉神父は、参禅経験をもつ聖職者だが、公案と聖書は宗派・宗教の違いにかかわらず、構造上の類似点があるとして、次の諸点を挙げておられる。

(1)　聖書は師であるイエスが聞き手を弟子たらしめ、イエスの生き方と指針に従う者とするために語られたが、これは公案が老師から弟子に与える課題であることに似ている。

(2)　イエスの使信は「時は満ちた。神の国は近づいた。悔い改めて福音を信ぜよ」（マルコ福音書1・15）という実存転換への呼びかけであるが、公案も回頭換面の問いであるのが共通している。

(3)　公案は思量の領域から「非思量の思量」の領域を目指すものであるが、聖書もまた「不可説なる神秘を指す身振り」である。

(4)　聖書の使信は人間を新しい自己理解にみちびくものであるが、公案も弟子をして本来の面目に目覚めさせ、自己の悟りへとみちびく。

(5)　公案が座禅・参禅と切り離すことができないように、聖書も黙想と霊的指導なくして正しい解釈はできない。

（『公案と聖書の身読』春秋社）

これは卓見であり、聖書と禅の両方に通じていなければけっして思いつかない深い洞察と的確な分析である。

このような聖書と公案の類似点についての指摘は、「根源語としての公案」について広い視野を与えてくれるものである。そして、この公案と聖書の構造上の共通点をすべての宗教における使信とそれを授受する師と弟子の関係にあてはめてみようというのがここでの話の眼目である。そこには「笑い」という不可思議な主題が浮かび上がってくるからである。

第八章　神の愚かさは人よりも賢い

道元の『正法眼蔵』のなかに興味深い挿話が語られている。香厳智閑《きょうげんちかん》禅師（?～898）という学僧が師匠について禅の修行をしていたが、「父母未生以前《ぶもみしょういぜん》の面目」という公案を与えられた。しかし、香厳はどうしてもその公案が解けず、長い間苦しんだ。ついには寺の行粥飯僧（炊事係）となって修行を続けるが、それでも公案を解くことができなかった。長い年月の後、その寺を去り、別の山に入って庵を結び、そこで修行を続けた。ある時、庭の掃除をしていて、落ちている石を拾って捨てたところ、それが竹にあたってカチンと音がした。その途端に思わず笑いが込み上げてきた。それが香厳の大悟徹底した瞬間であった。

この挿話の場合、石が竹にあたった音は言葉ならざる言葉、言葉以前の原始的な言葉であるということができる。上田閑照という宗教哲学者がこの挿話を解説している。

禅における第一の言葉は、疑問詞であると言われる。言葉はすべて真実をあらわしていないということを経験させることが師家の条件であり、すべてに疑問符をつきつけるのである。

弟子をして大疑団のなかに突き落として、すべてをXにしてしまうのである。たとえば、弟子が出合い頭に師匠から拳を鼻先に突き出されて「これ何ぞ」と問われる。「どれが」ということもなく単純に「これ何ぞ」と問われたことで、すべてがわからなくなる。それによってすべてがXであるということを経験させる。

石が竹にあたった音は、ほかの人が聞いたら、「カチン」というただの音にすぎない。しかし、自分自身がXになり切っていた香厳にとっては、X全体が「カチン」とそこに現前してきたのであり、その現前に応じて思わず「笑う」のである。香厳の場合は、石が竹にあたった音であったが、ほかの場合にはありとあらゆることが、笑いとなり得る。風が吹く音でもよいし、太鼓の鳴る音でもよい。梵鐘の音でもよいし、鳥の鳴き声でもよい。Xが言葉になる原始の出来事として経験される出来事が起こって、はじめてそれが根源語として響いてくる。そのためには、本人がXになっていないと何も始まらない。

このように解説した後、上田閑照はこういう意味のことを言っている。「カチン」は方向からすれば外から内へであり、それに応じて「笑う」は内から外へである。並行関係で言えば、「カチン」は神の言葉、神から人間へ語りかける言葉であり、「笑う」のは人間から神への応答ということになる。（上田閑照・八木誠一共著『イエスの言葉／禅の言葉』岩波書店）

このことは別の言い方をすれば、すべての思考、すべての思弁の停止であり、言葉の終わったところでこみあげてくる笑いということである。言いかえれば、神の言葉に応じて人間の言葉のかわりに笑いで応じたということである。

神の言葉は言語以前の言語であり、無限理性の言葉（ロゴス）であるから人間の言葉で応答することはできない。神の言葉を預かって民に伝える使命を与えられた預言者という人々がいたことが旧約聖書に出て来るが、彼らの言説はあくまでも預言者が受けとめた人間の言葉であって、神の言葉そのものではない。そのため、預言者の言動はいちじるしく奇矯であり、何年も裸足で歩き続けたり、木のくびきを首に架けたり、娼婦をあえて娶ったりという行動によって、預言を象徴的に表現しようとした。

そして、その預言者の代表がナザレのイエスと呼ばれた人物であり、彼の家族はイエスが気が狂ったと思って取り押さえようとしたほどであった。彼のメッセージは単純素朴、寸鉄人を刺す鋭さで、最底辺の民衆に語りかけるものであったが、かならずしもわかりやすいものではなかった。多くの人々を引きつけ、弟子たちを魅了したが、イエスの使信は理解されたとは言えなかった。第一章で触れたように、イエスは譬え話という戦略を用いたが、弟子たちの無理解にイエスは苛立ち、「まだ、わからないのか。悟らないのか。心がかたくなになっているのか」（マルコ8・17）と嘆いている。

この譬え話という戦略は、イエスがあえて意識的に採用したものであり、意図的な不可解さが込められており、隠すことによってしか露わにされない逆説的真理が語られている。「一般的な通念が覆され、日常的な認識が破られ、そのことをとおしてこれまでの生き方が見直され、あたらしく造りかえられることなのである」（1章参照）と前に説明したが、これはまさに公案に象徴的に具現された、宗教のなかに語られる根源語に全身全霊をあげて取り組むことによって、実存転換、回頭換面の境位をもたらそうというすべての宗教がめざす共通のたたずまいであると言うことが出来る。

超宗教という視点からイエスの生涯を見ると、そのいちじるしい特徴は聖なるものが狂気によって覆われ、道化によって顕わされ、愚者としての行動に駆り立てられていることである。イエスは「神の道化師」であり、神の愚かさを宣教によって民衆に伝えることが使命であり、その究極的な行き着く先が、十字架の死という結末であった。

このようなイエス像は、教会で語られる聖書的な一般の理解とはいささか趣きが異なっているが、一九六六年に行われたニューヨーク万国博のプロテスタント館のために制作された「パラブル」という短編映画は、サーカスの道化が空中ブランコの相棒の怪我によって、不慣れな空中での競技をやらされる羽目になり、ブランコから落ちて死ぬという筋書きであった。これは明らかにイエスの生涯が、暗喩として描かれた映像作品である。

もうすこし新しい例を持ち出せば、遠藤周作の最晩年の作品『深い河』（1993年）の主人公も、聖なる愚者を体現した人物ということができる。カトリック作家として多くの作品を世に送り出した遠藤周作が、生涯の総決算を意識した『深い河』は何人かの日本人がインドのガンジス河畔の町ベナレスを目指すツアーに参加することになる旅が描かれ、それぞれの内的なモチーフが重層的に語られていく。いわゆるグランド・ホテル形式という手法による巧みな構成の作品であるが、本当の主人公は大津という異端的な信仰の持ち主である神父をガンジス河に流れ着く死体の処理に従事する者として描くことにある。そして、日本人ツアー客と現地のインド人とのちょっとした紛争に巻き込まれ、日本人の身代わりとなって、首の骨を折る瀕死の重傷を負う姿が描かれる。作品の最後は大津を学生時代に誘惑したことがある女性ツアー客が大津の危篤のニュースを聞くところで終わる。

徒労に終わる犠牲的な死のなかにイエスの十字架上の死が二重写しになっている。これもあきらかに聖なる愚者を文学的に結晶したものであると言える。

聖なる愚者という振る舞いが、イエスの生涯にどのように表れているかと言うと、エルサレム入城に際して、ロバに乗ってそれを果たすという箇所（マタイ福音書21章）や神殿に詣でたときに、神殿の境内で商いをする人々を追い出し、商売の台をひっくり返すという乱暴狼藉を働く場面（マルコ福音書11章15～19）を見ればわかる。そして、極めつきは十字架に架けられる直前、ローマの兵士によって着ているものを剝ぎとられ、赤い外套を着せられ、茨で編んだ冠を載せられるという箇所（マタイ福音書27章）に鮮明に記録されている。

イエスはなぶりものにされ、兵士と民衆から嘲弄されるのである。それは敗れることができるほどに全能であるという神の弱さを地上的に象徴し、地を這うような惨めさを自らの犠牲的な死によって表したものであった。

この「神の愚かさ」を聖書のなかでもっともはっきりと言明したのは聖パウロであった。「神の愚かさは人よりも賢く、神の弱さは人よりも強いからです。」（Ⅰコリントの信徒への手紙1・25）

この決定的な言葉の前段には、次のように語られている。「知恵のある人はどこにいる。学者はどこにいる。この世の論客はどこにいる。神は世の知恵を愚かにされたではないか。世は自分の知恵で神を知ることができませんでした。それは神の知恵にかなっています。そこで神は、宣教という愚かな手段によって信じるものを救おうとお考えになったのです。」（同上20～21）

また、さらにその前段には次のようにある。「十字架の言葉は、滅んでいく者にとっては愚かなものですが、わたしたち救われる者には神の力です。」（同上18）

この神の愚かさという表現が何に由来するかと言えば、受肉の神秘というところにしかないのであり、聖パウロは神のひとり子としてのキリストが人間の姿をとって地上のイエスとして誕生したこと、そしてキリストのこの世の来臨が十字架の死による贖罪をもたらすためのものであったことをこのような言い方で、神学的に言明したのであった。

聖パウロはそれを初代教会の伝承であるキリスト賛歌と呼ばれている美しい詩句によっても表現している。「キリストは神の身分でありながら、神と等しい者であることに固執しようとは思わず、かえって自分を無にして、僕の身分になり、人間と同じ者になられました。人間の姿で現れ、へりくだって、死に至るまで、それも十字架の死に至るまで従順でした。」（フィリピの信徒への手紙2・6～8）

このことは第六章の「悪の問題」を取りあげた時に指摘した「神の自己卑下」ということであり、神という無限の権威と知恵をそなえた存在が、人間というかたちをまとうだけでなく、最低の境遇でさげすまれ、嘲笑され、地を這う惨めさをもって死んでいくために、この世に降って来るのである。

この初代教会のキリスト賛歌という伝承は、神の天地創造の業が行われるとき、神の自己撤退、自己収縮、自己限定によって悪が入り込む「虚無的なるもの」の発生をもたらしたというユダヤ教カバラ思想にも影響を与えたが、「神の自己卑下」という考え方はケノーシス・キリストロジーというキリスト教の神学、謙譲と卑下というキリスト論を形成することになった。このことは倫理的生き方というキリスト者の模範をあらわすだけでなく、ユーモアと笑いというもっと具体的な実践の側面でこそ意味をもつものであることは、第六章で触れたとおりである。

「神の自己卑下」にしてもケノーシス・キリスト論にしてもユダヤ・キリスト教の固有な領域において考えられた概念であるが、その根底にある「神の愚かさ」という言葉は、すべての宗教のなかにある聖なる愚者、痴愚神という広く見られる現象であると言うことが出来る。

道教や禅仏教のなかにある風狂を装う解脱者の振る舞い、インドの遊行する聖者、またアフリカや南北アメリカ大陸の原始的宗教には、宗教的特権をもつ道化という存在がいたことが知られている。文化人類学が名づけたトリック・スターというのが活躍したことを見ることが出来るのである。このトリック・スターは文化的英雄であるが、賢者と愚者、狂者と聖人という両極端の要素を持って、人間世界のあらゆる領域に出没するのである。

愚かさが宗教にとってどのような役割をもつかということは、人間の知的営みが終わったところでこそ果たされるということを〈非知〉への着地という言い方で論じた吉本隆明の『最後の親鸞』を先に紹介したが、そこにはこういう言葉も記されている。

どんな自力の計らいをも捨てよ、〈知〉よりも〈愚〉の方が、〈善〉よりも〈悪〉の方が弥陀の本願に近づきやすいのだ、と説いた親鸞にとって、じぶんがかぎりなく〈愚〉に近づくことは願いであった。愚者にとって〈愚〉はそれ自体であるが、知者にとって〈愚〉は、近づくのが不可能なほど遠くにある最後の課題である。

ここでも、すべての言葉が終わったところ、すべての思考、すべての思弁が終わったところで出現する愚かさという逆説的な徳目が語られている。

滑稽なもののなかに聖なるものを感受するということが、アガペー的な笑いということであるが、このことは受肉の神秘というキリスト教の基本的な出来事に大いに関係があると言った。キリスト教はそれをあまりにも厳粛で美しい神話に仕立て上げてしまった。それが間違っているというわけではないが、第四章の「仏教とキリスト教の対話」において論じたように、「受胎告知」という出来事は非神話化されるべきであり、万人の経験の中に生起する創造的な出来事であると考えるべきなのである。それは日常的な意識を超える出来事であるが、超越的なものを超えて、「産みの苦しみ」の後に、新しい清新な何ごとかを創造的に生み出すのである。

聖なる愚かさは受肉の神秘に由来すると言ったが、旧約聖書にもその例を見出すことが出来る。前述のように預言者たちの言動にそれを見出すだけでなく、ダビデ王が主の契約の箱が神殿に運び込まれたとき、喜びのあまり、契約の箱の前で踊り狂ったと聖書は伝えている。（Ⅱサムエル記6・14、歴代誌上15・25〜29）

サウル王の娘である奥方のミカルはその有り様を見て、ダビデをさげすんだと書いてある。王さまともあろうものが下々のようなはしたない振る舞いにおよんだことが、気位の高いミカルにはがまんできなかったのであろう。だが、喜びの表現として踊ることはきわめて自然なことであり、身分とは関係がない。

それどころか、「主の前の踊り」は抑圧されていない信仰の表れであり、初期のキリスト教徒は礼拝の場で、また教会の庭でよく踊り合ったと伝えられている。一六五年に殉教したユスティノスや、二一六年に死んだアレキサンドリアのクレメンス、三三九年に亡くなったカイザリアのエウセビオス等、いわゆる教会教父の文献に「主の前の踊り」の言及を見ることが出来る。天使の衣装を着た少年聖歌隊が祭壇の前で踊ったという指摘さえある。（ハーヴェイ・コックス『愚者の饗宴』）

しかし、四世紀に入ると、教会における踊りについての批判が急速に高まった。その中心人物は、カイザリアの主教、聖バシリウス（３３４〜４０７年）である。彼は「主の前の踊り」のなかに好色と猥褻なものを看取し、肉体への疑いをもって踊りを公然と批判した。

とくに女性たちの踊りを槍玉にあげた。「キリストの下での枷を投げ出して、彼女たちは恥じらいもなく男の注意を引こうとしている。乱れた髪と体にぴったりとくっついた着物をき、飛び回り、欲情に

満ちた目と大きな笑いをもって踊っている。」（「酔っ払いについての説教」前掲書）

これは第一章で紹介したコンスタンチノープル大主教、聖クリュソストモスの笑いの全否定と好一対である。教会の霊的指導者である主教としては、当然の司牧的配慮とも受け取れるが、笑いと踊りがこのように抑圧されたことは教会にとってかならずしも好ましいこととは言えなかった。教会はこのような人間の自然な営みである「笑いと踊り」に疑いの目を向けることによって、ますます権威主義的な様相を呈し、厳粛で真面目くさった魅力のないものになっていったのである。おそらく、教会がこのような道を選んだことは、初代教会最大の異端であったグノーシス主義との接触が影響していると見るべきであろう。教会はグノーシス的な現世否定の運動からはかろうじて免れたが、二元論的な思想である神の創造を限定的否定的に捉える考え方の影響を受けることになったのである。

踊りの力はたしかに危険な側面を孕んでおり、野放図な乱痴気騒ぎに堕する可能性が常にある。しかし、人間の身体を喜ぶことなしに、神の創造の良きものを肯定することはできないのである。権威主義的な教会会議が、「主の前の踊り」をいくら禁止しても礼拝から踊りを完全に駆逐することはできなかった。

キリスト教の主流とは言えないが、現代における南米のペンテコステ系の教会では何千人もの会衆が一堂に会し、歌の賛美だけでなく、礼拝が最高潮に達すると、会衆は足で床を踏み鳴らすだけでなく、リズミカルな音楽に合わせて踊り出し、ぐるぐると回り出すのである。

このようなカリスマ的な祈りの集いは、内村鑑三の無教会派の流れである「メイド・イン・ジャパンのキリスト教」(マーク・R・マリンズ)の代表と言ってよい手島郁郎の原始福音幕屋の集会でも典型的に見ることが出来る。また、北米の南部バプテスト教会のゴスペルの賛美は歌と踊りの礼拝であることはよく知られている。

また、伝統的な教派であるアングリカン・コミュニオン(聖公会)においても、世界中の主教が一堂に会して討議するランベス会議というのが10年毎に行われているが、厳粛な開会礼拝において、アフリカの主教団だけは踊りながら入堂の行進をするのである。

このようなカリスマ的な礼拝に対しては、歴史的な伝統教派に属する真面目な知的エリートである信徒からは批判と懐疑の声がすぐに挙がることが予想される。キリスト教は歴史的出来事に根ざした宗教なのであるから、カリスマ運動やペンテコステ系の教会のように非歴史的な礼拝に逃避することによって、世界中の社会的抑圧、飢えや人種差別の現実から目を背けるのは如何なものかというわけである。このような考えは正しい。きわめてまともである。

だが、そういう見解は一面では現代の教会が直面している深い問題を見誤っている。長期的なスタンスで、教会の未来を考えたときに、カリスマ的な礼拝の問題性を危惧するよりも、窒息し、麻痺した現代文明の閉塞感を打ち破るために「笑いと踊り」を回復することによって、教会が現代社会に対して貢献することができることは何かを考えることの方がもっと肝要であろう。

論理的知性と情緒的知性のバランスを取るというのはきわめて困難な課題であるが、この難しい問いに答えることはそれこそ公案として取り組む以外にない。祈りと黙想を繰り返すことによって、いつか答えは自然に縺れた糸をほぐすように与えられると期待するほかないのである。

その唯一の解決の鍵は「神の愚かさは人よりも賢い」という言葉を知的に頭で理解するのではなく、身体的に取り組むことである。つまり、聖パウロの言葉を公案として受けとめ、この言葉と一つになるくらい、徹底して実践的な瞑想に沈潜するしかない。何故なら、人間の常として、器の大小、能力の有る無し、善悪の如何にかかわらず、他人に対して「賢《さか》しら」を立てることが、われわれの不可避の本性であるからである。

第二章の「知のくみかえ」で論じたように、哲学の最前線のテーマに沿って言えば、視覚と聴覚のどちらを優先させるかを考えるのではなく、諸感覚の体性的統合を目指すべきなのであり、「視覚の述語的統合である触覚にもとづく体性感覚」という言葉を指標にして、触覚に注目することがこれからの時代に求められていることをわれわれは確認してきた。それが閉塞した現代文明を啓く新しい人間観の手がかりになるだろうということを示唆した。つまり、体性感覚は明晰さを求める求心的な統合とは反対の統合、無意識の内臓感覚に根ざした緒感覚の遠心的な統合を目指しており、剃刀のような切れすぎる知性ではなく、暗愚的な感覚こそが求められているということである。

身体論的関心が、本書のもう一つのモチーフであったが、その内実は以上のようなことに尽きるのであり、身体論的地平からは神学と哲学の統合というのは可能であるばかりでなく、科学的思考との統合さえ視野に入れることが可能なのである。このことは、ロゴスの脱中心化、非中心化という現代の人文学の共通の課題、宗教の多元化が加速することによってますます混迷化するこれからの世界にとって、もっとも重要なテーマとなるはずである。その手がかりとなるのが、筆者の造語であるところの「脱自的理性」ということに求められるのではないだろうか。「神の愚かさは人よりも賢い」という聖書の古い言葉にあらためて括目するべき所以である。

最後に、東洋の天才的な詩人、書家としてまた政治家としても名を成した蘇東坡の深い悟りと解脱の言葉である短い詩句を紹介したい。

到り得帰り来って別事なし廬山は煙雨浙江は潮

きわめて抒情的であり、詩情豊かな情景が詠われているが、ひそかにその背景としては、「呵々大笑」と「宇宙的微笑」の中間とでも言えるような笑いの響きを感受することではないだろうか。

あとがき

三年間、ずっとかかりきりだったこの著作が終わりに近づいた頃、不思議な虚脱感がやってきた。能力の不足をかえりみず、「笑いと癒し」という中心テーマのもと、さまざまな問題に手を出して来たから、その結果として考えれば、不思議はないが、脱力感というか、形容の難しい感情であった。だが一方では、自分の考えてきたこと、表現したいと思ったことは、ほぼ書き尽くしたという達成感も脱稿したときには感じることができた。(脱稿というのはなかなか味のある日本語であると思う。ここで前著の「あとがき」で使ったギャグをもう一度だけ、使わせてもらいたい。ダッコウをワードで変換したら、「脱肛」が最初に出て来てしまった。)

私がここでやったことは何だろう。哲学的アプローチもまじえて、神学の可能性について集中的に考えたが、ときおり文芸批評的な言説もまじえることになった。つまり、言ってみれば何でもありの綜合的な知のエンターテイメントであるということになるのではないか。

〈神の愚かさ〉と〈非知〉への着地をめざしておきながら、いまだに〈知〉にこだわっていると言われそうだが、これも私の神学のしからしめるところである。キルケゴール流に、神学を軽蔑することこそ、本当に神学することであるという言い方をしてもよい。

エンターテイメントにしては小難しい理屈が多すぎるかもしれないが、楽しんで読んでくれる人もいるはずだと思う（柄にもなく、論争的になっている部分もあるが、それについては読者の御海容を願う）。

現在の日本の教会の窮状は神学的に突破しなければどうにもならない段階まで来ているというのが、嘘偽りのない気持ちである。だが、神学にしても哲学にしても、文芸批評でさえもいまや風前の灯である。

文化の原動力となる人文学そのものが危機に瀕している。言いかえれば、「知」の大前提である知識とか教養が蝕まれている。サブカルチャーは隆盛に見えるが、そのなかから本当に創造的なものが生まれる気配というのはあまり感じられない。

江藤淳が常々言っていたことが思い出される。文芸雑誌や日刊紙の時評を何年も担当していたこの練達の文芸評論家が言うには、最近の若い人の書く小説を読んでいて驚かされるのは、物に対する感覚が年々薄くなってきていることである。物の手触りというのが描写のなかにほとんど感じられないというのである。

こういう事態がどのような結果をもたらすのかはなんとも即断できない。いや、即断してはいけないだろう。

だが、単純に考えれば、「見る力」が衰えているということ以外にはないはずだ。江藤淳が活躍した時代は一昔も二昔も以前のことだから、この傾向は今ではもっと進んでいると思われる。若者たちは何を見ているのか。現実にある物象を見ていないとすれば、仮想現実を見ているということになるのではないか。

この仮想現実は、バーチャル・リアリティとかハイパー・リアリティと呼ばれるが、具体的にはエレクトロニクス媒体によって生み出されたものである。本文で触れたように、そこから感覚麻痺、自己切断という現代的な宿痾の問題が浮かび上がるのであるが、このような現象を捉えて仮想文明の到来を喧伝する論がある。だが、たとえば一時華々しく登場した電子書籍は、やがて紙の本を駆逐すると言われたものだが、一向にそのような兆候は現れていない。

かと言って、仮想文明をまったく無いものとすることはかえって現実から逃避することになるだろう。ある時、はたと気がついたら、いままでと変わらない同じ世界が、異次元に突入していたということにもなりかねない。現世と来世が入れ替わるような事態がやってくるかもしれないのである。だが、この仮想文明はデカダンスとか堕落を許さない社会をもたらすのではないかという意味で一抹の疑いをいだかせるものである。

いずれにしても、「見る力」を研ぎ澄ませておかなければ、このサヴァイバルの時代に生き残ることはできないことを基本的態度としておこうというのが本書のメッセージの一つである。

それに関連して語り口の問題というのがある。執筆のあいだ、私の言葉は読者に届いているかという懸念がいつも脳裏を去ることはなかった。キリスト教徒に読んでもらいたいというのは勿論のことであるが、それ以上に私の関心は非キリスト教徒、つまり一般の日本人読者がこれをどのように読んでくれるかというところにあった。そして、一般の読者に通用するような言葉を紡ぎ出すことを工夫しなければ、教会の業界用語でモノを考えたり、書いたりしても読んでもらえないだろうということである。

神学とか哲学のジャンル分けもこれからの時代には意味をなさなくなるのかもしれない。宗教現象そのものもどこかで編成し直さなければならないのではなかろうか。言ってみれば「脱宗教化時代の神」について語らなければならないということであろう。

浅学にして、そのような企図にすこしでも近づけたかどうかはまったく自信が持てない。「はじめに」で触れたような新しい意識をほんのとば口のところで垣間見た程度だろう。

私がいくら鯱立ちしても、汎神論的というより多神教の風土の日本が一神教的な信仰を受け入れるようになるとは思えない。少数者の道を歩むしかないというのは若い時から身体に滲み込ませた習慣であった。だが最近、ある著作の帯に「立ちすくむ日本」という言葉を見つけた。これは実感であり、大多数の日本人にとっても切実な問題であるにちがいない。このようなところで見出される絆はどこにその出口があるのであろうか。もちろん、ナショナリズム的な美学などではありえないはずである。

一神教の信仰がつくりあげた西欧神学、とくにその現代的展開としての二〇世紀プロテスタンティズムにささやかな異議を申し立てることをとおして、その返す刀で日本的精神風土にも斬りこんでみたいというのが私の当初の意図でもあったが、後者の課題には禅仏教を除いてほとんど立ち入ることができなかった。「日本的精神風土」と言ってもそのような大きなテーマを容易に捉えることはできないからそれは致し方ない。そもそも、何をもって「日本的」と言うかはいまとなっては難しい問題である。クール・ジャパン？　まさか。

だが、ヘブライの賢人が喝破した「幻なき民は滅ぶ」（旧約聖書箴言）という言葉が、いまほど私たちの社会に響いてくるときはないのではなかろうか。幻はもちろんイリュージョンではなく、ヴィジョンのことであるが、日本人が立ちすくんでいるとしたら、幻を見ることが出来ずにいるからであろう。坂の上にあると思い込んでいた雲をいまやどこに見出すべきなのか誰もわからずにいる。

だとしたら、ヴィジョンではなくイリュージョンの方に狭くて細い突破口を見いだすべきなのかもしれない。イリュージョンは「幻覚」「幻想」「錯視」などのマイナス・イメージの言葉だが、私はこのなかに、瞑想的実践がもたらす「意識の変容」というのも含めて考えたいと思っている。これは心理学者のチャールズ・タートが命名した「オルタード・ステイツ・オブ・コンシャスネス」が念頭にある。「オルタード」は「オルタナテイヴ」と語源を共通にし、「代替え」「二者択一」という意味がある。つまり、「日常とはまったく別の清新な意識」ということである。これは東洋的な「無」とか「空」に相通じるものでもあろう。そんなものをあてにして生きていくことは出来ないと言われそうだが、幻視のなかに未来を拓く鍵が与えられるということがあり得るのではなかろうか。そもそも「幻視」とか「幻覚」のような言葉をマイナス・イメージとして捉える考え方そのものが、近代特有の所産だから、そこから自由にならなければ新しい意識などは生まれようがないはずである。

しかしまた、すべてを平常心をもってこのまま進行させるべきだという考え方もあり得る。そのような見解にも充分な現実的根拠があるから、このうえは私の切なる願いとしては神の名を語って改革を唱えるような素っ頓狂な輩が現れませんように、ということである。


本書の構成と成り立ちについて付言しておこう。注はあらためて取り出すことをせず、全部括弧に括り、本文のなかに押し込めた。学術論文ではないので、そういう方法をとったが、文献の引用も本文のなかに入れるか、本文のなかの別枠で引用文を紹介した。

参考文献は巻末に二種類に分けて掲げてある。一つは本書のモチーフを支えてくれた何冊かの著作をコメント付きで紹介した。いずれも私の正統ならざる「脱自的全方位思考」に強い影響を与えてくれた。コメントをとおして、本文でも「あとがき」でも触れることができなかった隠された執筆意図（そんなものがあるとしての話だが）を浮かび上がらせることができればという願いが込められている。

もう一つの参考文献は、各章ごとの引用文献と言及文献をすべて名前を挙げて紹介してある。

本書は書き下ろしであるが、部分的に以前、私が出向していた神戸教区の松蔭女子学院大学の学術雑誌『キリスト教論藻』に寄稿した文章を手直しして取り入れてある。そのリストを掲げておく。

二〇〇二年『キリスト教論藻』三三号「神学する身体」
二〇〇三年『キリスト教論藻』三四号「宗教多元主義の是非」
二〇〇四年『キリスト教論藻』三五号「神学する身体」（2）
二〇〇五年『キリスト教論藻』三六号「神学する身体」（3）

今回の出版に関しては、ヨベル社の安田正人社長に多大なお世話になった。安田社長の見識と本づくりに賭ける情熱がこの著作を世に送り出す原動力となった。そして、ヨベル社は後発のキリスト教出版社だが、老舗新教出版社の小林望社長の御紹介によってこの出版が可能になったのである。記してここにお二人に感謝申し上げたい。一般の出版事情も厳しいが、キリスト教出版はさらに厳しいものがある。力がないのでこの著作がその一助になるようなことはないだろうが、損失を与えるようなことだけは避けたいというのが切実な願いである。

二〇一八年

暗愚亭昼行燈
長谷川　正昭

参考文献Ｉ（本書のモチーフを支えた本）

『唯脳論』（養老孟司、ちくま学芸文庫　１９９８）

短く、歯切れの良い文章。リズミカルで、ポキポキと切れば音がしそうな乾いた文体を駆使して、難しい話題をわかりやすく、説得力をもって展開している。脳の働きについて蘊蓄を傾けた叙述が聞けるので、うっかりすると著者が脳科学者ではないかと錯覚してしまうが、御存知のように解剖学者である。読み進めるほどに、ああ、これは現代の賢人が著した知恵ある博学の書だなと思えて来る。私はこれをすぐれた身体論の本として読んだ。何故なら、脳の話かと思って養老節に乗せられてうかうかと終わりまで来ると、エピローグには次のような主張がさらりと語られている。

社会は暗黙のうちに脳化を目指す。そこでは何が起こるか。「身体性」の抑圧である。現代社会の禁忌は、じつは「脳の身体性」である。

「おっ、そう来るか」てなもんである。やられたという感じで、悔しい思いに駆られるが、これはもともとの著者のたくらみにこちらが騙されたのである。だが、騙されたあとに爽やかな読後感が残る。

これを観念論の本とする書評があったが、まったく見当はずれの読みであろうと思う。

意識の自己言及性というのを私はこの本からあらためて学んだ。意識には「自分で自分のことを考える」というおかしさがある。自分の意識だけではない。他人の意識まで脳は考える。「あいつはいったい何を考えとるんだ」との疑問を感じなかった人はいないという。この指摘には思わず笑った。

脳の持つ自己言及性は、論理的にはある種の変な矛盾を生じさせる。これが「自己参入の矛盾」である。話に自分のことが加わると、途端におかしくなる例として「ラッセルの逆理」と「リシャール数」が挙げられている。自然科学はこのように自己言及性の矛盾を本能的に感じるから、心身二元論、物心二元論の方向に逃げることになったのではないかとして、著者はそれを批判している。

言語論、時間論についても独特の哲学が軽妙に展開され、面白くて飽きさせない。これほどスリリングで、現代に生きるわれわれにとって切実な話題が満載されている読み物はない。著者の代表作であろう。

『世界は音』（J・E・ベーレント、大島かおり訳、人文書院　1986）

この書の主張は、現代人の視覚肥大症を癒すものとして「聴くこと」の復権をめざすということである。だが、哲学的にも神学的にもこの主張は受け入れがたい。何故、受け入れ難いかは本文を読んでいただくしかないが、その背景を考えると西欧文明の行き詰まりをこれほど端的に表現している著作はないのではないか。本国のドイツでは熱狂的な支持を受けたようだが、一九八三年刊行ということは、八〇年代の座禅運動の爆発的なブームとも連動しているのだろう。

著者のベーレントも禅のファンであり、来日して何回も接心に参加している本格的な在家の修行者である。その造詣の深さはちょっと読んでみるだけでわかる。素晴らしくスピリチュアルな著作で、驚くほど博学。古今東西の文献を縦横に引用した活き活きした叙述は、油断しているといつのまにか説得されそうになる。この種の著作にありがちな安っぽさもあまりない。

だが、聴覚をこれからの時代の最も重要な五感であると位置づけるのは、著者が音楽家であることを差し引いても如何なものだろうか。

本文でそのことについての議論は尽くしたので、ここではこれ以上、繰り返したくないが、ドイツ神秘主義、ドイツ観念論の伝統がこのような著作を生み出した精神的土壌であると考えると、ヨーロッパがあからさまな衰退期に差しかかりつつあることをいやでも納得させられる。

何故なら、ここにはヴィジョンを見るという姿勢がなく、内向的で一方的な聴くことに価値を見出そうとしているからである。一種の退行現象であると言ってもよいのではないか。

砂漠や山々の頂きで神の声を聴いた時代に戻ろうとしているかのように思えるが、それは聖書的思考に照らして考えると、旧約の時代までである。(もっと厳密に言うと、ヨブ記が成立した時代までであるというのが私の推論である。)新約の時代は福音記者ヨハネが宣言しているように、「言は肉となって、わたしたちの間に宿られた。わたしたちはその栄光を見た」と言っているとおりである。ロゴスとしての言葉はたしかに聴かれなければならない。しかし、ロゴスの受肉は見ることによって信じられるのであり、見られることによって栄光となるのである。この聖句は本文で引用したが、もう一つ、重要な聖句を引用しておく。

聖パウロは終末のヴィジョンとして次のようなことを言っている。

「私たちは、今は鏡におぼろに映ったものを見ている。だが、その時には、顔と顔を合わせて見ることになる。わたしは、今は一部しか知らなくとも、そのときには、はっきりと知られているようにはっきり知るようになる。」(Ⅰコリント13・12)顔と顔を合わせて見るときは微笑か爆笑か、はたまた照れ笑いかわからないが、終末のヴィジョンはこのように笑いに彩られているはずである。

『共通感覚論』(中村雄二郎　岩波現代選書　2000)

哲学書を読むという習慣は普段はないのだが、この書は切実な関心をもって読んだ。聴覚と視覚の比較という問題を考えるとき、ほかに適当な文献がなかったからであるが、著者自身も「共通感覚」という問題を悪戦苦闘して取り組んでいる。近代哲学の祖であるデカルトの研究にたずさわるうちに、デカルトにあっては共通感覚というのは二つの意味を持っていることに気づかされたと著者は言っている。一つはコモンセンスとしての常識である。もう一つは心の首座、心身相関の場所としての共通感覚である。

ところが、デカルトは後者の問題を理論的にはほとんどそれなしに済ませようとしたという。共通感覚という問題は、デカルトにおいては近代合理主義の確立のために排除するしかなかった考え方である。五感をつらぬき統合するものとしての共通感覚はアリストテレス以来のスコラ哲学の根幹にあるものであったが、アリストテレス哲学を克服すべきものと考えたデカルトは理性の確立によって、それを否定しようとした。

このような共通感覚の問題を取りあげて、著者の中村があらためて考えようとするのは近代の知としての理性をもう一度捉え直し、聴覚、視覚、触覚などの五感を統合し、位置づけようとする意図である。

さらにコモンセンスとしての「常識」と共通感覚はどこで結びつき、関係するかという問題から、理性的言語観とは別の言語観をもたらすのではないかとして「共通感覚と言語」というテーマを扱っている。さらに「記憶・時間・場所」という問題にも取り組んでいる。このように書くと、いかにもこの『共通感覚論』が日常から遊離した観念的な形而上学のような印象を与えられると思うが、現代日本を代表する哲学者である中村は、前衛芸術や演劇にも造詣が深く、われわれの身近な思考や感覚を離れることはないのである。

コモンセンスとしての常識は、社会的な共通の経験や判断力としてそれ以上の問題をそこから考えることはいままで忘れ去られてきたが、それは日常経験の自明性という前提に立っているからである。だが鋭敏な感受性を持つ芸術家はそのような日常経験の自明性に問いを投げかける。ジョン・ケージという作曲家の「四分三三秒」と名付けられた作品はピアニストがピアノの前で何も演奏せず、その間、聞こえて来る自然音に聴衆の耳を傾けさせるというものである。また、マルセル・デユシャンの「泉」という作品は白い便器を何も加工せず、そのまま展覧会に展示したものである。

このような現代芸術がわれわれに問いかけているものは何かと言えば、日常的な物事のあれこれを捉えるときに、現象的な出来事を存在させる地平を見出そうとすれば、どうしても共通感覚という考え方に着眼する必要が生じるということであろう。著者自身の言葉によれば、「日常経験は一方では当たり前のもの、自明なものでありながら、他方では自明性の地平を形づくることで、自明ではないもの、当たり前でないものを覆い隠している。」ということになる。ここに日常経験と日常性の含み持つ不思議な厚み、あるいは不気味な不透明性もあると中村は言っている。

こうして、コモンセンスとしての常識は、多面性をもった豊かな現実を充分捉えるに足りるものではないのであるが、では無用なものかと言えば社会生活上どうしてもなくてはならないものであるとして、精神病理学におけるコモンセンスの問題が扱われる。そして、自己と世界、自己と自己自身のあいだで調和的関係を失った現代人にとって、五感の組み換えがどうしても必要であるとして、総合的な知覚の問題を多角的に考察していく。視覚の逆理の問題、触覚の現象学、諸感覚の体性感覚的統合など、大変難しい議論が積み重ねられているが、前述のように庶民の身近な感覚から離れることがないので、難解ではあるが、ついていくことができる。

明晰さと問題意識の高さと現代性、そして理論的詰めの厳密さからして、哲学書として世界的レベルに達していると思われるが、このような人文書が海外に翻訳されることは稀なので、それを諮る術がないのは残念でならない。

『仲介者なる神――聖霊とキリスト教宣教』（J・V・テイラー、村上達夫訳、新教出版社　1979）

神学校以来、定年リタイアの今に至るまで無数のキリスト教関係の本に接してきたが、神学書、建徳的な啓蒙書を問わず、そのなかでこれはもっとも霊感に満ちた著作であった。その理由は本文に書いたが、西欧キリスト教の実力というのはこういうものかと思わされるものがある。心底からインスパイアされる本というのは滅多に出会えるものではないが、これはそのような稀な書物である。

著者は英国聖公会ウインチェスター教区主教であるが、さすが主教に選ばれるほどの人は確固たる独自の神学の持ち主なのだなと納得させられる。因みにこれを日本語に翻訳した村上達夫という方も日本聖公会東北教区の主教であった。だからと言ってこの書がアングリカンの神学を代表するものだという意味ではない。副題にあるようにこれは「聖霊とキリスト教宣教」というテーマのもと宣教における聖霊の役割を考えるという独特のユニークな聖霊論なのである。

聖霊論は組織神学のなかでもっとも手薄な分野であり、これは教派に関係なく、どこの教会でも事情は同じであろう。それというのも聖霊は目には見えず、捉えどころがなく、福音記者ヨハネが言っているように、「風のように思いのままに吹き、その音を聞いても、それがどこから来てどこに行くかは誰も知らない」からである。

このような捉えどころがない聖霊についての叙述を、著者は次のような現状分析をもって始める。教会においてある委員会の事務処理が、神の御霊の到来をまだ待機中であるという理由で延期されたという事例を聞いたことがない。財源がないからやめにしたという計画は幾つも知っているが、聖霊の賜物に欠けるからやめにしたという話は聞いたことがない。人間的な資源が適切であれば、霊的な面は自明の事としているのである、と。

このような分析をふまえて著者はこう言っている。「今われわれが神について――名も知れず内面で働く神、真っ只中にあって超えている方について――語り始めなければならないのはまさにこの地点においてなのである。かりに聖霊をわれわれの神学の最も取るに足りない周辺部に追いやるようなことをしなかったとしたら、われわれが現在のような混乱に自らを陥れるようなことにはならなかったろうし、また、それよりも更にわれわれの現代における意識の拡大を困惑なしに耐えられたのではなかったかと思う。」

これは重要な指摘であると思う。このような前説をふったうえで、テイラー主教は、「受胎告知」と自らが名づける万人共通の身近な経験について筆を進めていく。「受胎告知」というのは、本文でも書いたようにイエスの誕生物語のなかで大天使ガブリエルがマリヤに告げる聖霊による受胎であることは誰でも知っている。だがこれだけなら、神話的な有り難いお説教としてどこの教会のクリスマスでも語られ得るお話になってしまう。テイラー主教の凄いところはこの「受胎告知」を非神話化して、万人が経験し得る出来事として人間的なところまで引き下ろしてくるところである。われわれの経験のなかで次のようなことが起こり得る。今わたしが見る山や木、部屋に飾った一輪の花でさえも、それは観察の対象としての客体であることをやめて、それ自体の生命において存在し、何事かを私に向かって語りかけて来る。或いはひそかに気脈を通じて私に向かってうなずいているとさえ言えるのである。これを主観的な経験と片づけるのは間違っている。

宗教学の用語でヌミノーゼ体験というのがあるが、大自然のなかで畏怖の念を覚える経験のことである。これはラテン語のヌーメン（神威）に由来する造語であるが、ヌオというラテン語とも関係がある。その元の意味はうなづく、或いは合図するということである。

テイラー主教は言っている。「これらの経験の中核をなすものは、見る人と見られるものとが相互に認め合うということである。それらは〈受胎告知〉と呼ぶのが一番良いように思う。」

これを最初に読んだときはよくわからないながらも、震撼させられるような思いがした。一方ではあまりにも西欧キリスト教のボキャブラリーに引きつけすぎるのではないかという気もした。その後もずっとこの事柄を考え続けて来たが、今ではこれ以上ふさわしい言葉は他にないのではないかと思えて来た。「聖霊を宿す」とか「聖霊によって身籠る」と聖書が言っている経験は、マリヤだけのものではないとテイラー主教は言いたいのである。

構成は2部に分かれており、後半は実践的な応用編であるが、前半の章立てが「受胎告知」「受胎」「懐妊」「陣痛」「誕生」「呼吸」となっているのはじつに示唆に富んでおり、霊感に満ちていると思う。もちろんこれも非神話化されたわれわれ万人に関わる事柄としての叙述なのである。

『「自然」を神学する』（A・E・マクグラス、芦名定道他訳、教文館　２０１１）

これもアングリカンの著作である。マクグラスは分子生物学の博士号をもつ自然科学出身の神学者である。アングリカンであるが、福音主義（ロー・チャーチ）の教会で育ったので、プロテスタントとの相性がよく、超教派的な活躍をしている。

二〇世紀において自然神学は不当に貶められてきたと言ってよい。それはバルト神学の影響力によるものであるが、本文で解説したようにバルト＝ブルンナー論争によって象徴されている。自然神学を称揚することはある種の異端の誹りを免れないところがある。それは啓示神学との関係で、啓示としてのイエス・キリストの出来事をないがしろにするのではないかという疑念が生じるからであろう。もっと言えば、キリストの十字架の贖罪なしに済ませようとするのではないかというわけである。しかし、三位一体論の枠組みで自然神学を考えれば、それは杞憂というものである。マクグラスはドイツの神学者クリストフ・コックが「自然神学の脱異端化」という提案をしていることを紹介したうえで、より正確には「自然神学からの異端の烙印の除去」という表現がふさわしいとしている。

マクグラスは自然科学出身にもかかわらず、文学的教養にもすぐれ、作家のアイリス・マードックや詩人のジェラード・マンリ・ホプキンズを引用して、自然の中に神を見るという方法がいかに普遍的なものであるかを力説している。

原著のタイトルは「開かれた秘密」(The Open Secret) というものであるが、これに関して訳者の芦名定道が要領のよい解説をしている。

「自然(自然現象) はすべての人間が感覚的に捉えることができるという点で、〈開かれた〉(公共的な) ものであるが、その意義は〈隠されている〉(秘密) という事態を言い表している。この自然をめぐる公共性と秘密の二重性が本書の基調をなしており、開かれた自然からその意義 (超越的なものとの関わり・経験) を読み取り理解する道を示すことがマクグラスが考える自然神学の課題なのである。」

このように本書は自然神学の正当な理解に道を開くもので、きわめて啓蒙的な大冊であるが、ひとつだけ不満があるとすれば聖霊論的視点に触れていないことであろう。オープン・シークレットを開く鍵は聖霊にあると愚考する。自然と聖霊の関係が捉えられていないのはこの著作の問題点であろうと思われる。これでは異端の烙印の除去はできないのではないだろうか。

『白隠の読み方』(栗田勇　祥伝社　1995)

著者の栗田勇は禅の専門家ではない。だが、彼の手によって描き出された白隠像はきわめて懐が深く、白隠という禅僧の謎に肉迫しているように思われる。

白隠は臨済宗中興の祖と呼ばれる江戸時代の禅僧であるが、とてもそのような通り一遍の言葉で言い尽される人物ではないことがこれを読むとわかる。

一般的に白隠と言えば、禅病の克服という自らの経験から誰にでも実践できる健康法を説いた僧侶という側面からのアプローチと、おびただしい数の禅画と書を残しているところから宗教美術史的な見方があり得るが、栗田の場合は自身の健康回復の経緯と結びつけて、白隠の実像に迫ろうとしている。

栗田はもともとフランス文学の専門家で、象徴主義の詩人ロートレアモンの作品を日本で始めて全訳したことで知られるが、一遍上人の評伝で芸術選奨・文部大臣賞を受け、日本仏教の名僧と呼ばれる道元や最澄の評伝も手がけ、仏教を中心とした日本文化論を追求している。

ところが還暦を目標に一〇年がかりで取り組んできた伝教大師最澄の伝記が一段落したところに体調を崩して倒れてしまう。原因不明の高熱が出て、足腰が立たなくなり、松葉杖の生活になるという経験から、白隠の説く健康法に助けを求めることになり、その著作『夜船閑話』を読み解いていこうとするのである。

『夜船閑話』と『遠羅手釜』の二つの著作は健康法を通じて大衆にわかりやすく禅の入門を説くというものであるが、本文でその経歴に触れたように白隠自身の禅病克服の体験が色濃く反映されている。

この『夜船閑話』と十字架のヨハネの『カルメル山登攀』(それにゴーピ・クリシュナの『クンダリニー』を加えるべきだが。)は、天下の奇書であると言ってよい。何故なら、スピリチュアル・エマージェンシー(霊的危機)と呼ばれる瞑想の副作用についてこれほど詳しく触れているものはほかにないからである。白隠がたんなる臨済宗中興の祖というだけでなく、国際的な位置づけがなされうる存在である所以はそこにあるが、栗田の『白隠の読み方』も近代的な理性重視の時代思潮を乗り越える視点から白隠を読んでいこうとする。

白幽子という京都の山奥に独居する道教の仙人との出会いが禅病克服のきっかけとなるのであるが、白幽子が教えてくれた方法は「内観の法」と「軟酥観」の二つである。これらはたんなる健康法というだけでなく、身体論的な秘法と言ってよいだろう。

白幽子という仙人は実在の人物であり、栗田の考証によれば白隠が面会したのは宝永七年（１７１０年）と推定されるが、その前年にはすでにこの世を去っていた。京都左京区の真如堂の墓地にある墓碑銘からそのことがうかがえるという。とすれば、『夜船閑話』に描かれている白幽仙人との出会いはフィクションということになる。

謎めいているが、白隠が説いている健康法は、漢方でも東洋医学でも表立って処方されることがない「呼吸法による心身統一の法」である。白隠はこれを自分の発見として書こうとはせず、またインド、中国の医学書、仏教書で権威づけたいとも思わなかった。そこで説得力のある物語のかたちで、白幽子の名前を借りたのであり、日本古来からの自然のなかの調和ある生き方の代表として白幽子にそれを化託して描いたのではないかというのである。興味津々の仮説ではないか。

『夜船閑話』と『遠羅手釜』を読むと、白隠はたった一つのことしか言ってないという印象を受ける。それは「心気を下げろ」ということであり、上にあがってしまった心気を丹田に納めれば心身の健康は自ずと達成されるということである。「上虚下実」というのは東洋的な瞑想のなかでも、心身を健康に保つ秘訣とされている。禅の人間観、身体論の核心がここにあると言えるのではなかろうか。

地元では「駿河に過ぎたるものが二つあり。富士の白嶺と白隠禅師。」と言われてきたそうだが、これに関連して白隠の出自が沼津市であるところから、富士山岳信仰に発する修験道との関わりが指摘されているのだが、炯眼であると言うべきだろう。

『批評家の気儘な散歩』（江藤淳　新潮選書　１９７３）

一九六九年に紀伊國屋ホールで行われた六回連続の講演をもとにした書き下ろしの著作で四年後の七三年に

刊行された。この時代は全共闘運動と七〇年安保闘争で世の中が騒然としていたときである。

時代を反映して国家、革命、伝統、自然、歴史など大きな問題を扱っているが、講演がもとになっているだけに、著者の語り口は平易で、巧みな話者として振る舞いきれている。若い時から保守派の論客として知られていたが、あくまでも関心の中心は文学者として言葉と現実の関係、文芸批評のもとになる言葉というところにある。


講演の最初のテーマを「批評の原理」というところから始めるが、古典音楽に対する好みを語りながら、言葉への関心から離れることはない。そして、批評家というのは演奏家が作曲者の残した楽譜をもとに自分の世界を表現するのと同じことを言葉によってするのであり、一流の音楽家の演奏した曲を聞くと、そこに世界と彼自身の関係が浮かび上がって来るものであるが、批評家の書いた作品もそれと同じであると言っている。

この連続講演の白眉は三回目の「自然と故郷のイメージ」であろう。このなかで、江藤はデカルトの「われ思うゆえにわれあり」という有名な命題と、それとまったく反対のランボーの「わたしとは他者である」という言葉を対照させている。


私や立川武蔵が何年も瞑想をかさねることによって見出した「自己のなかにある他者性」を彼は文学的直観によって洞察したのかと感嘆したのであるが、読み進めていくとこの二人の等式を対比させる考え方はレヴィ・ストロースがルソー生誕二百年記念講演で述べていることから拝借したものであると明かしている。そこで私も本文のなかで、この等式の対比を借りることにした。これが本当の孫引きというものである。

レヴィ・ストロースはヨーロッパ人が自分と世界を対立させ、自己の主体は意識に尽きるという切り捨てかたをして、自然を軽視し、ヨーロッパ世界の外にあるものに対してはっきりと対等な立場をとらずに来たのはあやまりであったと自己批判している。

このような西欧式の世界観についての自己批判はいまではかなり浸透してきており、日本的な自然観に近づいて来ているのは大変興味深いが、このことはこれからの神学を考えるときにも示唆するところが大いにあるのではないかと私は思う。

江藤はさらに自然についての思索をすすめ、精神的な拠り所としての故郷を求める人間の心情について触れたあとで、東洋的な自然観ということで中国の『老子』を引用している。「谷神《こくしん》は死せず、是れを玄牝《げんぴん》という。玄牝の門是れを天地の根《こん》という。綿々として存するが如し。これを用うれど尽きず。」

『老子』の有名な件りであるが、この難解な言葉を江藤は平易に解説してみせる。谷神《こくしん》というのは、谷間にある根源的な神さまのことであるが、「玄牝《げんぴん》」というのだから、母性的な神のことであり、天地の根《こん》には原母性とでもいうべきものがあって、それはつねに水が渾々と湧き出て溢れるように存在し、いくら使っても尽きることがない。それこそが自然の根源であるという意味である。老子の洞察した自然の本性というのがこの短い言葉に要約されている。

この「自然」はギリシャ人の考える「ピュシス」という概念とはすこし違うのではないかと江藤は言っている。つまり、意識からはみ出したもの、規範に収まり切れぬもの、わけのわからない不気味なものとしての西洋的自然ではない。

『老子』の英訳者である、アーサー・ウエイリーは『源氏物語』の訳者としても知られた人だが、彼は老子のいう自然を「nature」とは訳さずに「what is so」とか「what is so of itself」と訳している。この「自然」はわれわれが日本語で用いている「自然」とよく似ている。「自然の成り行きにまかせておけばよい」などと言うときの「自然」である。この翻訳は重要であると思う。

ここで問題になっている自然は人間にとっての根源的な故郷とでもいうべきもので、日本的な様式化された自然、たとえば川端康成が『美しい日本の私』で説いたような自然にかぎらず、醜い自然も美しい自然も包含する一切の始源であるようなもの、ギリシャ語でいわゆる「アルケー」（始まり）と呼ばれるような故郷にほかならないのではないかと言っている。それが女性的なものであるというところが注目される。

ここに女性神という問題が出て来る。ユダヤ・キリスト教の神は言うまでもなく「父なる神」である。だが、最近のフェミニズム神学では「母なる神」という言い方をする。現代がとてつもない転換期であるということがこういうところにも表れているが、神論にかんしてはジェンダーにこだわるべきではないと私は思う。（もっと言えば、老子の言う「谷神」というのは聖霊なる神のことだとすれば問題は解消される。）

江藤の連続講演の結論は「言葉の復権」というテーマをもって終わる。この書は書き下ろしとは言え、講演をもとにしているので彼の作品のなかでもあまり注目されていないと思われるが、三〇代後半の若々しい柔軟な思考が詰まった重要な著作であると評価できる。

『現代人はキリスト教を信じられるか』（ピーター・バーガー　森本あんり・篠原和子訳　教文館）

ピーター・バーガーと言えば、世界的に有名な社会学者であり、ほとんどの著作が日本語に訳されているが、彼が熱心なキリスト教徒（ルター派プロテスタント）であることは日本の社会学の業界では紹介されることもなく、位置づけられてもいないという。だが、彼の影響力はドイツの著名な新約学者ゲルト・タイセンにも及んでいるくらいである。

「懐疑と信仰のはざまで」という副題がつけられているが、原著のニュアンスはもっと積極的な「キリスト教に関する懐疑的な確信」ということであり、訳者の森本あんりがいみじくも言っているように、「懐疑論者」という当初のふれこみは実のところ少し怪しい。「確信」の方にむしろ重点が置かれている。

私は以前、勤務していた教会の読書会でこの本を取りあげたが、信徒の方々と一緒に読むには歯応えがありすぎて、「何を言いたいのかわからない」とか「こういう本を教会で読んでいいのか」という外野の声もあった。それはタイトルに幻惑されたせいだろうが、この本の内容は神学者以上の広範な問題意識に溢れた真摯な信仰の書なのである。

本文執筆の参考とするために何回も読み返すことになったが、これは神学的訓練を受けていないと読みこなすのはなかなか骨が折れるのではないだろうか。だが、現代に生きるキリスト教徒にとってこれほど示唆に富み、教えられることの多い著作も稀であると思われる。「使徒信経」の解説という構成をとりながら説き明かされるピーター・バーガーの社会学的神学は、視野の広さと問題意識の鮮烈さという点で、むしろすべての教派の教職者に読んでほしいと願う。

この書は二つの基本的姿勢によって貫かれている。一つはわれわれキリスト教徒は、現代思想と多元主義の影響によって使徒の時代である後期ギリシャ・ローマ文明の「同時代人」として生きるようにされている。そのことは嘆かわしいことではなく、みずからの信仰を自分で選び取って生きるという主体的な生き方に招かれているということである。

もう一つは、すべての宗教に共通の関心事である神義論的問い、とくにいたいけな子供の苦しみに対して沈黙しているような神はどのような宗教であろうとも認めることは出来ないということである。

このような基本的姿勢のもと、繰り出されるキリスト教信仰の徹底的な検証は社会学の知見とあいまってじつに緻密で、息苦しくなるほどであるが、それはこちらの信仰が曖昧で、つきつめて考えていないからなのであろう。

私たちの生きている世界には日常的経験を超えたある実在があり、この深遠な実在は恵み深いものであり、宗教を信ずるというのは「この世界が究極的には人間にとって辻褄が合うものだ」ということを承認することであるというのが大前提である。これは人間が抱いたもっとも大胆不敵な考えであり、そんなものは幻想に過ぎないという人がいても不思議ではないと著者は言っている。だが、そういう問題に興味がないという人は理解しがたいと言う。無神論者であっても、意識が高揚させられる芸術（たとえばベートーベンの歓喜の歌）に接すると自分の無神論に一瞬疑いを抱くことがあり、また戦争や政治的な行動の決断の際に、「自分より偉大な力が自分を導いている」と感じる無神論者もいると言う。だが、それは癲癇の前駆症状である強い恍惚感の間にも起こると著者はジョークを飛ばしている。

私はこの本から多くの事を教えられたが、本文に書いたようにフィリオクエ論争の重要性とわれわれの生きる世界に内在するサクラメント性（秘儀的性格）の承認は、ピーター・バーガーの教会人としての誠実性を証明するものであろうと思われる。

だが、この本から私が学んだ最大の知見は、次のようなことである。彼が「神話的基盤」と呼ぶ、古代文明のなかに共通の基底構造があり、どこの世界、どこの文化にも非常に似通った経験や考え方の構造が存在する。この神話的現実のなかで、個人は自己を宇宙的な全体の一部とみなし、自然と超自然、人間と霊界、人間と動物の間の境界線は流動的であり、往来が自由であると見なされてきた。

子供の発達、成長過程にはこのような現象が繰り返され、精神異常としても顕現することもあるが、精神医学的に健康な大人でも、これを経験することがある。ニューエイジ運動、スピリチュアリズムと呼ばれるものはこの「神話的基盤」の再興にほかならない。その魅力はあらゆる緊張や対立を解消してくれる宇宙的調和のなかに人間存在を憩わせてくれるというところにある。

だが、この神話的現実にあるとき変化が生じた。「存在の飛躍」（フェーゲリン『秩序と歴史』）と呼ばれる新たな境界線と区別の出現である。こうして神話的秩序は破れ、人間と宇宙の連続体に亀裂が走り、その結果、人間は以前よりも孤独になった。「神話的基盤」が失われることによって「個人」が出現したのであり、それと共に「存在の意味」を求める問いも生まれた。

神話的秩序の崩壊は世界の各地で異なる形態をとった。中国では儒教となり、インドでは仏教となり、古代ギリシャではロゴスの哲学とも言うべき「理性の発見」がなされ、古代イスラエルでは一神教の「神の発見」がなされた。

イスラエル宗教における原罪の捉え方はこのような背景から考えることができるが、初期の段階からこの宗教は周辺の他の文化圏のそれとは異なる性格を持っていた。古代中近東の文化圏は、神々が自然世界や人間社会に溶け込み、浸透し、神々の性は奔放であり、人間の多産と自然界の多産は同じ聖なるエネルギーが脈打っていると考えられた。しかし、イスラエルの神は人間の性や自然のリズムとは隔絶したものである。神とイスラエルの関係は契約によって結ばれる。これは自然的なものではなく、歴史に根拠を持つ。

以上のような認識が、ピーター・バーガーの社会学的神学の根底にあるのであるが、イスラエル民族形成以前の思想や習慣には、ある種の魅力があり、多神教的宗教に共通のものでもある。それは神話的基盤の永劫回帰であり、孤独からの救済であり、安堵感と帰属感の回復である。しかし、その代価は個人の自由と独立を明け渡すことになる。聖書的世界観には「自然の秩序には苦痛や有限性が存在する」という現実認識もふくまれているのであるという。故郷喪失の不安と人間疎外という問題に、ユダヤ・キリスト教およびその思想的部分を担ったヘレニズムに責任があるのは認めるべきであるとしても、疎外は個人であることの前提条件であるばかりでなく、「自由」と呼ぶものの前提条件でもある。

このような透徹した認識をもつ著者は、現代キリスト教に対しても独特の視点から斬りこんでいる。一部の宗教的天才に恵まれた人間以外の者は「暫定的霊性」というものを涵養せざるを得ないのだが、そのためには現代社会で安売りされている疑わしい確信をよく吟味していかなければならない。キリスト教の文脈においてはこの「疑わしい確信」の供給源は三つあり、「制度的教会」(カトリック的視点)「聖書」(プロテスタント的視点)「霊的経験」(ペンテコスタリズム、カリスマ運動などの視点)であるが、現代においてはこれらの供給源はいずれも疑問符が付されている。

神がアブラハムやモーセに語りかけたような仕方で、私たちに語りかけることはもはやない。「神の沈黙」というのが現代人に与えられた宿命であり、「疑わしい確信」の供給源にも拠りどころを求められないとすれば、著者が考える信仰の核はどこにあるのだろうか。

神が沈黙しているとしても、人間の現実のなかに神が語りかけている「超越のしるし」を見ることはできるのではないか。この神の隠れた実在のしるしは、さまざまな場面で人間が経験する「永遠を希求する喜び」「遊びやユーモアによる暗示(贖いの隠喩として)」「道徳的判断の確実性(人間の歴史の相対性を超えた秩序)」などであるが、とりわけ著者が強調するのは「美の経験」(コモ湖の景観が例として挙げられている)である。人間的現実における神の実在の予感ともいうべきこれらの「隠れた実在のしるし」の分析による帰納的神学がピーター・バーガーの信仰の核となるものである。

このような帰納的神学はこの書においては詳しく展開されているわけではないが、この考え方に影響を受けた聖書学者ゲルト・タイセンは「共鳴経験」という神学概念を展開している。(『批判的信仰の根拠』荒井献・渡辺康麿訳　岩波現代選書)これは輝かしい言葉であると思う。

いずれにしても、バーガーが西欧キリスト教の伝統に深く根ざしながら、その伝統を乗り越えようとしていることは明らかであろう。

参考文献Ⅱ（引用文献、言及文献および参考図書）

はじめに

ジャン・リュック・ジリボン『不気味な笑い』（原昌二訳　平凡社　２００８）
テイヤール・ド・シャルダン『現象としての人間』（美田稔訳　みすず書房　１９９５）
横山順一・竹内薫『宇宙の向う側』（青土社　２００８）
長谷川晃『老子と現代物理学』（ＰＨＰ出版　１９８８）
宮田光雄『キリスト教と笑い』（岩波新書　２００２）
宮田光雄『著作集』〈聖書の信仰〉Ⅳ「解放の福音」所収（岩波書店　１９８６）
佐藤優『はじめての宗教論』左巻（ＮＨＫ出版　２０１１）
イツアック・ベントフ『超意識の物理学』（プラブッタ訳　日本教文社　１９８７）

第一章

養老孟司『唯脳論』（青土社　１９８９）
キルケゴール『死にいたる病』（舛田啓三郎訳　白水社　１９６８）
スタニスラフ・グロフ『脳を超えて』（吉福伸逸・星川淳・管晴彦訳　春秋社　１９８８）
宮田光雄『キリスト教と笑い』（岩波新書　１９９２）
レイモンド・ムーデイ『「笑い」の考察』（斎藤茂太監訳　三笠書房　１９７９）

トルーブラッド『キリストのユーモア』（小林哲夫・小林悦子訳　創元社　1969）
J・V・テイラー『仲介者なる神』（村上達夫訳　新教出版社　1979）
オスカー・クルマン『キリストと時――原始キリスト教の時間観及び歴史観』（岩波書店　1954）
田川健三『イエスという男』（三一書房　1980『イエスという男 第二版 増補改訂』作品社　2004）
荒井献『イエス・キリスト』（講談社　1979）
山形孝夫『治癒神イエスの誕生』（小学館　1981）
アリスター・マクグラス『キリスト教の将来』（本多峰子訳　教文館　2003）
笠原芳光『イエス逆説の生涯』（春秋社　1999）
椎名麟三『私の聖書物語』（中央公論新社　文庫版　2003）
椎名麟三『椎名麟三信仰著作集』（教文館）
椎名麟三『私のドストエフスキー体験』（教文館　1967）
ドスエフスキー『悪霊』（江川卓訳　新潮文庫　1971）
吉本隆明『言語にとって美とは何か』（定本　角川学芸出版　2001）
ヘンリー・ナーウエン『燃える心で』（景山京子訳　聖公会出版　1999）
江藤淳『批評家の気儘な散歩』（新潮選書　1973）
宮田光雄『ボンヘッファーとその時代――神学的・政治学的考察』（新教出版社　2007）
古屋安雄『現代キリスト教と将来』（新地書房　1984）
ドロテー・ゼレ『内面への旅』（堀光男訳　新教出版社　1983）
エドワード・サイード『オリエンタリズム』（今沢紀子訳　平凡社　1993）

木田献一『イスラエルの信仰と倫理』（日本基督教団出版局　1971）
イエルク・ツインク『いばらに薔薇が咲き満ちる――神秘主義とキリスト教』（宍戸達訳　新教出版社　2001）
ヴィリギス・イェーガー『禅キリスト教への道』（八城圀衛訳　教友社　2008）
田川健三『新約聖書』第4巻　個人訳（作品社　2009）
松木治三郎『ローマ人への手紙』翻訳と注解（日本基督教団出版局　1986）
門脇佳吉『公案と聖書の身読――キリスト者の参禅体験』（春秋社　1977）
ケン・ウィルバー『インテグラル・スピリチュアリティ』（春秋社　2008）

第二章

吉本隆明・江藤淳『文学と非文学の倫理』（中央公論新社　2011）
養老孟司・内田樹『逆立ち日本論』（新潮社　2007）
筑紫哲也『全共闘――それは何だったのか』（現代の理論社）
養老孟司『無思想の発見』（ちくま新書　2005）
J・E・ベーレント『世界は音』（大島かおり訳　人文書院　1986）
山田奨治『禅という名の日本丸』（弘文堂　2005）
オイゲン・ヘリゲル『弓と禅』（稲富栄次郎・上田武訳　福村出版　1981）
吉本隆明『夏目漱石を読む』（筑摩書房　2002）
吉本隆明・佐藤泰正『漱石的主題』（春秋社　2004）
江藤淳『夏目漱石』（勁草書房　1973　夏目漱石―決定版　新潮文庫　1979）

安藤治『瞑想の精神医学』（春秋社　２００３）
立川武蔵『マンダラ瞑想法――密教のフィールドワーク』（角川選書　１９９７）
中村雄二郎『共通感覚論』（岩波書店　２０００）
ジョン・ヒック『魂の探求』（林陽訳　徳間書店　２０００）
ドン・キューピッド『最後の哲学』（山口菜生子訳　青土社　２０００）
中沢新一『神の発明』カイエ・ソヴァージュIV（講談社選書メチエ　２００３）
加藤典洋『人類が永遠に続くのではないとしたら』（新潮社　２０１４）

第三章

ジョルジュ・バタイユ『非知』（西谷修　哲学書房　１９８６）
斎藤孝『身体感覚を取り戻す』（ＮＨＫブックス　２０００）
ドゥルーズ＝ガタリ『千のプラトー』（宇野邦一訳　河出書房新社　１９９４）
ドゥルーズ＝ガタリ『アンチ・オイデプス』（市倉宏祐訳　河出書房新社　１９７２）
ケン・ウィルバー『意識のスペクトル』I（吉福伸逸・菅靖彦訳　春秋社　１９７７）
アントナン・アルトー『神経の秤・冥府の臍』（粟津則雄・清水徹訳　現代思潮社　２００７）
ミッシェル・フーコー『監獄の誕生――監視と処罰』（田村俶訳　新潮社　１９７７）
村上和雄『アホは神の望み』（サンマーク出版　２００８）
アレン・クライン『笑いの治癒力』（片山陽子訳　創元社　１９９７）
ノーマン・カズンズ『私は自力で心臓病を治した』（片山鉄訳　角川選書　１９８６）

ベルクソン『笑い』（林達夫訳　岩波文庫　1976）
ジョルジュ・バタイユ『内的体験——無神学大全』（出口裕弘訳　平凡社ライブラリー　1998）
茂木健一郎『笑う脳』（アスキー・メディアワークス／角川グループパブリッシング　2009）
窪田慈雲『悟りなき「悟り」への道』（春秋社　2002）
トーマス・G・ハンド『〈空〉と〈神〉のダイナミズム』（本多正昭監修　中野信子訳　春秋社　2001）
山田耕雲『禅の正門』（春秋社　1986）
吉本隆明『書物の解体学』（中央公論社　1975　講談社文芸文庫　2010）

第四章

古屋安雄『宗教の神学』（ヨルダン社　1986）
山田霊林・桑田秀延『禅とキリスト教』（潮文社　1972）
長谷川正昭『瞑想とキリスト教』（新教出版社　2007）
富岡幸一郎『使徒的人間』（講談社　1999　文庫版　2012）
ジョン・ヒック『神は多くの名前を持つ——新しい宗教的多元論』（間瀬啓充訳　岩波書店　1986）
ジョン・ヒック『魂の探求』（林陽訳　徳間書店　2000）
赤岩栄『キリスト教脱出記』著作集9（教文館　1970）
ハーヴェイ・コックス『世俗都市』（塩月賢太郎訳　新教出版社　1967）
田川健三『イエスという男』（三一書房　1980　『イエスという男 第二版 増補改訂』作品社　2004）
吉本隆明『信の構造』第2巻（春秋社　2004）

江藤淳『成熟と喪失』（河出書房新社　1988）
遠藤周作『深い河』（講談社文庫　1996）
遠藤周作『「深い河」創作日記』（講談社文芸文庫　2016）
佐藤研『禅キリスト教の誕生』（岩波書店　2007）
鈴木俊隆『禅へのいざない』（PHP研究所　1998）
エノミア・ラサール『禅と神秘主義』（柴田健策訳　春秋社　1987）
J・A・T・ロビンソン『神への誠実』（小田垣雅也訳　日本基督教団出版局　1964）
コンツェルマン『新約聖書神学概論』（田川健三・小河陽訳　新教出版社　1974）
鎌田茂雄『白隠』仏教シリーズ第11巻（講談社　1982）
白隠『夜船閑話』（鎌田茂雄『白隠』所収　講談社　1994）
栗田勇『白隠の読み方』（祥伝社　1995）
スタニスラフ・グロフ、クリスティーナ・グロフ『スピリチュアル・エマンジェンシー——心の病と魂の成長について』（高岡よし子・大口康子訳　春秋社　1999）
エノミア・ラサール「十字架のヨハネと禅」『禅とキリスト教』所収（春秋社　1974）
アンソロジー『鈴木大拙―人と思想』（岩波書店　1971）
アンソロジー『回想―鈴木大拙』（春秋社　1975）
鈴木大拙・フロム・デマルティーノ『禅と精神分析』（小堀宗柏・佐藤幸治・豊村左知・阿部正雄訳　創元新社　1992）
道元『正法眼蔵』（増谷文雄訳　講談社学術文庫　2004）

内村鑑三『余は如何にして基督信徒となりしか』（岩波文庫　１９５８）
石原慎太郎『わが人生の時の人々』（文芸春秋社　１９９３）
J・V・テイラー『仲介者なる神』（村上達夫訳　新教出版社　１９７９）

第五章

大沢真幸『夢よりも深い覚醒へ』（岩波新書　２０１２）
山本七平『聖書の常識』（講談社　１９８９）
山本七平『禁忌の聖書学』（新潮社　１９９２、新潮文庫　２０００）
江藤淳『批評家の気儘な散歩』（新潮選書　１９７３）
カール・バルト『著作集２』（井上良雄・菅円吉・吉永正義・蓮見和雄・山路基訳　新教出版社　１９８９）
カール・バルト『福音主義神学入門』（井上良雄・加藤常昭訳　新教出版社　１９６８）
カール・バルト『教会教義学』１／３神論（吉永正義訳　新教出版社　１９７９）
カール・バルト『教会教義学』Ⅳ／４和解論（吉永正義訳　新教出版社　２００１）
バートランド・ラッセル『西洋哲学史』（市井三郎訳　みすず書房　１９６９）
宇野邦一『ドゥルーズ流動の哲学』（講談社　２００１）
田川健三『キリスト教思想への招待』（勁草書房　２００４）
J・メイエンドルフ『ビザンチン神学』（鈴木浩訳　新教出版社　２００９）
A・E・マクグラス『「自然」を神学する』（芦名定道・杉岡良彦・濱崎雅孝訳　教文館　２０１１）
滝沢克己『著作集第２巻』（創言社　１９７１）

ゲルト・タイセン『イエス運動の社会学』（荒井献・渡辺康麿訳　ヨルダン社　１９８１）
松木治三郎『ローマ人への手紙』翻訳と注解（日本基督教団出版局　１９８６）
荒井献『イエスとその時代』（岩波新書　１９７４）
月本昭男『旧約聖書にみるユーモアとアイロニー』（教文館　２０１４）
並木浩一『旧約聖書における文化と人間』（教文館　１９９９）
ゲルハルト・フォン・ラート『ＡＴＤ旧約聖書註解』第１巻「創世記上・下」（ＡＴＤ ＮＴＤ聖書註解刊行会　１９９３）
小川国夫『聖書と終末論』（岩波書店　１９９８）
加藤周一『日本文学における時間と空間』（岩波書店　２００７）
内田樹『昭和のエートス』（バジリコ社　２００８）
フランシス・フクヤマ『歴史の終わり』（渡辺昇一訳　三笠書房　１９９２　新装版　２００５）
ピーター・バーガー『現代人はキリスト教を信じられるか』（森本あんり・篠原和子訳　教文館　２００９）
エリ・ヴィーゼル『夜』（村上光彦　みすず書房　１９６７　新版　１９９５）
ヴィクトール・フランクル『夜と霧』（霜山徳爾訳　みすず書房　１９８５）
ニコラス・クザーヌス『知ある無知』（岩崎允胤・大出哲訳　創文社　１９６６）
浅野順一『ヨブ記の研究』（創文社　１９６２）
森本あんり『反知性主義——アメリカが生んだ「熱病」の正体』（新潮社　２０１５）
中道政昭『旧約聖書に親しむ——そして、明日を見つめる』Ⅱ（新教出版社　２００５）
ランベス会議１９８８報告書『真理はあなたがたを自由にする』日本聖公会公文書翻訳委員会編著（管区事務所）

第六章

大貫隆『イエスという経験』（岩波書店　2003）
ボンヘッファー『抵抗と信従』（倉松功・森平太訳　新教出版社　1964）
ジョルジュ・ミノワ『悪魔の文化史』（平野隆文訳　白水社　2004）
J・B・ラッセル『悪魔の系譜』（大瀧啓裕訳　青土社　2002）
エレーヌ・ペイゲルス『悪魔の起源』（松田和也訳　青土社　2000）
荒井献『イエスとその時代』（岩波新書　1974）
バルト『教会教義学』創造論Ⅲ／2（吉永正義訳　新教出版社　1985）
富岡幸一郎『使徒的人間』（講談社　1999　文庫版　2012）
加藤周一『現代ヨーロッパの精神』（岩波書店　1959　岩波現代文庫　2010）
モルトマン『創造における神』（沖野政弘訳　新教出版社　1991）
佐藤優『日本人のためのキリスト教神学入門』（ウエブ検索　http://webheibon.jp/blog/satomasaru/）
森田雄三郎『現代神学はどこへ行くか』（教文館　2005）
喜田川信『神・キリスト・悪』（新教出版社　1996）
井筒俊彦『意識と本質』（岩波文庫　1991）

第七章、第八章

ピーター・バーガー『癒しとしての笑い』（森下伸也訳　新曜社　1999）
ラム・ダス『覚醒への旅』（萩原茂久訳　平河出版社　1980）

ダンテス・ダイジ『ニルバーナのプロセスとテクニック』（森北出版　１９８６）
中沢新一『対称性人類学』（講談社選書メチエ　２００４）
吉本隆明『最後の親鸞』（春秋社　１９８４）
鎌田東二『聖トポロジー――地霊の変容』（河出書房新社　１９９０）
井筒俊彦『意識と本質』（岩波文庫　１９９１）
上田閑照・八木誠一『対談評釈 イエスの言葉／禅の言葉』（岩波書店　２０１０）
ハーヴェイ・コックス『愚者の饗宴』（新教出版社　１９７１）

辞典類

『聖書語句大辞典』（教文館　１９５９）
『現代キリスト教神学思想辞典』（アリスター・マクグラス編　新教出版社　２００１）
『新約聖書ギリシャ語辞典』（増補改訂版　岩隈直　山本書店　１９８２　教文館　２００８）

雑誌類

『福音と世界』〈２００４年５月号、２００８年３月号、２０１２年12月号、２０１４年１月号〉（新教出版社）

祈祷書

日本聖公会祈祷書（現行口語祈祷書　１９９０年制定　１９９１年第１版発行）

著者紹介
長谷川正昭（はせがわ・まさあき）
1944年東京生まれ。立教大学文学部フランス文学科卒業。卒業論文はシモーヌ・ヴェイユ。
全寮制の聖公会神学院（3年課程）卒業。日本聖公会東京教区司祭に按手（叙任）される。
主教座聖堂聖アンデレ教会の副牧師を皮切りに神愛教会、東京聖マルチン教会、渋谷聖ミカエル教会、大森聖アグネス教会、東京聖三一教会、真光教会の牧師を歴任。2014年定年退職。その間、1975年より1年半、韓国聖公会釜山教区蔚山教会にて開拓伝道に従事。2000年より2004年まで神戸教区松蔭女子学院大学チャプレンとして勤務。定年退職後は東京教区城南グループ協力司祭として非常勤の働きを続ける。

主な著書
『瞑想とキリスト教――牧師が試みた禅・タオ・密教の世界』（新教出版社、2007年）

笑いと癒しの神学

2019年1月25日 初版発行

著　者 ── 長谷川正昭
発行者 ── 安田正人
発行所 ── 株式会社ヨベル　YOBEL, Inc.
〒113-0033 東京都文京区本郷4-1-1　菊花ビル5F
TEL03-3818-4851　FAX03-3818-4858
e-mail : info@yobel.co.jp
装幀 ── ロゴスデザイン：長尾優
印刷 ── 中央精版印刷株式会社

配給元—日本キリスト教書販売株式会社（日キ販）
〒162 - 0814　東京都新宿区新小川町9 -1
振替 00130-3-60976　Tel 03-3260-5670

ISBN978-4-907486-84-6 C0016

聖書は聖書新共同訳、口語訳、文語訳（日本聖書協会発行）を使用しています。

＊既刊書のご案内＊

工藤信夫　暴力《バイオレンス》と人間――トゥルニエとグリューンを読む！
四六判・三二八頁・一六〇〇円　ISBN978-4-907486-68-6

鍋谷憲一　ゴメンナサイ　ありがとう
四六判・一九二頁・一〇〇〇円　ISBN978-4-907486-50-1

O・パーマー・ロバートソン　髙尾直知訳　清水武夫監修
契約があらわすキリスト――聖書契約論入門
四六判・四五六頁・二七〇〇円　ISBN978-4-907486-75-4

菊地　譲　続　この器では受け切れなくて――山谷兄弟の家伝道所物語
四六判・三六八頁・一八〇〇円　ISBN978-4-907486-74-7

ジュセッペ　三木　一　佐藤弥生訳　松島雄一監修（大阪ハリストス正教会司祭）
師父たちの食卓で――創世記を味わう　第1章～第3章
A5判・二七二頁・二二〇〇円　ISBN978-4-907486-27-3

湊　晶子　初代教会
A5判・五二六頁・三五〇〇円　ISBN978-4-907486-65-5